新时代健康中国（长江经济带）战略研究丛书
王祚桥　胡慧远　主编

健康中国视域下的
大学生健康教育研究

周士权　著

武汉大学出版社

图书在版编目(CIP)数据

健康中国视域下的大学生健康教育研究 / 周士权著 . -- 武汉 : 武汉大学出版社, 2025.7. -- 新时代健康中国(长江经济带)战略研究丛书 / 王祚桥, 胡慧远主编 . -- ISBN 978-7-307-24658-4

Ⅰ. G647.9

中国国家版本馆 CIP 数据核字第 2024NP1894 号

责任编辑:黄河清　　　责任校对:鄢春梅　　　版式设计:马　佳

出版发行：武汉大学出版社　　(430072　武昌　珞珈山)
（电子邮箱：cbs22@whu.edu.cn　网址：www.wdp.com.cn）
印刷：湖北云景数字印刷有限公司
开本：720×1000　1/16　印张:18.5　字数:253 千字　插页:2
版次:2025 年 7 月第 1 版　　2025 年 7 月第 1 次印刷
ISBN 978-7-307-24658-4　　定价:78.00 元

版权所有，不得翻印；凡购我社的图书，如有质量问题，请与当地图书销售部门联系调换。

本书系如下多个项目成果：

湖北省级宣传文化发展专项"长江经济带健康产业及结构布局研究"（鄂财教发〔2018〕121号）研究成果

共青团中央全国学校共青团研究课题重点课题"共青团视野下的大学生健康教育研究"（2016ZD109）研究成果

全国首批高校"百个研究生样板党支部"创建——"湖北中医药大学药学院研究生第三党支部"（教思政厅函〔2019〕2号）创建成果

国家级一流本科课程建设项目——"荆楚中医药文化传承与实践"（教高函〔2023〕7号）建设成果

本书受湖北中医药大学"百草权舆"辅导员工作室资助出版

前　言

《"健康中国2030"规划纲要》明确提出"加大学校健康教育力度，将健康教育纳入国民教育体系，把健康教育作为所有教育阶段素质教育的重要内容"。健康是青少年全面发展的基础，加强高校健康教育、提升学生健康素养，是贯彻落实党的教育方针，全面实施素质教育、促进学生全面发展、加快推进教育现代化的必然要求，是贯彻落实《"健康中国2030"规划纲要》，建设健康中国、全面提升中华民族健康素质的重要内容。

青年拥有健康的体魄，民族就有兴旺的源泉，国家就有强盛的根基。青年是生长发育的关键时期，青年的健康水平不仅关系个人健康成长和幸福生活，而且关系整个民族未来的健康素质，也是国家人才强国战略的基础。可以说，青年健康工程是"健康中国"战略的基础性工程、时代性工程、系统性工程，是实施"健康中国"战略的重要内容。大学生健康教育也是大学生思想政治教育，是高校落实人才培养根本任务的基本要求，对于促进青年学生成长成才，实现中华民族伟大复兴的中国梦具有重要而深远的时代意义。

大学时期是青年身心成长成熟、健康素养形成的重要时期，也是传播健康理念、引领健康生活方式的重要人群。大学生健康教育重在增强学生的健康意识、提高学生的健康素养和健全学生的人格品质。在这个时期进行健康教育，使青年大学生了解健康知识，建立正确的健康信息，逐步形成健康文明的生活方式、健全的心理和道德修养，掌握更多的传染病防治和健康保健知识，增强维护健康的责任感和自觉性，其意义和作用是不可估量的,对其一生必将产生深远的影响。青年大学生的身体以及心理健康直接影响着国家的未来,他们的健康水平将对整个社会的健康情况产生重大影响。

《健康中国视域下的大学生健康教育研究》结合"健康中国"战略对"健康中国"相关概念、内涵、意义、核心要义及基本思路、战略路径等进行了探讨;提出"健康中国"战略与当代青年大学生健康相关的发展目标、措施、逻辑联系,探讨了健康的相关概念以及大学生健康教育与健康促进知识;从体质健康、心理健康、健康素养三个方面,对我国青年大学生的健康现状进行了广泛调研;基于数据及调研,分析了当前我国大学生健康教育存在的问题,并提出了相关合理化对策和建议。本研究对于开拓青年大学生思想政治教育的研究视野,拓展青年大学生健康教育的研究领域,探索具有中国特色的大学生健康教育模式,具有一定的参考价值。

目 录

第一章 "健康中国"概念及基本内涵 1

  第一节 "健康中国"相关概念 4

    一、"健康中国"是一个国家战略 4

    二、"健康中国"是一个发展目标 6

    三、"健康中国"是一种生活方式 7

    四、"健康中国"是一种发展模式 7

  第二节 "健康中国"战略的内涵 8

  第三节 "健康中国"战略的意义 9

    一、建设"健康中国"是国家治理理念与发展目标的升华 10

    二、建设"健康中国"是国家经济健康增长的前提条件 10

    三、建设"健康中国"是国家社会和政治稳定的重要保障 11

    四、建设"健康中国"是党和政府的战略选择 12

  第四节 "健康中国"战略的核心要义和基本思路 13

    一、坚持以人民为中心,把人民健康放在优先发展的战略位置 13

    二、贯彻新发展理念,坚持新时代卫生与健康工作方针 13

    三、完善国民健康政策,全方位、全周期维护人民健康 13

    四、促进社会公平正义,坚持基本医疗卫生事业的公益性 14

  第五节 "健康中国"建设的总体战略 14

    一、"健康中国"建设的指导思想 14

    二、"健康中国"建设的战略主题 16

三、"健康中国"建设的战略目标 …………………………… 17
第六节 "健康中国"战略路径 …………………………………… 19
一、以五大新发展理念为导引 …………………………………… 19
二、"健康中国"建设的实施路径 ………………………………… 20

第二章 "健康中国"战略与当代青年大学生 …………………… 22
第一节 党和国家领导人关注青少年学生健康成长阐述 ………… 22
第二节 近三十年党和国家的青少年学生健康事业历程 ………… 31
一、1990—1999 年的青少年及学校健康事业 …………………… 31
二、2000—2009 年的青少年及学校健康事业 …………………… 33
三、2010—2019 年青少年及学校健康事业 ……………………… 37
四、2020—2024 年青少年及学校健康事业 ……………………… 47
第三节 新时代青年健康相关发展目标及措施 …………………… 52
一、青年健康所涉及的发展目标 ………………………………… 52
二、青年健康所涉及的发展措施 ………………………………… 53
三、青年健康所涉及的重点项目 ………………………………… 55
第四节 青年健康与健康中国战略的逻辑探讨 …………………… 56
一、青年健康是健康中国战略的基础性工程 …………………… 56
二、青年健康是健康中国战略的时代性工程 …………………… 57
三、青年健康是健康中国战略的系统性工程 …………………… 58

第三章 健康的相关概念探讨 ………………………………………… 60
第一节 有关健康的相关理论 ……………………………………… 60
一、健康概念的形成与演化 ……………………………………… 61
二、健康的定义 …………………………………………………… 62
第二节 健康的基本标志 …………………………………………… 63
一、世界卫生组织提出的健康标准 ……………………………… 64
二、衡量健康的"五快""三良"判断标准 ……………………… 64

三、中医的健康标准 ·· 66
四、全适能健康标准 ·· 67
第三节　影响健康的因素 ·· 68
一、行为和生活方式因素 ·· 68
二、外部环境因素 ·· 69
三、生物遗传因素 ·· 70
四、医疗卫生服务因素 ·· 70

第四章　大学生健康教育与健康促进 ································ 72
第一节　健康教育的相关概念 ·· 72
一、健康教育的含义 ·· 73
二、健康教育的特点 ·· 73
三、健康教育的意义 ·· 74
第二节　大学生健康教育相关概念 ···································· 76
一、大学生健康教育的意义 ·· 76
二、大学生健康教育的指导思想 ······································ 77
三、大学生健康教育总体目标 ·· 77
四、大学生健康教育的基本要求 ······································ 78
第三节　大学生健康促进 ·· 79
一、健康促进的概念 ·· 80
二、健康促进的内涵 ·· 80
三、大学生的健康促进与健康中国战略 ································ 81

第五章　我国大学生健康现状 ······································ 83
第一节　体质健康现状 ·· 84
一、超重和肥胖检出率居高不下 ······································ 85
二、近视发生率仍然较高 ·· 87
三、肺功能指标仍然有待提升 ·· 90

四、速度、力量素质增长有待加强 ………………………… 92
　　五、耐力素质持续下滑 ……………………………………… 94
　第二节　心理健康现状 ………………………………………… 98
　　一、环境应激影响问题 ……………………………………… 100
　　二、人际关系问题 …………………………………………… 106
　　三、自我不适应问题 ………………………………………… 115
　　四、恋爱与性生理问题 ……………………………………… 121
　　五、其他伤害性不适应问题 ………………………………… 126
　第三节　健康素养现状 ………………………………………… 129
　　一、大学生健康素养总体水平不高 ………………………… 131
　　二、不同特征大学生健康素养水平有一定差异 …………… 133
　　三、健康素养相关知识获取途径较单一 …………………… 135
　　四、疾病预防和健康生活方面维度信息认同较低 ………… 136

第六章　当前大学生健康教育存在问题探讨 …………………… 138
　第一节　大学生体质健康教育方面存在的问题 ……………… 139
　　一、大学生体质健康教育面临严峻的形势 ………………… 139
　　二、体育教学活动在改善大学生体质健康方面成效不明显 …… 140
　　三、体育教学缺乏科学的教学体系和考核机制 …………… 141
　　四、相关部门对大学生体质健康问题既缺位又缺量 ……… 142
　　五、校园体育文化活动重视程度不够，场地利用率较低 …… 143
　　六、学生体育社团资源配置存在问题，缺乏吸引力 ……… 144
　第二节　大学生心理健康教育方面存在问题探讨 …………… 145
　　一、对心理健康教育的理念认识有待提高 ………………… 146
　　二、心理健康教育课程化，实用性不强 …………………… 147
　　三、心理健康教育师资队伍建设有待加强 ………………… 149
　　四、学生心理测试及其档案建设亟待规范 ………………… 150
　　五、心理健康教育施行孤立化，高校内部及社会配合不利 …… 152

六、心理健康教育实践活动针对性不强……………………… 153
　　七、大学生心理危机预警系统有待提升……………………… 154
第三节　健康素养教育存在的问题……………………………………… 157
　　一、健康素养教育观念的认识和理解相对滞后……………… 157
　　二、健康素养教育形式单调，科学教育模式有待建立……… 158
　　三、健康素养教育缺乏师资，内容尚未统一………………… 159
　　四、大学生不良生活方式亟待改变…………………………… 159
　　五、健康素养教育宣传不够，校园文化活动涉及较少……… 160

第七章　加强大学生健康教育对策探讨……………………………………… 162
　第一节　大学生体质健康教育对策探讨………………………………… 162
　　一、推进大学生体育锻炼标准制度的实施…………………… 163
　　二、落实大学生体质健康监测评价机制和工作体系………… 164
　　三、建立学生体质健康档案平台……………………………… 165
　　四、形成科学的具有中国特色的体育教学体系……………… 166
　　五、明确校内各部门体质健康教育工作职责………………… 168
　　六、完善团学组织资源配置，形成有效补充………………… 169
　第二节　大学生心理健康教育对策探讨………………………………… 170
　　一、确立一条工作思路………………………………………… 170
　　二、建立两大机制……………………………………………… 172
　　三、完善三项规范……………………………………………… 172
　　四、实现四种结合……………………………………………… 173
　　五、建设五支队伍……………………………………………… 174
　　六、完成六个一项……………………………………………… 176
　第三节　大学生健康素养教育对策探讨………………………………… 177
　　一、重视健康促进，提升大学生健康素养水平……………… 177
　　二、规范教育内容，加强健康素养教育教学研究…………… 178
　　三、注重警示教育，开展传染病防治知识专题教育………… 180

四、发挥活动优势，体现健康素养教育的文化特色……………… 181
　　五、注重运用网络，宣传提升健康素养教育影响力……………… 183
　　六、普及中医知识，推广中华传统养生保健文化………………… 184

第八章　第二课堂与大学生健康教育探讨……………………………… 187
　第一节　第二课堂在大学生健康教育中的意义…………………………… 189
　　一、战略意义……………………………………………………………… 189
　　二、时代意义……………………………………………………………… 190
　　三、现实意义……………………………………………………………… 191
　第二节　第二课堂开展大学生健康教育的基本原则……………………… 192
　　一、科学性原则…………………………………………………………… 192
　　二、全员性原则…………………………………………………………… 193
　　三、品牌性原则…………………………………………………………… 193
　　四、针对性原则…………………………………………………………… 194
　　五、长效性原则…………………………………………………………… 194
　第三节　依托第二课堂开展大学生健康教育的途径与
　　　　　方法探讨………………………………………………………… 195
　　一、发挥组织优势，抓广大学生健康教育的活力动力…………… 195
　　二、发挥功能优势，抓实大学生健康教育的实际效果…………… 196
　　三、发挥品牌优势，抓响大学生健康教育的文化特色…………… 198
　　四、发挥协调优势，抓稳大学生健康教育的资源整合…………… 199
　　五、发挥自主优势，抓长大学生健康教育的主体作用…………… 201

参考文献………………………………………………………………………… 203

附录一：《"健康中国 2030"规划纲要》…………………………………… 211

附录二：《学校卫生工作条例》……………………………………………… 242

附录三：《教育部关于印发〈普通高等学校健康教育指导纲要〉
的通知》………………………………………………… 248

附录四：《体育总局 教育部关于印发〈深化体教融合 促进
青少年健康发展意见〉的通知》……………………… 256

附录五：《关于印发〈关于深入开展大学生"走下网络、走出宿舍、
走向操场"主题群众性课外体育锻炼活动的指导
意见〉的通知》………………………………………… 263

附录六：《中共教育部党组关于印发〈高等学校学生心理健康
教育指导纲要〉的通知》……………………………… 268

附录七：《中共中央办公厅 国务院办公厅印发〈关于全面
加强和改进新时代学校体育工作的意见〉》………… 274

后记……………………………………………………………… 282

第一章 "健康中国"概念及基本内涵

改革开放以来，我国卫生与健康事业快速发展，城乡环境面貌明显改善，医疗卫生服务体系日益完善，人民健康水平和身体素质也有了很大的提高。《2012年我国卫生健康事业发展统计公报》和《2023年我国卫生健康事业发展统计公报》显示：居民人均预期寿命由2012年的73.5岁提高到2023年的78.6岁，孕产妇死亡率从24.5/10万下降到15.1/10万，婴儿死亡率从10.3‰下降到4.5‰。当前，我国居民人均预期寿命正在逐年持续走高，从全球范围来看，已高于世界平均水平5岁多，人均预期寿命已位于全球中上等水平。然而，我国工业化、城镇化、人口老龄化、疾病谱变化、生态环境及生活方式的变化，也给人民健康带来了一系列新的挑战，健康服务供给总体不足与需求不断增长之间的矛盾依然突出，健康领域发展与经济社会发展的协调性有待增强，需要从国家战略层面统筹解决关系健康的重大和长远问题。

习近平总书记在十八届中央政治局常委同中外记者见面时对全国人民庄严承诺："人民对美好生活的向往，就是我们的奋斗目标。"[①]党的十八大以来，在全面建成小康社会的征程上为谋民生之利、解民生之忧，中国共产党做出了很大努力。"民惟邦本，本固邦宁。"随着生活水平的提高，人们对健康水平的要求也越来越高。民生连着民心，人民的

---

① 习近平. 习近平谈治国理政（第一卷）[M]. 北京：外文出版社，2014：40.

健康问题是习近平总书记一直关注的民生工作内容。2013年8月，习近平总书记指出："人民身体健康是全面建成小康社会的重要内涵，是每一个人成长和实现幸福生活的重要基础。"[1]2014年12月，在江苏调研时，习近平总书记指出："没有全民健康，就没有全面小康。"[2]2015年10月，中共十八届五中全会提出推进健康中国建设，深化医药卫生体制改革，理顺药品价格，实行医疗、医保、医药联动，建立覆盖城乡的基本医疗卫生制度和现代医院管理制度，实施食品安全战略。同时还提出，建立更加公平更可持续的社会保障制度，全面实施城乡居民大病保险制度。[3]"健康中国"上升为国家战略，我国的医疗卫生行业以及大健康产业进入蓬勃发展期。2016年8月，习近平总书记在全国卫生与健康大会上指出："要把人民健康放在优先发展的战略地位，以普及健康生活、优化健康服务、完善健康保障、建设健康环境、发展健康产业为重点，加快推进健康中国建设，努力全方位、全周期保障人民健康，为实现'两个一百年'奋斗目标、实现中华民族伟大复兴的中国梦打下坚实健康基础。"[4]2017年10月，党的十九大指出："人民健康是民族昌盛和国家富强的重要标志。要完善国民健康政策，为人民群众提供全方位全周期健康服务。"[5]2020年1月，习近平总书记主持中共中央政治

---

[1] 李斌，李铮. 习近平：人民身体健康是全面建成小康社会的重要内涵[EB/OL].[2018-06-16]. http：//www.xinhuanet.com//politics/2013-08/31/c_11717 1570.htm.

[2] 新华日报. 习近平江苏考察纪实：努力肩负为全国发展探路使命[EB/OL].[2014-12-16]. http：//politics.people.com.cn/n/2014/1216/c70731-26215571.html.

[3] 新华社. 中国共产党第十八届中央委员会第五次全体会议公报[EB/OL].[2015-10-29]. http：//www.xinhuanet.com/politics/2015-10/29/c_1116 983078.htm.

[4] 新华社. 习近平：把人民健康放在优先发展战略地位[EB/OL].[2016-08-20]. http：//www.xinhuanet.com//politics/2016-08/20/c_1119425802.htm.

[5] 实录：习近平总书记在党的十九大的报告[EB/OL].[2017-10-18]. http：//news.youth.cn/sz/201710/t20171018_10888424_4.htm.

局常务委员会会议,他强调:"要把人民群众生命安全和身体健康放在第一位,把疫情防控工作作为当前最重要的工作来抓。"①2020年9月,习近平总书记在教育文化卫生体育领域专家代表座谈会上指出:"要把人民健康放在优先发展战略地位,努力全方位全周期保障人民健康,加快建立完善制度体系,保障公共卫生安全,加快形成有利于健康的生活方式、生产方式、经济社会发展模式和治理模式,实现健康和经济社会良性协调发展。"②2021年3月,习近平总书记在看望参加政协会议的医药卫生界教育界委员时强调:"要把保障人民健康放在优先发展的战略位置,坚持基本医疗卫生事业的公益性,聚焦影响人民健康的重大疾病和主要问题,加快实施健康中国行动,织牢国家公共卫生防护网,推动公立医院高质量发展,为人民提供全方位全周期健康服务。"③2022年10月,党的二十大报告提出:"把保障人民健康放在优先发展的战略位置,完善人民健康促进政策。"2024年7月,党的二十届三中全会审议通过的《中共中央关于进一步全面深化改革、推进中国式现代化的决定》提出:"实施健康优先发展战略。"把人民的生命安全和身体健康摆在最高位置,这是党一以贯之的重要要求。人民是国家的坚实根基,治国理政的关键,莫过于使人民安定,而安全和健康是人民安定的底线。健康是促进人的全面发展的必然要求,是经济社会发展的基础条件,是决胜全面小康、建设社会主义现代化强国的重要前提,也是广大人民群众的共同追求。

---

① 新华社. 中共中央政治局常务委员会召开会议 研究新型冠状病毒感染的肺炎疫情防控工作 中共中央总书记习近平主持会议[EB/OL]. [2020-01-25]. http://www.xinhuanet.com/politics/leaders/2020-01/25/c_1125502052.htm.

② 新华社. 习近平:在教育文化卫生体育领域专家代表座谈会上的讲话[EB/OL]. [2020-09-22]. http://www.gov.cn/xinwen/2020-09/22/content_5546157.htm.

③ 新华社. 习近平看望参加政协会议的医药卫生界教育界委员[EB/OL]. [2021-03-06]. http://www.gov.cn/xinwen/2021-03/06/content_5591047.htm.

第一节 "健康中国"相关概念

"健康中国"这一概念由来已久,早在2007年中国科协年会上,有关部门公布了"健康护小康,小康看健康"的三步走战略,制定了"健康中国2020"战略,这一战略以提高人民群众的健康水平为目标,以解决危害城乡居民健康的主要问题为重点,坚持预防为主、中西医并重、防治结合的原则,采用适宜技术,以政府为主导,动员全社会参与,切实加强对影响国民健康的重大和长远卫生问题的有效干预,确保到2020年实现人人享有基本医疗卫生服务的重大战略目标。

"健康中国2030"建设是"十三五"时期中国人民的普遍追求、美好愿景,是实现全面建成小康社会的重大国家战略。同时,也符合联合国《变革我们的世界:2030年可持续发展议程》中的重要目标。《"健康中国2030"规划纲要》指出:健康中国建设的核心是以人民群众健康为中心,坚持以基层为重点,以改革创新为动力,预防为主,中西医并重,把健康融入所有政策,人民共建共享的卫生与健康工作方针,针对生活行为方式、生产生活环境以及医疗卫生服务等健康影响因素,坚持政府主导与调动社会、个人的积极性相结合,推动人人参与、人人尽力、人人享有,落实预防为主,推行健康生活方式,减少疾病发生,强调早诊断、早治疗、早康复,实现全民健康。推进健康中国建设,是我国全面建成小康社会、基本实现社会主义现代化的重要基础,是全面提升中华民族健康素质、实现人民健康与经济社会协调发展的国家战略,是积极参与全球健康治理、履行2030年可持续发展议程国际承诺的重大举措。

一、"健康中国"是一个国家战略

2012年,《"健康中国2020"战略研究报告》指出,"健康中国"战略是我国经济社会发展战略的重要组成部分。① 2016年10月25日，中共中央、国务院印发实施《"健康中国2030"规划纲要》，指出健康中国建设是实现人民健康与经济社会协调发展的国家战略，明确指出健康中国的国家战略性质。2017年10月18日，习近平同志在党的十九大报告中提出"实施健康中国战略"，是以习近平同志为核心的党中央从长远发展和时代前沿出发，坚持和发展新时代中国特色社会主义的一项重大战略部署。坚定不移地实施这一战略，促进卫生健康事业发展和人民健康水平持续提升，必将为决胜全面建成小康社会、建成社会主义现代化强国打下扎实的健康根基。"健康中国"战略关注人民健康权益，强调共享发展理念，是党和政府代表人民利益的具体体现，是中国共产党执政造福人民的重要表现。② 由于国民健康的全方位提升，主要属于社会层面，"健康中国"战略应属于国家发展型战略。

从国际可持续发展的角度来看，2000年9月，联合国千年峰会通过《联合国千年宣言》。2015年9月，联合国可持续发展峰会又通过了一份由193个会员国共同达成的成果文件《变革我们的世界：2030年可持续发展议程》（由17个可持续发展目标和169个具体目标构成，包括消除贫困与饥饿、粮食安全、健康生活方式、教育、水与环境卫生、可持续消费和生产模式等诸多议题）。③ 联合国从千年发展目标到可持续发展目标，不仅抛弃了传统的片面追求经济增长的模式，转向"包容性发展"和"绿色发展"，而且突出了与人类生存和健康相关的消除贫困与饥饿、水与环境卫生、健康生活方式等169个具体目标，并系统跟进和

---

① "健康中国2020"战略研究报告委员会."健康中国2020"战略研究报告[M].北京：人民卫生出版社，2012：8.

② 孙小杰.健康中国战略的理论建构与实践路径研究[D].长春：吉林大学，2018：14.

③ 鲍宗豪.2015年健康中国研究报告[M].北京：中国社会科学出版社，2016：2.

审查该议程达成后15年的执行情况。

当今中国的全面小康社会建设,正处于"大有可为的重要战略机遇期",但也面临着"诸多矛盾叠加、风险隐患增加的严峻挑战"。在机遇与挑战并存的情况下实施"健康中国"战略,推进全面建成小康社会,不仅意味着一个人口超过美国、欧盟和日本人口总和的大国,将接近甚至会迈进高收入经济行列,大幅度提高中国人民的生活与健康水平,而且将给世界带来更多机遇,影响世界文明发展进程。实施"健康中国"战略也是推动联合国"从千年发展目标到可持续发展目标"在中国的伟大实践。

二、"健康中国"是一个发展目标

从健康事业的角度来看,"健康中国"战略把人民健康由单纯依靠医疗卫生,转变为依靠各领域的综合施策,联合发力。这种转变,是与发展方式的转变联系在一起的,是在发展理念转变的基础上对人民健康理念的革新。正因为如此,人民健康理念,是适应新时代经济社会发展理念的新的健康理念。同时,人民健康理念还顺应了医学发展模式的转变。医学发展模式,由单纯的生物医学模式向生物—心理—社会医学模式转变。这种转变揭示了人的健康受到疾病之外的环境因素的影响。这种转变要求革新人的健康理念,把人放在健康的中心位置,充分考虑影响人的健康的各种因素。将人的健康作为经济社会环境发展的重要目标之一。把促进人民健康作为提升人民群众幸福感和获得感的重要方面。通过推进实施"健康中国"战略使国民健康、长寿水平达到世界先进水平。

当前,中国特色社会主义进入新时代,中国社会的主要矛盾已转化为"人民日益增长的美好生活需要和不平衡不充分的发展之间的矛盾"[①]。

---

① 习近平. 决胜全面建成小康社会 夺取新时代中国特色社会主义伟大胜利[N]. 人民日报,2017-10-28(001).

随着人们生活水平的提高、生存环境的改变、生产方式和生活方式的转变，人民的健康观念更强，对健康的需求更迫切，这就需要更为先进的健康理念，指导人民的健康实践，满足人民群众的健康需求。可以说，人民群众对健康的需求，是构成美好生活不可或缺的重要方面。

三、"健康中国"是一种生活方式

从人民生活的角度看，"健康中国"战略不仅重视更高质量的医疗服务，更重视健康环境的营造。其中既包括健康的自然环境，也包括良好的社会环境。就自然环境而言就是转变发展理念和经济增长方式，重视和加快生态文明建设，坚持"绿水青山就是金山银山"的发展理念不动摇，营造山清水秀、和谐宜居的自然环境。就社会环境而言，就是加快推进以公正、法治为主要特征的社会建设，营造和谐有序，安定团结的社会环境，使每个人在这个社会中都能找到归属感、安全感，从而在良好的自然环境和社会环境中，实现人民群众心情舒畅、精神昂扬、身体健康。在与自然和社会和谐共处的过程中，也要求人民群众养成健康、绿色、环保的生活方式。可见人民健康理念，是追求人与自然、社会和谐发展的理念，注重通过良好的自然环境和社会环境的营造，实现人的身心和谐发展的理念。这体现了新时代，人民群众对健康的新需求。促进人与自然、社会和谐发展，是与新时代创新、协调、绿色、开放、共享的新发展理念相融相生的，是这五大新发展理念在人民健康领域的应用和体现；也是在五大新发展理念指导下，对人民健康理念的变革。"健康中国"实际上就是一种生活方式，是人人拥有健康理念和健康生活，家家享有健康服务和健康保障的生活方式。

四、"健康中国"是一种发展模式

从国家发展的角度来看，"健康中国"战略坚持全方位全周期保障人民健康，把人民健康渗透到各个方面，实现了以疾病治疗为中心的健康理念向以人民健康为中心的健康理念的变革。把人民健康由单纯依靠医疗卫生，转变为依靠各领域的综合施策，联合发力。这种转变，是与发展方式的转变联系在一起的，是在发展理念转变的基础上对健康理念的革新。正因为如此，健康中国的理念，是适应新时代经济社会发展理念的新的健康理念。不仅如此，人民健康理念还顺应了医学发展模式的转变。医学发展模式，由单纯的生物医学模式向生物—心理—社会医学模式转变。这种转变揭示了人的健康受到疾病之外的环境因素的影响，要求革新人的健康理念，把人放在健康的中心位置，充分考虑影响人的健康的各种因素。将人的健康作为经济社会环境发展的重要目标之一，把促进人民健康作为提升人民群众幸福感和获得感的重要方面，成为一种发展模式。

当前，健康已越来越成为人民群众美好生活的题中之义，越来越成为经济社会发展、民族繁荣富强的必然要求，健康已经超出了个人身心健康的范畴，成为衡量经济社会发展水平的重要标志。也就是说，随着时代的发展，人民健康的重要性更加彰显，影响人民健康的要素越来越多，健康的内涵和外延都发生了很大变化。传统的"以治病为中心"的健康理念已不能适应新的时代条件下人民群众对健康的需求。"健康中国"实际上是一种发展模式，是把人民健康放在优先发展的战略地位，把健康融入所有政策，努力实现全方位、全周期保障人民健康的国家发展模式。

第二节 "健康中国"战略的内涵

中国共产党在新时代背景下，为提高全体人民健康水平这一根本目的，实施以健康服务、健康保障、健康环境、生活健康、健康支撑与保障、健康产业为主要目标而建立起来的"健康中国"战略。"健康中国"战略是我国保障和改善民生的战略部署，也是我国国家战略体系中国民经济社会领域重要的建设内容，是我们党决胜全面建成小康社会、夺取新时代中国特色社会主义伟大胜利、实现中华民族伟大复兴的中国梦、实现人民对美好生活的向往这一目标的前提条件。

"健康中国"战略的内容起源于我国推进医疗卫生体制改革进程的发展。全面建成小康社会的出发点和落脚点就是要让老百姓过上好日子，就是要抓住人民最关心最直接最现实的利益问题，就是要想群众之所想、急群众之所急、解群众之所困。只有让人民群众满意了，让人民群众认可了，全面建成小康社会的目标才算真正实现了。我们的人民热爱生活，期盼有更好的教育、更稳定的工作、更满意的收入、更可靠的社会保障、更高水平的医疗卫生服务、更舒适的居住条件、更优美的环境，期盼孩子们能成长得更好、工作得更好、生活得更好。

全面建成小康社会，一个也不能少，人民群众要生活得更好，首先是身体健康，如果有人总是处于亚健康状态，就不能说生活得好，从这点上来说，全面健康是全面小康的前提。其次，在决胜全面小康的征程上，如果身体不佳，精神状态就不好，就无法做好工作。全面建成小康社会的目标，不是敲锣打鼓就能实现的，需要全体人民的共同奋斗，需要爬坡过坎，需要我们有健康的体魄、昂扬的斗志，才能在决胜全面小康中作出贡献。当前，随着人民健康水平的提高和疾病谱的改变，想要进一步改善健康服务能力，以医疗卫生为主体的供给模式越来越不符合满足人民健康需求的现实要求。可以看到，在经济建设的进程中为追逐经济增长，以牺牲健康为代价的发展模式已不符合我国经济转型培养高水平、高素质人才的要求。重新构建健康保护机制体制，把健康放在优先发展的战略地位，是提高人民健康水平的必然选择。"健康中国"战略反映了我国以人民为中心的发展思想，是统筹规划国家健康事业的依据，具有长期性、发展性。

第三节 "健康中国"战略的意义

国民健康不仅是民生问题，也是重大的政治、经济和社会问题。关怀、干预人民健康，是党和政府的基本任务，反映了我国综合实力和社会文明的发展进步。① 党的十九大将"实施健康中国战略"提升到国家整体战略层面统筹谋划，是保障在新时代我国顺利建成健康社会的重要保障。党的二十大强调"推进健康中国建设"。健康中国建设不仅直接关乎民生福祉，而且关乎国家全局与长远发展、社会稳定和经济可持续发展，从全面建成小康社会到基本实现现代化，再到全面建成社会主义现代化强国，"健康中国"战略将在每一个阶段与整体战略紧密衔接，发挥重要支撑作用。

一、建设"健康中国"是国家治理理念与发展目标的升华

健康是促进人的全面发展的必然要求，是经济社会持续发展的前提条件，更是全国人民的共同追求。党的二十大报告指出，"把保障人民健康放在优先发展的战略位置"。这体现了我们党对人民健康重要价值和作用的认识达到新高度。实施"健康中国"战略，一是增进人民健康福祉，事关人的全面发展、社会的全面进步，事关"两个一百年"奋斗目标的实现，必须从国家层面统筹谋划推进。二是体现了以人民为中心的发展取向，是治国理念和目标的升华，把国民健康作为"民族昌盛和国家富强的重要标志"并置于优先发展的战略地位，扭转了一段时期以来侧重经济增长，而忽视环境污染、生态恶化和为之付出巨大健康代价的倾向。三是经济增长并不必然带来国民健康水平的提升，而是需要以民为本的领导决心和全局性、前瞻性的健康规划，以实现健康与经济社会良性协调发展。健康中国建设体现着国家以人民为中心的发展理念和增进民生福祉的发展取向，指明了未来政策和资源的倾斜方向，是国家治理理念与国家发展目标的升华。

二、建设"健康中国"是国家经济健康增长的前提条件

健康的、受过良好教育的劳动者是经济发展最重要的人力资源。健

---

① 孙小杰. 健康中国战略的理论建构与实践路径研究[D]. 长春：吉林大学，2018.

康是最大的生产力,健康业是庞大的民生产业。"投资于健康"可以有效提高劳动力工作年限和劳动生产率,促进"人口红利"更多转化为"健康红利",降低人口老龄化对劳动力结构的负面影响,延长重要战略机遇期。当前中国已进入通过提高人力资本提升全社会劳动生产率,实现人口红利从数量型向质量型转换,并助力经济和综合国力迈向持续健康发展的新阶段,健康的、高素质的劳动人口是社会生产力的重要组成部分。鉴于中国庞大的人口规模,个体健康指标的改善将汇集为全社会巨大的健康人力资本提升。微观层面,对于企业而言,维护员工的职业安全和健康也是有效的人力资本投资手段,有助于提升企业生产率和核心竞争力。

在"提供全方位全周期健康服务"的健康中国建设中,健康管理、休闲健身、医养产业、医疗服务产业等健康服务业必将得到长足发展。按照《"健康中国2030"规划纲要》确定的目标,2020年健康服务业总规模将超过8万亿元人民币,2030年达到16万亿元人民币。作为规模相当可观、覆盖范围广、产业链长且在不断扩张的民生产业,健康服务业培育了民生经济新增长点,有助于推进供给侧结构性改革、优化服务业供给结构、创造就业并拉动经济的健康可持续增长。此外,实施健康中国战略,将进一步完善健康保障,深化供给侧结构性改革,可以解除群众的后顾之忧,有利于释放投资和消费需求,拉动增长、扩大就业,将为经济社会协调发展注入新活力。

三、建设"健康中国"是国家社会和政治稳定的重要保障

发展社会保障顺应的是民生诉求,解决的是民生疾苦,化解的是社会矛盾与经济危机,促进的是国家认同、社会公正与全面发展,维系的是社会安定与国家安全。[①] 从本质上说,"健康中国"建设也是保障民生

---

① 郑功成. 社会保障与国家治理的历史逻辑及未来选择[J]. 社会保障评论,2017(1).

福祉之策，同样关乎社会和谐安定。当前，随着经济全球化深入发展，传染病疫情、抗生素耐药等跨国播散的公共安全威胁日益严峻。若看病难、看病贵，因病致贫、返贫现象突出，健康条件不公平现象普遍，则会酝酿社会矛盾甚至危机；若慢性病、职业病、失眠抑郁等精神障碍疾病高发，则会降低民众的生活质量，使其难以安居乐业，社会更失安定之基。如果突发公共卫生事件得不到及时处置，就会造成人心恐慌，引发公众的担忧、不满和社会氛围的趋紧，甚至消解经济社会多年建设成果。应该说健康中国的建设关乎社会和谐安定，实施"健康中国"战略，保证人人享有基本医疗卫生服务，也是党和政府义不容辞的职责。

四、建设"健康中国"是党和政府的战略选择

人民健康是国民素质的重要内容，国民对健康的重视程度反映着一个社会的发展程度，经过改革开放四十多年的经济发展，我国已成为世界第二大的经济体，经济的快速发展，也带来了环境破坏、生态恶化、食品药品安全等一系列危害人民健康的问题。当前我国社会的主要矛盾已转化为人民日益增长的美好生活需要和不平衡不充分的发展之间的矛盾，提高健康水平来为人民的美好生活奠定基础，是党和政府充分认识到健康是涉及人的安全、发展需求的重要因素，将健康中国提升为国家战略而做出的战略选择，是发展意识在人民健康领域的体现。

在新的时代条件下，人民健康所面临的诸多问题，已不同于以往基本医疗需求得不到满足而导致的健康问题，而是随着经济发展、环境变迁、生活方式变迁等多种因素交织而导致的健康问题，也是广大人民在基本医疗需求得到满足的情况下，追求更高水平的健康保障的问题。这实质上是人民对美好生活的需求在健康领域的重大表现。在激励追求经济增长的整体社会氛围下，扭转改善人民生活质量的建设方向，将"健康中国"提升到国家战略的高度上来，以政府核心领导为保障，才能顺利推进"健康中国"战略工作的落实。

第四节 "健康中国"战略的核心要义和基本思路

实施"健康中国"战略，是全面贯彻习近平新时代中国特色社会主义思想、落实新时代党的基本方针、让改革发展成果更多更公平地惠及全体人民、不断满足人民日益增长的美好生活需要、不断促进社会公平正义、增强人民获得感和幸福感的重要战略举措。

一、坚持以人民为中心，把人民健康放在优先发展的战略位置

一人之健康是立身之本，人民之健康是立国之基。把人民健康放在优先发展的战略位置，就是把健康优先体现在社会生活的全过程，在经济社会发展规划中突出健康目标，在公共政策制定实施中向健康倾斜，财政投入上保障健康需求，切实维护人民健康权益。

二、贯彻新发展理念，坚持新时代卫生与健康工作方针

坚持预防为主、中西医并重等实践证明行之有效的指导思想；强调以基层为重点，推动工作重心下移、资源下沉到农村和城市社区，突出以改革创新为动力，以自我革命的精神，用中国办法破解医改的世界性难题；特别倡导把健康融入所有政策，人民共建共享，推动政府、全社会、人民群众共同行动，激发积极性和创造力，实现"人人参与、人人尽力、人人享有"。

三、完善国民健康政策，全方位、全周期维护人民健康

以提高人民健康水平为核心，从健康影响因素的广泛性出发，转变卫生与健康发展方式，加快基本医疗卫生与健康促进法的立法进程，把健康融入所有政策，将维护人民健康的范畴从传统的疾病防治拓展到生

态环境保护、体育健身、职业安全、意外伤害、食品药品安全等领域，普及健康生活、优化健康服务、完善健康保障、建设健康环境、发展健康产业，实现对生命全程的健康服务和健康保障。

四、促进社会公平正义，坚持基本医疗卫生事业的公益性

毫不动摇地把公益性写在医疗卫生事业的旗帜上，正确处理政府与市场、基本与非基本的关系，绝不走全盘市场化、商业化的路子。政府承担好公共卫生和基本医疗服务等组织管理职责，切实履行好领导、保障、管理和监督的办医责任，同时注重发挥竞争机制作用。在非基本医疗卫生服务领域，充分发挥市场配置资源作用，鼓励社会力量增加服务供给、优化结构。

第五节 "健康中国"建设的总体战略

国民健康是国家经济发展与社会进步的基础，也是国家富强和人民幸福的重要标志，全民健康是全面建成小康社会的基础保障，也是全面建成小康社会的最终目标。在建设社会主义现代化强国的新时代，健康问题已不再是家庭和个人的私事，而是关系实现中华民族伟大复兴中国梦的国家大事。开展"健康中国"建设，着力推进健康服务供给侧结构性改革，开展多部门合作，把健康融入所有政策，缓解医疗卫生服务供需矛盾。实施"健康中国"建设战略，不仅是一项长期的国家发展战略，更是新时代中国特色社会主义的本质要求，贯穿于实现中华民族伟大复兴中国梦的宏大史诗之中。

一、"健康中国"建设的指导思想

推进"健康中国"建设，必须高举中国特色社会主义伟大旗帜，全面贯彻党的十八大和十八届三中、四中、五中全会精神，以马克思列

宁主义、毛泽东思想、邓小平理论、"三个代表"重要思想、科学发展观为指导，深入学习贯彻习近平总书记系列重要讲话精神，紧紧围绕统筹推进"五位一体"总体布局和协调推进"四个全面"战略布局，认真落实党中央、国务院决策部署，坚持以人民为中心的发展思想，牢固树立和贯彻落实新发展理念，坚持正确的卫生与健康工作方针，以提高人民健康水平为核心，以体制机制改革创新为动力，以普及健康生活、优化健康服务、完善健康保障、建设健康环境、发展健康产业为重点，把健康融入所有政策，加快转变健康领域发展方式，全方位、全周期维护和保障人民健康，大幅提高健康水平，显著改善健康公平问题，为实现"两个一百年"奋斗目标和中华民族伟大复兴的中国梦提供坚实健康基础。主要遵循以下原则：

（1）健康优先。把健康摆在优先发展的战略地位，立足国情，将促进健康的理念融入公共政策制定实施的全过程，加快形成有利于健康的生活方式、生态环境和经济社会发展模式，实现健康与经济社会良性协调发展。

（2）改革创新。坚持政府主导，发挥市场机制作用，加快关键环节改革步伐，冲破思想观念束缚，破除利益固化藩篱，清除体制机制障碍，发挥科技创新和信息化的引领支撑作用，形成具有中国特色、促进全民健康的制度体系。

（3）科学发展。把握健康领域发展规律，坚持预防为主、防治结合、中西医并重，转变服务模式，构建整合型医疗卫生服务体系，推动健康服务从规模扩张的粗放型发展转变到质量效益提升的绿色集约式发展，推动中医药和西医药相互补充、协调发展，提升健康服务水平。

（4）公平公正。以农村和基层为重点，推动健康领域基本公共服务均等化，维护基本医疗卫生服务的公益性，逐步缩小城乡、地区、人群间基本健康服务和健康水平的差异，实现全民健康覆盖，促进社会公平。

二、"健康中国"建设的战略主题

"共建共享、全民健康",是建设"健康中国"的战略主题。核心是以人民健康为中心,坚持以基层为重点,以改革创新为动力,预防为主,中西医并重,把健康融入所有政策,人民共建共享的卫生与健康工作方针,针对生活行为方式、生产生活环境以及医疗卫生服务等健康影响因素,坚持政府主导与调动社会、个人的积极性相结合,推动人人参与、人人尽力、人人享有,落实预防为主,推行健康生活方式,减少疾病发生,强化早诊断、早治疗、早康复,实现全民健康。

共建共享是建设"健康中国"的基本路径。从供给侧和需求侧两端发力,统筹社会、行业和个人三个层面,形成维护和促进健康的强大合力。要促进全社会广泛参与,强化跨部门协作,深化军民融合发展,调动社会力量的积极性和创造性,加强环境治理,保障食品药品安全,预防和减少伤害,有效控制影响健康的生态和社会环境危险因素,形成多层次、多元化的社会共治格局。要推动健康服务供给侧结构性改革,卫生计生、体育等行业要主动适应人民健康需求,深化体制机制改革,优化要素配置和服务供给,补齐发展短板,推动健康产业转型升级,满足人民群众不断增长的健康需求。要强化个人健康责任,提高全民健康素养,引导形成自主自律、符合自身特点的健康生活方式,有效控制影响健康的生活行为因素,形成热爱健康、追求健康、促进健康的社会氛围。

全民健康是建设健康中国的根本目的。立足全人群和全生命周期两个着力点,提供公平可及、系统连续的健康服务,实现更高水平的全民健康。要惠及全人群,不断完善制度、扩展服务、提高质量,使全体人民享有所需要的、有质量的、可负担的预防、治疗、康复、健康促进等健康服务,突出解决好妇女儿童、老年人、残疾人、低收入人群等重点人群的健康问题。要覆盖全生命周期,针对生命不同阶段的主要健康问题及主要影响因素，确定若干优先领域，强化干预，实现从胎儿到生命终点的全程健康服务和健康保障，全面维护人民健康。

三、"健康中国"建设的战略目标

到2020年，建立覆盖城乡居民的中国特色基本医疗卫生制度，健康素养水平持续提高，健康服务体系完善高效，人人享有基本医疗卫生服务和基本体育健身服务，基本形成内涵丰富、结构合理的健康产业体系，主要健康指标居于中高收入国家前列。

到2030年，促进全民健康的制度体系更加完善，健康领域发展更加协调，健康生活方式得到普及，健康服务质量和健康保障水平不断提高，健康产业繁荣发展，基本实现健康公平，主要健康指标进入高收入国家行列，如表1-1。到2050年，建成与社会主义现代化国家相适应的健康国家。到2030年具体实现以下目标：

（1）人民健康水平持续提升。人民身体素质明显增强，2030年人均预期寿命达到79岁，人均健康预期寿命显著提高。

（2）主要健康危险因素得到有效控制。全民健康素养大幅提高，健康生活方式得到全面普及，有利于健康的生产生活环境基本形成，食品药品安全得到有效保障，消除一批重大疾病危害。

（3）健康服务能力大幅提升。优质高效的整合型医疗卫生服务体系和完善的全民健身公共服务体系全面建立，健康保障体系进一步完善，健康科技创新整体实力位居世界前列，健康服务质量和水平明显提高。

（4）健康产业规模显著扩大。建立起体系完整、结构优化的健康产业体系，形成一批具有较强创新能力和国际竞争力的大型企业，成为国民经济支柱性产业。

（5）促进健康的制度体系更加完善。有利于健康的政策法律法规体系进一步健全，健康领域治理体系和治理能力基本实现现代化。

表1-1 "健康中国"建设的主要指标

领域	指标	2015年	2020年	2030年
健康水平	人均预期寿命(岁)	76.34	77.3	79
	婴儿死亡率(‰)	8.1	7.5	5
	五岁以下儿童死亡率(‰)	10.7	9.5	6
	孕产妇死亡率(1/10万)	20.1	18.0	12.0
	城乡居民达到《国民体质测定标准》合格以上的人数比例(%)	89.6 (2014年)	90.6	92.2
健康生活	居民健康素养水平(%)	10	20	30
	经常参加体育锻炼人数（亿人）	3.6 (2014年)	4.35	5.3
健康服务与保障	重大慢性病过早死亡率(%)	19.1 (2013年)	比2015年降低10%	比2015年降低30%
	每千常住人口执业（助理）医师数(人)	2.2	2.5	3
	个人卫生支出占卫生总费用的比重(%)	29.3	28左右	25左右
健康环境	地级及以上城市空气质量优良天数比率(%)	76.7	>80	持续改善
	地表水质量达到或好于Ⅲ类水体比率(%)	66	>70	持续改善
健康产业	健康服务业总规模（万亿元）	—	>8	16

第六节 "健康中国"战略路径

"健康中国"建设的基本实施路径是共建共享，要以创新、协调、绿色、开放、共享五大新发展理念为主线，突出改善供给与引导需求两方面的内涵，是形成一个符合我国国情的、可持续发展的、具有成本效益的"健康发展"战略，着力提升"健康中国"建设治理能力，精准助力新时代"健康中国"建设。

一、以五大新发展理念为导引

1. 创新发展

首先是在制度上进行创新，建立"健康影响评价"制度，将健康与各种政策相结合，构建充实健康友好型社会。并以深化医药卫生体制改革为推动，促进基本医疗卫生制度完成创新发展，不断地补充完善城乡居民的基本医疗卫生制度，扩大其覆盖面。其次是在发展模式上创新，将中心从疾病治疗转向健康促进，以期促进卫生发展模式的发展创新。最后是在科技和产品（服务）上创新，将更好地满足群众健康需求为目标，促进医药科技方面的创新，通过精准的医学计划，实现健康服务产品和服务的创新。

2. 协调发展

一是统筹健康与经济社会适应发展，搭建以维护和保证健康为核心的公共政策体系，建立全面且具有正效应的经济发展模式、社会环境、自然环境、筹资体系、法制体系、管理体系。

二是保证城乡区域协调发展，调整不平衡地区协调发展，在具体操作和实施上应聚焦农村、中西部地区、贫困地区等区域，逐渐减小地区之间在健康上存在的差异。

3. 绿色发展

一是建立绿色(多维型)卫生服务体系,以信息化和科技为基石,合并碎片化健康服务体系,将发展方向从大面积铺撒的粗放型发展调整到以质量效益提高和结构调整为主的内在集约式发展,完善健康服务体系,全面兼顾医防结合、上下协作、医养结合、多元发展,保证以健康为中心的方向。

二是增加城乡基础设施投入和维护生态环境,宣传食品药品安全、全民健身,增加社会支持,让公共安全保障体系趋于完整,才能推动健康城市建设,进而防控一批重大疾病。

4. 开放发展

一方面要增大对外开放,起草执行我国面向全球的卫生战略,并在健康领域放开合作,影响国际、国内这两个市场、两种资源,进而影响国际健康领域。

另一方面也要增加对内开放,活跃社会力量,调动各方面的积极性和创造性,推动健康服务行业的发展,使多元的健康需求得到满足。

5. 共享发展

首先是推进民众健康全面覆盖,健全基础医疗卫生制度,实现由医疗保障向健康保障的转变,不断地削弱健康经济风险。不断丰富医疗卫生服务内容,保证健康服务可及性、公平性和服务质量。

其次是不断地缩小健康差距,尤其注意老年人、妇女儿童、贫困人口、流动人口等特殊人群的身体健康,不断缩小人群间健康差距。

二、"健康中国"建设的实施路径

第一,要坚持深化改革。推动全面深化改革,并不断完善相关规章制度,深化体制机制改革,建立完善基础医疗卫生体系,为实现健康中国目标提供制度保障。

第二，要将建立健全整合型医疗卫生服务体系置于主要地位。以信息化和科技创新为支撑，保证卫生发展模式中心从治疗疾病转向维持健康，拼接碎片化服务体系，搭建与人民大众的健康需求相一致的多维型医疗卫生服务体系，保证科技、人才、信息的投入，以保证健康中国的持续发展。

第三，要建立有助于维护和推进健康的公共政策。经济社会发展模式要保证将健康作为中心，搭建组合有利于健康的经济发展模式、社会环境、自然环境、筹资体系、法制体系、管理体系等，建设健康友好型社会。

第四，要强化对主要健康影响因素进行有效预防。针对其所包含的健康问题和影响因素，确定干预方向，开展一系列行之有效的重大行动，确保健康中国建设战略达到预期效果。

第二章 "健康中国"战略与当代青年大学生

没有全民健康，就没有全面小康，健康是人民幸福、国家富强和社会发展的重要基础，是全国人民对美好生活的向往和追求。青年是社会主义现代化的建设者和接班人，肩负着为实现中华民族伟大复兴中国梦的重要历史任务。青年大学生是接受过高等教育、还未完全步入社会的人，是新技术、新思想的前沿群体和国家培养的高级专业人才，是推动社会进步的栋梁之材。青年大学生的身体以及心理健康直接影响着国家的未来，他们的健康水平将对整个社会的健康情况产生重大影响，关心大学生的健康，增强体质，促进学生的德、智、体、美、劳全方面发展尤为重要，对健康中国战略的顺利实施以及中国梦的早日实现具有重要意义和作用。

第一节 党和国家领导人关注青少年学生健康成长阐述

我国体育发展之路艰难而辉煌，倾注着中央领导集体的无尽心血和殷殷关怀，寄托着对国家富强、人民幸福的执着追求。中华人民共和国成立以来，党和国家领导人十分重视学校体育工作，关注青少年学生的健康成长。

"国力荼弱，武风不振，民族之体质日趋轻细，此甚可忧之现象也"，1917年，青年时代的毛泽东同志就在《新青年》上发表了一篇文章——《体育之研究》，提出体育锻炼的目的不仅在于"养生"，更在于"卫国"。主张"欲文明其精神，先自野蛮其体魄"，表达了对体育与民族强盛之关系的独到见解。这位曾经怀抱健身强国理想的伟大领导人，在新中国成立伊始，就从全民健康的角度出发，多次号召要广泛开展群众性体育活动，增强民众身体健康。① 1952年，毛泽东同志挥笔写下"发展体育运动，增强人民体质"的题词，深刻地指出了体育运动和增强体质的内在联系，明确规定了中国社会主义体育事业必须为人民服务的根本目的和任务，为新中国体育事业指明了前进方向。1953年，毛泽东同志接见中国新民主主义青年团第二次全国代表大会主席团时，强调青年和学生要"身体好、学习好、工作好"，把"身体好"的标准放在了第一位。1954年毛泽东同志在批转《关于加强人民体育运动工作的报告》时指出："改善人民健康状况，增强人民体质，是党的一项重要政治任务。"②在《关于正确处理人民内部矛盾的问题》一文中，毛泽东指出："我们的教育方针，应该使受教育者在德育、智育、体育几方面都得到发展。"这些重要指示，对改变学校体育状况，造就一代体魄健壮的青少年，改善民族身体素质，起到了重要作用。

国运盛、体育兴，随着国家实行改革开放，中国体育事业得到了快速发展。邓小平多次指示加强体育工作："体育运动搞得好不好，影响太大了，是一个国家经济、文明的表现。它鼓舞了这么多人，吸引了这么多观众、听众，要把体育搞起来。"③要求将体育运动普及广大人民群众，尤其关心青少年儿童的身体健康。"我们中国足球要搞上去，要从娃娃和少年抓起"，邓小平富有远见的要求推动了体育发展基础的进一

---

① 共青团中央学校部、全国学校共青团研究中心. "三走"如何"走"——大学生"走下网络、走出宿舍、走向操场"主题群众性课外体育锻炼活动解读[M]. 北京：中国计划出版社，2015：20.

② 《人民日报》评论员. 发展体育运动 增强人民体质——纪念毛泽东同志题词50周年[N]. 人民日报，2002-06-10(001).

③ 汪大昭，许立群，陈晨曦，季芳. 人民日报：总设计师的奥运情怀[N]. 人民日报，2008-07-15(001).

步夯实。① 他为《中国少年报》和《辅导员》杂志题词："希望全国的小朋友，立志做有理想、有道德、有知识、有体力的人，立志为人民作贡献，为人类作贡献。"② 在这"四有"中，他把"有体力"作为为人民、为人类作贡献的基础。

体育事业，薪火相传。"体育的中心任务、重要任务就是要保证人民身体健康。"③ 在继承毛泽东、邓小平体育思想的基础上，江泽民明确提出了社会主义体育事业的根本宗旨并非常支持北京申奥。1996年，江泽民同志为第五届全国大学生运动会题词："发展学校体育运动，促进社会主义精神文明建设。"④ 1997年，江泽民提出："全民健身、利国利民、功在当代、利在千秋"⑤，为实施全民健身计划这个跨世纪的、增强中华民族体质的宏伟工程作了精确、全面、深刻的阐述。

在全面建设小康社会的进程中，体育事业被赋予了新的内涵。2005年10月，在第十届全国运动会即将开幕之际，胡锦涛同志明确提出："广泛开展全民健身活动，提高全民族的健康素质，是全面建设小康社会的重要内容，是构建社会主义和谐社会的必然要求，也是功在当代、利在千秋的事业。"⑥ 青少年的身体健康关系到未来发展的大业，2007年4月23日，胡锦涛主持召开的中共中央政治局会议研究的一项重要内容就是加强青少年体育工作。会议指出，认真落实健

---

① 伍绍祖，余玮. 邓小平的体育情结[EB/OL]. [2004-07-30]. http://cpc.people.com.cn/GB/85037/85038/7183986.html.

② 邓小平年谱（一九九五——一九九七）（上）[M]. 北京：人民出版社，2004：639.

③ 赵承，李亚杰，刘阳，李江涛. 人民永远不会忘记——中央领导集体关心体育事业和北京奥运会纪事[N]. 经济日报，2008-07-29(001).

④ 赵承，李亚杰，刘阳，李江涛. 人民永远不会忘记——中央领导集体关心体育事业和北京奥运会纪事[N]. 经济日报，2008-07-29(001).

⑤ 赵承，李亚杰，刘阳，李江涛. 人民永远不会忘记——中央领导集体关心体育事业和北京奥运会纪事[N]. 经济日报，2008-07-29(001).

⑥ 薛剑英，孙承斌. 胡锦涛强调开展全民体育健身活动 提高全民族的健康素质[N]. 光明日报，2005-10-13(001).

康第一的指导思想，建立健全学校体育工作的机制，充分保证学校体育课和学生体育活动，广泛开展群众性青少年体育活动和竞赛……形成全社会珍视健康、重视体育的氛围，培养青少年良好的锻炼习惯和健康的生活方式，在广大青少年中形成热爱体育、崇尚运动、健康向上的良好风气。①

青年是祖国的未来，民族的希望，重视青年就是重视未来。党的十八大以来，以习近平同志为核心的党中央站在党和国家事业发展薪火相传、后继有人的战略高度，高度重视青少年工作，亲切关怀青少年的健康成长。

2013年8月，习近平总书记会见全国体育先进单位和先进个人代表等时强调，发展体育运动，增强人民体质，是我国体育工作的根本方针和任务。全民健身是全体人民增强体魄、健康生活的基础和保障，人民身体健康是全面建成小康社会的重要内涵，是每一个人成长和实现幸福生活的重要基础。要广泛开展全民健身运动，促进群众体育和竞技体育全面发展。②

2014年3月，习近平总书记在德国访问期间，对志丹少年足球运动员说："希望你们通过这次来德国培训，在中国青少年足球方面发挥带动作用，也希望更多的青少年投身中国足球事业，我看好你们，看好你们这一代。"③

2014年5月，习近平总书记在北京大学师生座谈会上鼓励青年们要积极投身到祖国建设中。"现在在高校学习的大学生都是20岁左右，到2020年全面建成小康社会时，很多人还不到30岁；到本世纪中叶基

---

① 新华社. 胡锦涛主持中共中央政治局会议 研究加强青少年体育工作和网络文化建设工作[N]. 人民日报, 2007-04-24(001).

② 习近平会见全国体育先进单位和先进个人代表等时强调：发展体育运动增强人民体质 促进群众体育和竞技体育全面发展[N]. 人民日报, 2013-09-01(001).

③ 杜尚泽. 习近平希望中国足协和德国足协加强交流[J]. 中国社会组织, 2014(7).

本实现现代化时，很多人还不到60岁。也就是说，实现'两个一百年'奋斗目标，你们和千千万万青年将全过程参与。"①

2014年5月，习近平总书记在北京市海淀区民族小学座谈时说："大家都知道我喜欢足球。其实，我还喜欢篮球、网球，而且很喜欢武术。希望孩子们要文明精神、野蛮体魄，把身体锻炼好，把知识学好。"②

2014年8月，习近平总书记在看望南京青奥会中国体育代表团时表达了对青少年的殷切期盼：少年强、青年强则中国强。少年强、青年强是多方面的，既包括思想品德、学习成绩、创新能力、动手能力，也包括身体健康、体魄强壮、体育精神。希望通过你们在这届青奥会上的精彩表现，带动全国广大青少年都积极投身体育锻炼，既把学习搞得好好的，又把身体搞得棒棒的，做到德智体美全面发展，将来成为祖国建设的栋梁之材。③

2015年4月，习近平总书记作出重要指示，强调南京青奥会成功举办，进一步向世界展示了中国开放自信、热情友善的良好形象，赢得广泛好评。希望总结经验，传承和发扬好青奥会留下的宝贵财富，更加重视青少年体育工作，引导广大青少年继续弘扬奥林匹克精神，积极参与体育健身运动，强健体魄、砥砺意志，凝聚和焕发青春力量，为中华民族伟大复兴作出应有贡献。④

2016年3月，习近平总书记主持召开中央全面深化改革领导小组

---

① 新华社. 青年要自觉践行社会主义核心价值观——在北京大学师生座谈会上的讲话[EB/OL].[2014-05-05]. http：//www.xinhuanet.com//politics/2014-05/05/c_1110528066.htm.

② 新华社. 习近平看望少年儿童：精忠报国是一生的目标[EB/OL].[2014-05-30]. http：//www.xinhuanet.com/politics/2014-05/30/c_1110943512_2.htm.

③ 霍小光，高鹏. 习近平看望南京青奥会中国体育代表团[EB/OL].[2014-08-15]. http：//www.xinhuanet.com/politics/2014-08/15/c_1112100132.htm.

④ 新华社. 习近平就传承和发扬青奥会宝贵财富作出重要指示[EB/OL].[2015-04-07]. http：//www.xinhuanet.com/politics/2015-04/07/c_1114892747.htm.

第二十二次会议。会议指出，儿童健康事关家庭幸福和民族未来。加强儿童医疗卫生服务改革与发展，要紧紧围绕加强儿科医务人员培养和队伍建设、完善儿童医疗卫生服务体系、推进儿童医疗卫生服务领域改革、防治结合提高服务质量等关键问题，系统设计改革路径，切实缓解儿童医疗服务资源短缺问题。①

2016年7月，习近平总书记在庆祝中国共产党成立95周年大会上强调：全党要关注青年、关心青年、关爱青年，倾听青年心声，做青年朋友的知心人、青年工作的热心人、青年群众的引路人。他要求各级党委和政府要充分信任青年、热情关心青年、严格要求青年，为青年驰骋思想打开更浩瀚的天空，为青年实践创新搭建更广阔的舞台，为青年塑造人生提供更丰富的机会，为青年建功立业创造更有利的条件。②

2016年8月，习近平总书记在全国卫生与健康大会上强调：要重视少年儿童健康，全面加强幼儿园、中小学的卫生与健康工作，加强健康知识宣传力度，提高学生主动防病意识，有针对性地实施贫困地区学生营养餐或营养包行动，保障生长发育。③

2017年1月，习近平总书记在崇礼区云顶滑雪场考察北京冬奥会筹办工作。他嘱咐参加滑雪冬令营的"冰雪少年"们在滑雪运动中既要勇于挑战，又要注意安全。习近平总书记强调冰雪运动要从孩子抓起，希望将来能从他们中间出现一批优秀运动员。④

---

① 新华网．习近平主持召开中央全面深化改革领导小组第二十一次会议[EB/OL]．[2016-02-23]．http：//www.xinhuanet.com/politics/2016/02/23/c_1118135058.htm.

② 新华网．习近平：在庆祝中国共产党成立95周年大会上的讲话[EB/OL]．[2016-07-01]．http：//www.xinhuanet.com/politics/2016-07/01/c_1119150660.htm.

③ 新华网．习近平：把人民健康放在优先发展战略地位[EB/OL]．[2016-08-20]．http：//www.xinhuanet.com/politics/2016-08/20/c_1119425802.htm.

④ 人民网．习近平雪场关爱"冰雪少年"[EB/OL]．[2017-01-23]．http：//politics.people.com.cn/n1/2017/0123/c1001-29044950.html.

2017年2月,习近平总书记在五棵松体育中心观摩了青少年冰球和花样滑冰训练后,向小队员们讲起自己年少时在什刹海滑冰的往事,对当时家里给买的冰鞋记忆犹新。他说:"你们现在条件太好了,不仅有很好的学习环境,还有这么好的锻炼条件,既增强体质,也培养勇敢合作精神。希望你们珍惜机遇、继续努力。"①他勉励年轻的运动员:你们是从事这个事业的,少年强则中国强,体育强则中国强,要强起来。所以冰雪运动一定要全面开展,希望在你们身上,请大家务必努力。②

2017年6月,习近平总书记在香港少年警讯永久活动中心暨青少年综合训练营考察时强调:我非常关心、重视青少年成长,因为你们是祖国的未来和希望,没有青少年健康成长,国家就没有远大发展。③

2018年8月,在看到有关报刊刊载的《中国学生近视高发亟待干预》一文后,习近平总书记作出重要指示指出,我国学生近视呈现高发、低龄化趋势,严重影响孩子们的身心健康,这是一个关系国家和民族未来的大问题,必须高度重视,不能任其发展。习近平总书记指示有关方面,要结合深化教育改革,拿出有效的综合防治方案,并督促各地区、各有关部门抓好落实。习近平强调,全社会都要行动起来,共同呵护好孩子的眼睛,让他们拥有一个光明的未来。④

2018年9月,习近平总书记在全国教育大会上发表重要讲话,他

---

① 霍小光.习近平借往事勉励青少年运动健儿珍惜机遇[EB/OL].[2017-02-24].http://www.xinhuanet.com/politics/2017-02/24/c_1120527201.htm.

② 丁然,寇琳阳.习近平寄语冰雪运动[EB/OL].[2018-02-10].https://baijiahao.baidu.com/s?id=15919910701110098090&wfr=spider&for=pc.

③ 陈键兴,赵博,张雅诗.习近平考察香港少年警讯永久活动中心暨青少年综合训练营[EB/OL].[2017-06-30].http://www.xinhuanet.com/politics/2017-06/30/c_1121243854.htm.

④ 新华社.习近平近日作出重要指示强调 共同呵护好孩子的眼睛 让他们拥有一个光明的未来[EB/OL].[2018-08-28].http://www.moe.gov.cn/jyb_xwfb/s6052/moe_838/201808/t20180828_346376.html.

第一节　党和国家领导人关注青少年学生健康成长阐述

强调：要树立健康第一的教育理念，开齐开足体育课，帮助学生在体育锻炼中享受乐趣、增强体质、健全人格、锤炼意志；要在学生中弘扬劳动精神，教育引导学生崇尚劳动、尊重劳动，懂得劳动最光荣、劳动最崇高、劳动最伟大、劳动最美丽的道理，长大后能够辛勤劳动、诚实劳动、创造性劳动。①

2019年6月，习近平总书记给北京体育大学2016级研究生冠军班全体学生回信，习近平总书记在回信中说："得知你们珍惜深造机会，边努力学习，边刻苦训练，积极参与全民健身推广工作，我感到很高兴。我看过你们不少比赛，每当看到我国体育健儿在重大国际赛事上顽强拼搏、勇创佳绩、为国争光时，我从心里面为大家喝彩。新时代的中国，更需要使命在肩、奋斗有我的精神。希望你们继续带头拼、加油干，为建设体育强国多作贡献，为社会传递更多正能量。"②

2020年4月，习近平总书记来到安康市平利县老县镇考察调研。在镇中心小学，习近平走进五年级一班的课堂，亲切询问孩子们的学习和生活情况。习近平说："现在孩子普遍眼镜化，这是我的隐忧。还有身体的健康程度，由于体育锻炼少，有所下降。文明其精神，野蛮其体魄，我说的'野蛮其体魄'就是强身健体。"③

2021年4月，习近平总书记在清华大学考察。在体育馆，习近平总书记同校篮球运动员亲切交谈，并在体育荣誉室察看历史照片、实物展览，了解体育馆保护利用、学校继承发扬优良传统、开展体育教育等

---

① 新华社．习近平出席全国教育大会并发表重要讲话[EB/OL]．[2018-09-10]．http：//www.gov.cn/xinwen/2018-09/10/content_5320835.htm．

② 新华社．习近平给北京体育大学2016级研究生冠军班全体学生的回信（全文）[EB/OL]．[2019-06-19]．http：//news.cyol.com/content/2019-06/19/content_18048016.htm．

③ 央视新闻微信公众号．习近平：孩子们要文明精神 野蛮体魄[EB/OL]．[2020-04-22]．http：//www.moe.gov.cn/jyb_xwfb/s6052/moe_838/202004/t20200422_445612.html．

情况。习近平总书记表示："重视体育是清华大学的光荣传统，希望同学们发扬好清华大学的优良学风和体育传统，坚持德智体美劳全面发展，努力成为祖国建设的栋梁之才。"①

2021年7月，在庆祝中国共产党成立100周年大会上，习近平总书记向广大青年发出号召："新时代的中国青年要以实现中华民族伟大复兴为己任，增强做中国人的志气、骨气、底气，不负时代，不负韶华，不负党和人民的殷切期望！"②

2022年4月，在北京冬奥会、冬残奥会总结表彰大会上，习近平总书记指出："完善全民健身体系，增强广大人民群众特别是青少年体育健身意识，增强我国竞技体育的综合实力和国际竞争力，加快建设体育强国步伐。"③

2023年5月，习近平总书记在北京育英学校考察时指出："提高人的健康素质，青少年是黄金期。这个阶段，长身体是第一位的，身体好了，才能为今后一生的学习工作打好基础。"④

2024年8月，习近平在接见第33届奥运会中国体育代表团时强调："竞技体育和群众体育相辅相成，希望大家进一步提升竞技体育综合实力，带动全民健身、青少年体育蓬勃开展，为建设体育强国再立新功。"⑤

---

① 新华社.习近平在清华大学考察时强调 坚持中国特色世界一流大学建设目标方向 为服务国家富强民族复兴人民幸福贡献力量[EB/OL].[2021-04-19]. http://www.xinhuanet.com/politics/2021-04/19/c_1127348921.htm.
② 习近平.在庆祝中国共产党成立100周年大会上的讲话[EB/OL].[2021-07-15].http://www.gov.cn/xinwen/2021-07/15/content_5625254.htm.
③ 北京冬奥会冬残奥会总结表彰大会隆重举行[N].人民日报，2022-04-09(001).
④ 争当德智体美劳全面发展的新时代好儿童[N].人民日报，2023-06-02(001).
⑤ 杜尚泽."祖国和人民为你们骄傲"[N].人民日报，2024-08-22(001).

第二节　近三十年党和国家的青少年学生健康事业历程

增强青年大学生体质、促进青年大学生健康成长，是关系国家和民族未来的大事，对深入贯彻党的教育方针，培养中国特色社会主义事业的建设者和接班人，具有重要意义。大学生健康教育是国家实施素质教育的一项重要内容，也是国民健康教育的重要组成部分。

一、1990—1999年的青少年及学校健康事业

早在1990年，原国家教委出台了《学校卫生工作条例》，该条例对学校卫生工作的任务进行了界定：监测学生健康状况；对学生进行健康教育，培养学生良好的卫生习惯；改善学校卫生环境和教学卫生条件；加强对传染病、学生常见病的预防和治疗。并要求：教育行政部门负责学校卫生工作的行政管理；卫生行政部门负责对学校卫生工作的监督指导。

1993年原国家教委出台的《大学生健康教育基本要求（试行）》（教体厅〔1993〕1号），对健康教育的目标、健康教育的要求、健康教育的使用范围和对象、师资、教材和教学组织、健康教育的内容都进行了具体的规定。青少年阶段是健康行为习惯和世界观形成的关键时期，也是危害健康行为易于发生的年龄，是最适合开展健康教育的目标人群，应当把大学生健康教育视为促进国家健康水平的重要资源。

1994年《中共中央关于进一步加强和改进学校德育工作的若干意见》（简称《意见》）明确提出："在科学技术迅速发展，社会主义市场经济体制逐步建立的情况下，如何指导学生在观念、知识、能力、心理素质方面尽快适应新的要求，是学校德育工作需要研究和解决的新课题。"《意见》还指出："要通过多种方式对不同年龄层次的学生进行心理健康教育和指导，帮助学生提高心理素质，健全人格，增强承受挫折、

适应环境的能力。"

1995年施行的《中华人民共和国体育法》第一章第五条规定：国家对青年、少年、儿童的体育活动给予特别保障，增进青年、少年、儿童的身心健康。该法规在学校体育部分对学校体育课程、场地配置、国家体育锻炼标准、学生体格健康检查制度的建立等方面进行了相关立法规定。

1995年颁布试行《中国普通高等学校德育大纲》（教政〔1995〕11号）明确提出，要把心理健康教育作为高等学校德育的重要组成部分，大学生应具备良好的个性心理品质和自尊、自爱、自律、自强的优良品格，具有较强的心理调适能力。加强大学生心理健康教育工作是新形势下全面贯彻党的教育方针、实施素质教育的重要举措，是促进大学生全面发展的重要途径和手段，是高等学校德育工作的重要组成部分。

1998年出台的《高等学校医疗保健机构工作规程》（教体〔1998〕4号）提出要加强对高等学校医疗保健机构的管理，提高医疗保健工作质量，提高师生员工健康水平。要求按学校规模大小及服务对象多少分别设置校医院或卫生科，并规定了高等学校医疗保健机构的主要任务：一是监测学校人群的健康状况；二是开展学校健康教育；三是负责学校常见病和传染病的防治；四是对影响学校人群健康的有害因素实施医务监督。

1999年《关于深化教育改革全面推进素质教育的决定》（中发〔1999〕9号）提出要全面推进素质教育，培养适应21世纪现代化建设需要的社会主义新人；要以提高国民素质为根本宗旨，以培养学生的创新精神和实践能力为重点，造就"有理想、有道德、有文化、有纪律"的、德智体美等全面发展的社会主义事业建设者和接班人。必须把德育、智育、体育、美育等有机地统一在教育活动的各个环节中。并指出健康体魄是青少年为祖国和人民服务的基本前提，是中华民族旺盛生命力的体现。学校教育要树立健康第一的指导思想，切实加强体育工作，使学生掌握基本的运动技能，养成坚持锻炼身体的良好习惯。确保学生的体育课程和课外体育活动时间，不准挤占体育活动时间和场所。举办多种多样的群体性体育活动，培养学生的竞争意识、合作精神和坚强毅力。地方各级人民政府要统筹规划，为学校开展体育活动提供必要条件。培养学生的良好卫生习惯，了解科学营养知识。根据农村的实际条件和需要，有针对性地加强农村学校的体育和卫生工作。

这一时期国家关于青年及学校健康事业的建设刚刚起步，开始对学校卫生事业的建设、大学生健康教育、高校医疗机构保健做出较为系统的要求，并将学生的身心健康作为学校德育工作和推行素质教育的重要内容给予规范和建设，加强体育和卫生工作，增强青少年健康体魄。

二、2000—2009年的青少年及学校健康事业

2001年的《关于加强普通高等学校大学生心理健康教育工作的意见》（教社政〔2001〕1号）提出要大力加强大学生心理健康教育工作是时代发展的需要，是社会全面发展对培养高素质创新人才的必然要求。它对于提高大学生适应社会生活的能力，培养大学生良好的个性心理品质，促进心理素质与思想道德素质、文化素质、专业素质和身体素质的协调发展，提高高等学校德育工作的针对性、实效性和主动性，具有重要作用。意见阐明了在高校开展心理健康教育的重要性和紧迫性，提出了高等学校大学生心理健康教育工作的主要任务和内容，工作的原则、途径和方法；要进一步加强高等学校大学生心理健康教育工作队伍建设和管理工作，为高校开展心理健康教育提供了建设性的指导意见。

2002年为贯彻落实《中共中央 国务院关于深化教育改革全面推进素质教育的决定》精神，进一步加强对全国普通高等学校大学生心理健康教育工作的领导和指导，根据《教育部关于加强普通高等学校大学生心理健康教育工作的意见》，又制定了《普通高等学校大学生心理健康教育工作实施纲要（试行）》（教社政厅〔2002〕3号）（简称《纲要》），该实施纲要对高校大学生心理健康教育工作的指导思想、主要任务、途径和方法以及师资队伍建设等作出进一步的科学规范。《纲要》明确指出，

高校大学生心理健康教育工作的指导思想是：全面贯彻党的教育方针，以全面推进素质教育为目标，以提高大学生的心理素质为重点，促进学生的全面发展和健康成长。《纲要》强调，推进高校大学生心理健康教育工作，要坚持重在建设，立足教育的方针。根据大学生的心理特点，有针对性地讲授心理健康知识，开展辅导或咨询活动，帮助大学生树立心理健康意识，优化心理品质，增强心理调适能力和社会生活的适应能力，预防和缓解心理问题，帮助他们处理好环境适应、学习成长、人际交往等方面的困惑，提高健康水平，促进德智体美等方面全面发展。《纲要》提出了高校大学生心理健康教育工作的主要内容：一是宣传普及心理科学基础知识；二是培训心理调适的技能，提供维护心理健康和提高心理素质的方法；三是认识与识别心理异常现象；四是根据大学生活不同阶段以及各层次、各学科门类学生和特殊群体学生的心理特点，有针对性地实施心理健康教育。

2004年中共中央、国务院发布的《关于进一步加强和改进大学生思想政治教育的意见》（中发〔2004〕16号）指出，大学生是十分宝贵的人才资源，是民族的希望，是祖国的未来。要以大学生全面发展为目标，加强人文素质和科学精神教育，加强集体主义和团结合作精神教育，促进大学生思想道德素质、科学文化素质和健康素质协调发展，引导大学生勤于学习、善于创造、甘于奉献，成为有理想、有道德、有文化、有纪律的社会主义新人。

2005年为贯彻落实《中共中央 国务院关于进一步加强和改进大学生思想政治教育的意见》精神，为进一步加强和改进大学生心理健康教育，教育部、卫生部、共青团中央联合下发了《关于进一步加强和改进大学生心理健康教育的意见》（教社政〔2005〕1号）。该文件提出，大学生心理健康教育的总体要求是，遵循思想政治教育和大学生心理发展规律，开展心理健康教育，做好心理咨询工作，提高心理调节能力，培养良好心理品质，促进大学生思想道德素质、科学文化素质和身心健康素质协调发展。该文件明确了加强和改进大学生心理健康教育工作的基本原则和主要任务。基本原则是坚持心理健康教育与思想教育相结合、普及教育与个别咨询相结合、课堂教育与课外活动相结合、教育与自我教育相结合、解决心理问题与解决实际问题相结合。主要任务包括：宣传普及心理健康知识；介绍增进心理健康的方法和途径；解析心理现象，帮助大学生以科学的态度对待心理问题；传授心理调适方法。该文件还就进一步加强和改进大学生心理健康教育，切实做好心理咨询工作提出了具体要求。

2006年教育部、国家体育总局、共青团中央联合下发了《关于开展全国亿万学生阳光体育运动的决定》（教体艺〔2006〕6号）（简称《决定》），《决定》提出，通过阳光体育运动，力争用3~5年的时间，使85%以上的学校能全面实施《学生体质健康标准》，85%以上的学生能做到每天锻炼一小时，达到《学生体质健康标准》及格等级以上，掌握至少两项日常锻炼的体育技能，形成良好的体育锻炼习惯，体质健康水平切实得到提高。三部门还要求，开展"阳光体育运动"要以全面实施《学生体质健康标准》为基础，建立和完善标准的测试结果记录体系，并作为毕业升学的重要依据，还要与体育课教学和课外体育活动相结合，确保开足上好体育课，保证学生每天一小时的锻炼时间。大力推行大课间体育活动，不断丰富学生课外体育活动的形式和内容。要通过宣传，使"健康第一""达标争优、强健体魄""每天锻炼一小时，健康工作五十年，幸福生活一辈子"的口号家喻户晓，深入人心。

2007年中共中央、国务院制定下发了《关于加强青少年体育增强青少年体质的意见》（中发〔2007〕7号），这是改革开放以来关于青少年体育工作的最高规格的文件，是我国亿万青少年生活中的一件大事。该文件要求全党全社会行动起来，共同关心和支持青少年的健康成长，要把加强青少年体育工作摆上重要议事日程，纳入经济社会发展规划。

该文件提出，当前和今后一个时期，加强青少年体育工作的总体要求是：认真落实健康第一的指导思想，把增强学生体质作为学校教育的基本目标之一，建立健全学校体育工作机制，充分保证学校体育课和学生体育活动,广泛开展群众性青少年体育活动和竞赛,加强体育卫生设施和师资队伍建设,全面完善学校、社区、家庭相结合的青少年体育网络,培养青少年良好的体育锻炼习惯和健康的生活方式,形成青少年热爱体育、崇尚运动、健康向上的良好风气和全社会珍视健康、重视体育的浓厚氛围。通过5年左右的时间,使我国青少年普遍达到国家体质健康的基本要求,耐力、力量、速度等体能素质明显提高,营养不良、肥胖和近视的发生率明显下降。

该文件还提出,要全面实施《国家学生体质健康标准》,把健康素质作为评价学生全面健康发展的重要指标。广泛开展"全国亿万学生阳光体育运动"。切实减轻学生过重的课业负担。确保学生每天锻炼1小时。举办多层次多形式的学生体育运动会,积极开展竞技性和群众性体育活动。帮助青少年掌握科学用眼知识和方法,降低青少年近视率。确保青少年休息睡眠时间,加强对卫生、保健、营养等方面的指导和保障。加强学校体育设施建设。加强体育安全管理,指导青少年科学锻炼。

2008年卫生部印发了《全国精神卫生工作体系发展指导纲要(2008年—2015年)》,在工作体系建设目标中规定:中小学建立心理健康辅导室、设置专职教师并配备合格人员的学校比例,到2010年城市达到40%、农村达到10%;2015年城市达到60%、农村达到30%。在工作指标与目标中规定:在学校开展心理健康教育的比例,到2010年城市达到80%、农村达到50%;2015年城市达到85%、农村达到70%;降低儿童和青少年精神疾病和心理行为问题发生率(2005年部分地区调查为13.4%~15.6%),到2010年降为12%,2015年降为10%。此文件要求教育部门负责精神卫生人才培养有关工作;结合实施素质教育,将学生心理健康教育、预防学生心理和行为问题工作纳入学校日常工作计划。要求各级共青团组织配合政府有关部门开展青少年精神卫生状况调查,开展多种形式的宣传教育活动,为青少年心理健康提供有效服务,帮助青少年养成健康的生活品质,培养高尚的道德情操。

2009年国务院颁布了《全民健身条例》(简称《条例》),《条例》第二十一条规定:学校应当按照《中华人民共和国体育法》和《学校体育工作条例》的规定,根据学生的年龄、性别和体质状况,组织实施体育课教学,开展广播体操、眼保健操等体育活动,指导学生的体育锻炼,提高学生的身体素质。学校应当保证学生在校期间每天参加一小时的体育活动。第二十二条规定:学校每学年至少举办一次全校性的运动会;有条件的,还可以有计划地组织学生参加远足、野营、体育夏(冬)令营等活动。第二十三条规定:基层文化体育组织、学校、家庭应当加强合作,支持和引导学生参加校外体育活动。青少年活动中心、少年宫、妇女儿童中心等应当为学生开展体育活动提供便利。

这一时期,一是国家十分重视高校大学生心理健康教育工作,在出台了高校大学生心理健康教育工作意见的基础上,又制定了实施纲要对大学生心理健康教育工作的指导思想、主要任务、途径和方法以及师资队伍建设等作出进一步的科学规范,又以三部门联合的形式发布了《关于进一步加强和改进大学生心理健康教育的意见》,在《全国精神卫生工作体系发展指导纲要》中还就学校开展心理健康教育的比例进行了具体规定。此外,还将大学生心理健康素质协调发展作为大学生思想政治教育工作的重要内容。

二是十分重视青少年体质健康教育,开展了全国亿万学生阳光体育运动,提出了"健康第一""达标争优、强健体魄""每天锻炼一小时,健康工作五十年,幸福生活一辈子"的口号。开展全面实施《国家学生体质健康标准》,要求全党全社会共同关心和支持青少年的健康成长,把加强青少年体育工作摆上重要议事日程,纳入经济社会发展规划。并以法规的形式对学生的体育锻炼及相关体育活动进行了强制性规定。

三、2010—2019年青少年及学校健康事业

《国家中长期教育改革和发展规划纲要(2010—2020年)》要求充分

调动全社会关心支持教育的积极性，共同担负起培育下一代的责任，为青少年健康成长创造良好环境；要以学生为主体，以教师为主导，充分发挥学生的主动性，把促进学生健康成长作为学校一切工作的出发点和落脚点；学生思想道德素质、科学文化素质和健康素质要明显提高。同时提出要坚持全面发展，全面加强和改进德育、智育、体育、美育，加强体育，牢固树立健康第一的思想，确保学生体育课程和课余活动时间，提高体育教学质量，加强心理健康教育，促进学生身心健康、体魄强健、意志坚强。还要增强学生体质：科学安排学习、生活、锻炼，保证学生睡眠时间；大力开展"阳光体育"运动，保证学生每天锻炼一小时，不断提高学生体质健康水平；提倡合理膳食，改善学生营养状况，提高贫困地区农村学生营养水平；保护学生视力。

2010年国务院下发了《关于进一步加强艾滋病防治工作的通知》(国发〔2010〕48号)(以下简称《通知》)，《通知》在进一步落实艾滋病防治政策，扩大防治工作覆盖面中要求教育、卫生部门要建立预防艾滋病宣传教育工作机制，切实落实初中及以上学生学习艾滋病防治知识的规定。

2011年国务院印发了《全民健身计划(2011—2015年)》(国发〔2011〕5号)，计划要求要切实加强青少年体育。坚持健康第一指导思想，把增强学生体质作为学校教育的基本目标和重要评价内容。健全学校体育工作机制和督导制度，提高体育教育、教学质量。全面实施《国家学生体质健康标准》，广泛深入开展"全国亿万学生阳光体育运动"，保证学生在校期间每天至少参加一小时的体育锻炼活动。积极开展课余体育训练，倡导科学、健康的体育健身和生活理念。办好各级各类体育学校、体育传统项目学校。建立学生体育协会，加强青少年体育俱乐部、青少年校外体育活动中心和营地建设。建立和完善学校、社区、家庭相结合的青少年体育网络和联动机制。

2011年，教育部办公厅印发了《普通高等学校学生心理健康教育工作基本建设标准(试行)》(教思政厅〔2011〕1号)(以下简称《标准》)，

《标准》指出：促进大学生健康成长、培养造就拔尖创新人才的重要途径，是全面贯彻党的教育方针、建设人力资源强国的重要举措，是推动高等教育改革、加强和改进大学生思想政治教育的重要任务。并从大学生心理健康教育体制机制建设、师资队伍建设、教学体系建设、活动体系建设、心理咨询服务体系建设、心理危机预防与干预体系建设、工作条件建设进行了相关建设规定。要将大学生心理健康教育纳入学校人才培养体系，推进大学生心理健康教育工作科学化建设。

2011年，教育部在《普通高等学校学生心理健康教育工作基本建设标准(试行)》之后，又印发了《普通高等学校学生心理健康教育课程教学基本要求》(教思政厅〔2011〕5号)(以下简称《基本要求》)，该《基本要求》指出：加强和改进大学生心理健康教育是全面落实教育规划纲要、促进学生健康成长、培养造就高级专门人才的重要途径，是全面贯彻党的教育方针、建设人力资源强国的重要举措，是全面提高高等教育质量、加强和改进大学生思想政治教育的重要任务。《基本要求》的课程性质与教学目标指出：高校学生心理健康教育课程是集知识传授、心理体验与行为训练为一体的公共课程。课程旨在使学生明确心理健康的标准及意义，增强自我心理保健意识和心理危机预防意识，掌握并应用心理健康知识，培养自我认知能力、人际沟通能力、自我调节能力，切实提高心理素质，促进学生全面发展。使学生通过课程教学，在知识、技能和自我认知达到相关目标。同时，设定了主要教学内容，要求各高校应当根据学生培养目标，结合本校实际情况，设计心理健康教育课程体系，开设一门"大学生心理健康教育"公共必修课程或同时在其他学期开设相关的公共选修课程，形成系列课程体系，必须覆盖全体学生。

2012年国务院办公厅转发了教育部、发展改革委、财政部、体育总局《关于进一步加强学校体育工作的若干意见》(国办发〔2012〕53号)，该文件指出：要全面贯彻党的教育方针，全面实施素质教育，把增强学生体质作为学校教育的基本目标之一，加强政府统筹、加强条件保障、加强监督检查，确保学生体育课程和课余活动时间，切实提高学校体育质量，完善学校、家庭与社会密切结合的学校体育网络，促进体育与德育、智育、美育有机融合，不断提高学生体质健康水平和综合素质。力争到"十二五"末，基本形成学校体育持续健康发展的保障机制；学生体质健康监测制度更加完善，基本建成科学规范的学校体育评价机制；各方责任更加明确，基本形成政府主导、部门协调、社会参与的学校体育推进机制。同时，从体育课程实施、体育师资队伍建设、体育设施建设、健全学校体育风险管理体系四个方面，全面提出了落实和加强学校体育建设的四大重点任务。一是要实施好体育课程和课外体育活动；二是加强学校体育教师队伍建设；三是加快学校体育设施建设；四是健全学校体育风险管理体系。同时还要完善学生体质健康测试和评价制度；实施学校体育工作评估制度；实行学校体育报告公示制度。

2014年教育部印发《学生体质健康监测评价办法》《中小学校体育工作评估办法》《学校体育工作年度报告办法》三个文件的通知（教体艺〔2014〕3号），要求各地：一是要将学生体质健康监测评价纳入教育现代化指标体系，作为考试制度建设和改革的重要内容，逐步形成科学规范、导向明确、诚信可靠、保障有力的学生体质健康监测评价制度。要加大经费投入力度。要将组织开展体质健康测试计入教师工作量。要加强测试场地、设施和器材等条件建设。要加强相关技术培训。二是要将学校体育工作评估作为监测教育发展和考核学校工作的重要途径纳入教育督导检查计划，并建立学校体育工作专项督导制度和重点地区学校体育工作挂牌督导制度。要认真总结学校体育工作经验，及时发现问题，不断改进工作。三是要把学校体育工作年度报告作为一项基本工作制度，通过年度报告全面、客观、真实地反映本地区学校体育工作和学生体质健康状况，系统总结、发现各地的经验和典型，深入分析、研究存在的问题与困难，及时发布年度报告，促进信息公开、共享，推动改革成果转化和深度开发利用，推动学校体育健康发展。四是要通过政府主导、第三方监测、社会监督等多种渠道汇聚、分析和公布学生体质健康变化趋势、学校体育工作进展情况等信息。各地和学校要充分利用信息技术建立健全青少年阳光体育公示平台,公示工作情况、交流改革经验、接受公众监督。五是要加强学校体育工作绩效评估,对学校体育工作成绩突出的地方、部门、学校和个人进行表彰宣传;对学生体质健康监测、学校体育工作评估和年度报告中弄虚作假或工作不力的单位和个人予以通报批评,对学生体质健康水平持续三年下降的地区和学校,在教育工作评估和评优评先中实行"一票否决"。

2014年,共青团中央、教育部、国家体育总局、全国学联《关于深入开展大学生"走下网络、走出宿舍、走向操场"主题群众性课外体育锻炼活动的通知》(中青联发〔2014〕2号)。该文件指出:增强大学生体质、促进大学生健康成长,是关系国家和民族未来的大事,对于深入贯彻党的教育方针,大力推行素质教育,培养中国特色社会主义事业的建设者和接班人,具有重要意义。活动目标:以健康第一位为指导思想,以"走下网络、走出宿舍、走向操场"为统一主题,充分发挥各高校的工作自主性、积极性和创造性,以学生宿舍、班级等为主体,通过广泛开展各类大学生群众性课外锻炼活动,努力实现《中共中央 国务院关于加强青少年体育增强青少年体质的意见》中提出的"学生每天锻炼一小时""高校每个学生每周至少参与三次课外体育锻炼"等要求。同时从开展主题团日活动、广泛发动基层开展活动、利用新媒体开展活动、开展活动试点工作等内容方面进行了相关要求。

2015年,共青团中央、教育部、国家体育总局、全国学联又印发《关于深入开展大学生"走下网络、走出宿舍、走向操场"主题群众性课外体育锻炼活动的指导意见》的通知(中青联发〔2015〕4号)。该文件强调,提高大学生身心健康素质对于实现中华民族伟大复兴中国梦具有重要战略意义。开展"三走"活动对于破解团的两大战略课题具有时代意义,对于改善青年大学生体质现状具有现实意义。各地各高校要围绕"立德树人"的根本任务,坚持群众性、自主性、课外性、创新性、长效性原则,加强顶层设计,拓展实践载体,完善配套保障,协同配合,形成合力,切实发挥"三走"活动在促进大学生体育锻炼意识提升、习惯养成、意志磨炼、体质增强、健康成长方面的重要作用。要求各地各高校：一是要牢牢把握深入推进"三走"活动的重点工作；二是要广泛搭建"三走"活动的实践载体；三是要积极构建推进"三走"活动深入开展的长效机制。

2016年，国务院印发了《全民健身计划（2016—2020年）》，强调要将青少年作为实施全民健身计划的重点人群，大力普及青少年体育活动，提高青少年身体素质。加强学校体育教育，将提高青少年的体育素养和养成健康行为方式作为学校教育的重要内容，保证学生在校的体育场地和锻炼时间，把学生体质健康水平纳入工作考核体系，加强学校体育工作绩效评估和行政问责。全面实施青少年体育活动促进计划，积极发挥"青少年阳光体育大会"等青少年体育品牌活动的示范引领作用，使青少年提升身体素质、掌握运动技能、培养锻炼兴趣，形成终身体育健身的良好习惯。

作为突出"大健康、大体育"格局的纲领性文件，《"健康中国2030"规划纲要》不但指出要"推动健康服务供给侧结构性改革，卫生计生、体育等行业要主动适应人民健康需求，深化体制机制改革"，更对青少年体育工作进行了具体细致的要求，即培育青少年体育爱好，基本实现青少年熟练掌握1项以上体育运动技能，确保学生校内每天体育活动时间不少于1小时。到2030年，学校体育场地设施与器材配置达标率达到100%，青少年学生每周参与体育活动达到中等强度3次以上，国家学生体质健康标准达标优秀率25%以上。

国家体育总局发布施行了《体育发展"十三五"规划》，提出要"加快青少年体育发展"，并具体指出："实施青少年体育活动促进计划，进一步加强青少年体育俱乐部、体育传统校和青少年户外体育活动营地建设。广泛开展丰富多样的青少年公益体育活动和运动项目技能培训，促进青少年养成体育锻炼习惯，掌握一项以上体育运动技能。大力推动青少年校外体育活动场地设施建设，开发适应青少年特点的运动器械、锻炼项目和健身方法。探索社会体育指导员（青少年）的培育工作，推进青少年体育志愿服务体系建设，完善青少年体育评价机制。"

国务院办公厅正式发布《关于强化学校体育促进学生身心健康全面发展的意见》（国办发〔2016〕27号）。该文件强调了学校体育对促进学生全面发展、建设健康中国的重要意义，指出了学校体育工作相对薄弱的现状，确立了"天天锻炼、健康成长、终身受益"的口号，要求坚持"课堂教学与课外活动相衔接""培养兴趣和提高技能相促进""群体活动与运动竞赛相协调""全面推进与分类指导"的原则，提出了学校体育办学条件达到国家标准、学生体育锻炼习惯基本养成、完善学校体育推进机制等工作目标，明确了应将深化教学改革、注重教体结合、增强基础能力、加强评价监测作为主要任务，阐明了学校体育工作的顺利推进需加强组织领导、强化考核激励及营造良好环境。

国家体育总局印发了《青少年体育"十三五"规划》，该规划进一步明确提出，"十三五"时期青少年体育的发展目标是：到2020年青少年体育活动更加广泛，青少年训练基础更加坚实，青少年基本公共体育服务城乡、区域更加协调。青少年体育治理能力和治理体系现代化取得重要进展，形成更加明晰和完善的政府主导、部门协同、全社会共同参与的青少年体育发展格局。青少年体育在全民健身和奥运争光中的基础性地位更加巩固、作用更加明显，为全面建成小康社会和建设体育强国作出积极贡献。明确了"十三五"时期青少年体育发展的11项主要任务：努力提升青少年体育素养；广泛深入开展青少年体育活动；完善青少年体育组织网络；积极改善青少年体育场地设施条件；努力提升青少年体育公共服务水平；完善青少年训练竞赛体系；落实《奥运项目竞技体育后备人才培养中长期规划（2014—2024）》；积极推进科训结合和科学选材；进一步加强运动员文化教育；促进青少年体育协调发展；健全青少年体育政策制度体系。

2017年，中共中央、国务院印发了《中长期青年发展规划（2016—2025年）》（以下简称《规划》）。这是中华人民共和国历史上第一个青年发展规划，充分体现了以习近平同志为核心的党中央对青年一代的亲切关心、对青年工作的高度重视，是我国青年发展事业的重要顶层设计。党和国家事业要发展，青年首先要发展。《规划》针对年龄范围为14~35岁的青年。《规划》强调，促进青年更好成长、更快发展，是国家的基础性、战略性工程。党和国家事业要发展，青年首先要发展。党的十八大以来，以习近平同志为核心的党中央进一步明确中国特色社会主义青年运动方向，全面加强对青年的思想政治引领和成长成才服务，制定实施一系列促进青年发展的政策措施，为广大青年指明了正确的成长道路，创造了良好的成长环境。该文件从思想道德、教育、健康、婚恋、就业创业、文化、社会融入与社会参与、维护合法权益、预防违法犯罪、社会保障等10个领域提出了具体发展目标，针对每个领域青年发展面临的突出问题提出发展措施。《规划》提出了青年马克思主义者培养工程、青年社会主义核心价值观培养工程、青年体质健康提升工程、青年就业见习计划、青年文化精品工程、青年网络文明发展工程、中国青年志愿者行动、青年民族团结进步促进工程、港澳台青少年交流工程、青少年事务社会工作专业人才队伍建设工程等10个重点项目。

2017年，为贯彻落实《"健康中国2030"规划纲要》对学校健康教育提出的工作要求，加强高校健康教育，提高高校学生健康素养和体质健康水平，教育部印发《普通高等学校健康教育指导纲要》（教体艺〔2017〕5号），原《大学生健康教育基本要求》同时废止。该文件明确要求，高校应因校制宜制订健康教育教学计划，开设健康教育公共选修课，安排必要的课时，确定相应的学分，实施健康生活方式、疾病预防、心理健康、性与生殖健康、安全应急与避险5个方面的健康教育。并提出高校健康教育应遵循的基本原则为：问题导向与健康需求相衔接、知识传授与行为养成相促进、课堂教学与课外实践相协调、维护个体健康与增强社会责任相统一、总体要求与地方实际相结合。

2018年中共教育部党组印发的《高等学校学生心理健康教育指导纲要》（教党〔2018〕41号）要求：一是学习贯彻习近平新时代中国特色社

会主义思想和总书记关于心理健康教育重要论述的需要；二是推动相关文件精神落地生根，切实加强高校思想政治工作体系建设的需要；三是加强新时代高校学生心理健康教育工作的需要。同时指出：心理健康教育是高校思政工作的重要组成部分，该文件是做好新时代高校学生心理健康教育的顶层设计和系统性、规范性文件。其总体思路是：坚持育心与育德相结合、教育与咨询相结合、发展与预防相结合，聚焦人文关怀和心理疏导，着力构建中国特色高校学生心理健康教育服务体系，培育学生自尊自信、理性平和、积极向上的健康心态，促进学生心理健康素质与思想道德素质、科学文化素质的协调发展。该文件按照"循序渐进、突出重点、分类指导、均衡发展"的原则，进一步明确了高校学生心理健康教育的总体思路、实施路径和具体举措。为新时代高校学生心理健康教育工作提出了"规定动作"。

2019年教育部、国家卫生健康委发布《普通高等学校传染病预防控制指南》，该指南规定了普通高等学校法定传染病预防控制工作的范围、预防、控制和保障等要求，适用于普通高等学校的传染病预防控制工作。其他可能导致群体流行或群体性不明原因疾病的预防控制工作可参照执行该标准。该指南的发布为今后切实做好高校传染病预防控制工作，维护高校师生健康提供了有力保障和依据。

该指南要求高校应定期对学生、教职员工进行传染病预防控制知识、技能的健康教育。新生入学后1个月内健康教育培训应不少于1学时；在校期间应开展形式多样的健康教育，每学年不少于1学时。该标准要求高校建立体检制度和师生健康档案，做好学生预防接种管理。对出现的传染病或疑似传染病病例，高校应向当地卫生行政部门指定的疾病预防控制机构报告，并在卫生行政部门的指导下，做好传染病预防控制管理工作。该指南要求高校应按照现行相关国标的规定为学生提供饮食饮水安全、环境卫生安全。传染病流行季节应加强教室、图书馆等人群聚集场所的通风换气和校园公共设施及公用器具的保洁和消毒工作。该指南要求高校要做好制度、人员、技术等相关方面的保障。高校应建立校领导负责的传染病预防控制工作体系和工作制度；应在卫生部门的技术指导下，制定传染病预防控制应急预案和相关制度。高校应有专门负责传染病预防控制的医疗保健机构和卫生技术人员，并定期参加上级主管部门及相关业务部门组织的传染病预防控制业务培训。高校应接受上级主管部门及相关业务部门组织开展的学校传染病预防控制工作的监督检查和业务技术指导等。

这一时期，促进大学生健康成长，培养造就拔尖创新人才的重要途径，是全面贯彻党的教育方针、建设人力资源强国的重要举措，是推动高等教育改革、加强和改进大学生思想政治教育的重要任务。

一是以《国家中长期教育改革和发展规划纲要(2010—2020年)》和《中共中央、国务院关于进一步加强和改进大学生思想政治教育的意见》为主要依据，推进大学生心理健康教育工作科学化建设和学校体育科学发展，充分发挥课堂教学在大学生心理健康教育工作中的主渠道作用，明确了高校学生心理健康教育的总体思路、实施路径和具体举措等"规定动作"，并明确了加强学校体育的总体思路和主要目标，将学生体质健康监测评价纳入教育现代化指标体系，把增强学生体质作为学校教育的基本目标之一。

二是以活动的形式开展大学生"走下网络、走出宿舍、走向操场"主题群众性课外体育锻炼，使活动品牌化、常态化、机制化，增强大学生群体对于体育锻炼的自觉意识和重视程度，提高健康体质和健康质素。

三是十分重视青少年参与体育活动的普及，将青少年作为实施全民健身计划的重点人群，实施青少年体育活动促进计划，大力普及青少年体育活动，强化学校体育促进学生身心健康全面发展。

四是国家发布实施的《"健康中国2030"规划纲要》和出台了中华人民共和国历史上第一个青年发展规划。将青少年列为促进体育活动开展的重点人群，提出了要通过实施青少年体育活动促进计划，培育青少年体育爱好的要求；同时提出了对青年健康、婚恋的具体发展目标和青年体质健康提升工程的建设路径。青少年群体作为体育与健康两个领域共同作用的主要群体，受到了重视。

五是发布了《普通高等学校传染病预防控制指南》，规定了相关卫生行业标准，对普通高等学校法定传染病预防控制工作的范围、预防、控制和保障等要求做出规定，明确了新生入学体检时必须参加结核病筛查，入学后1个月内应接受健康教育培训等要求，为高校传染病预防控制提供了相关行业标准和制度要求。

四、2020—2024年青少年及学校健康事业

2020年10月，中共中央办公厅、国务院办公厅出台《关于全面加强和改进新时代学校体育工作的意见》，该文件的出台是贯彻落实习近平总书记关于教育、体育的重要论述和全国教育大会精神的重要体现，把学校体育工作摆在更加突出位置，构建德智体美劳全面培养的教育体系。该文件指出，要以习近平新时代中国特色社会主义思想为指导，全面贯彻党的教育方针，坚持社会主义办学方向，以立德树人为根本，以社会主义核心价值观为引领，以服务学生全面发展、增强综合素质为目标，坚持健康第一的教育理念，推动青少年文化学习和体育锻炼协调发展，帮助学生在体育锻炼中享受乐趣、增强体质、健全人格、锤炼意志，培养德智体美劳全面发展的社会主义建设者和接班人。到2022年，配齐配强体育教师，开齐开足体育课，办学条件全面改善，学校体育工作制度机制更加健全，教学、训练、竞赛体系普遍建立，教育教学质量全面提高，育人成效显著增强，学生身体素质和综合素养明显提升。到2035年，基本形成多样化、现代化、高质量的学校体育教育体系。

该文件要求各地开齐开足上好体育课，严格落实学校体育课程刚性要求，不断拓宽课程领域，逐步增加课时，丰富课程内容。学校体育课程要注重大中小幼相衔接，聚焦提升学生核心素养。义务教育和高中教育阶段学校课程严格按照国家课程方案和课程标准开齐开足上好体育课。鼓励基础教育阶段学校每天开设1节体育课。高等教育阶段学校要

将体育纳入人才培养方案，学生体质健康达标、修满体育学分方可毕业。鼓励高校和科研院所将体育课程纳入研究生教育公共课程体系。

2020年10月，体育总局和教育部印发《关于深化体教融合 促进青少年健康发展的意见》，该文件明确了"深化具有中国特色体教融合发展，培养德智体美劳全面发展的社会主义建设者和接班人"的目标任务，并在过程中把握三个基本原则：一是坚持大局意识，破除部门思维，摒弃部门立场，以促进青少年健康发展和加强竞技体育后备人才培养为主要方向，优化设计路径，强化自身改革，推动融合发展。二是坚持问题导向，始终坚持从广大青少年实际需求出发，从群众反映强烈的突出问题入手，从体育进入中高考到畅通体育人才成长通道，从破除赛事壁垒到化解社会组织"进校难"，从提高学校体育教学质量到强化体校文化教育，逐条对应、逐一破解。三是坚持统一体系，始终坚持"一体化设计、一体化推进"的总体原则，推动体育教育思想融合、目标融合、资源融合、措施融合等全面融合。

该文件提出了8个方面37项政策措施。一是加强学校体育工作。重申树立"健康第一"的教育理念，围绕开齐开足体育课、丰富课余训练竞赛活动、支持学校建立青少年体育俱乐部等内容提出具体要求，提出逐步提高中考体育分值，启动体育素养在高校招生中的使用研究等。二是完善青少年体育赛事体系。明确学生体育赛事由教育、体育两部门共同组织，整合两部门现有青少年体育赛事，共同完善相关评价奖励机制等。三是加强体育传统特色学校和高校高水平运动队建设。由教育、体育部门联合评定体育传统特色学校，联合建设高校高水平运动队，选拔一定比例的优秀运动员进入省队、国家队。四是深化体校改革。在推动体校改革、丰富体校功能、提高文化教育水平、保障体校教师待遇等方面，提出具体落实举措。五是规范社会体育组织。鼓励青少年体育俱乐部发展，给予税收、场地等政策扶持，支持社会体育组织为学校体育活动提供指导和服务。六是大力培养体育教师和教练员队伍。从畅通优秀退役运动员、教练员进校园任教，体育教师培训和在学校设立教练员岗位等方面提出改革要求。七是强化政策保障。围绕体育特长学生升学保障、"一条龙"人才体系建立、场地设施建设利用等方面，提供相关保障措施。八是加强组织实施。从成立联席会议制度、调动地方积极性和建立联合督导机制等方面，明确工作机制。

2021年5月，中国红十字会总会联合教育部印发《关于进一步推进学校应急救护工作的通知》，该通知要求高度重视学校应急救护工作。各地教育部门和红十字会要切实增强做好学校应急救护工作的责任感和紧迫感，加强组织领导和工作协同，联合开展"救在身边·校园守护"行动，深入开展学校应急救护知识普及、救护技能培训、救护设施配置、救护服务阵地建设等工作。

该通知要求扎实推进学生应急救护知识技能普及行动。各地教育部门和红十字会要将应急救护培训纳入学校素质教育内容，融入教学教育活动、课堂教育与课外实践，将应急救护知识技能纳入学生军训，切实提高应急救护知识与技能普及率。鼓励高校开设应急救护相关课程并纳入学分管理。

该通知要求加大教职员工救护培训力度。各地教育部门和红十字会要采取有效措施加大教职员工救护培训力度，到2030年，中小学教职员工接受救护员公益培训的师生比例原则上不少于1：50，积极推进校医、体育教师、班主任等教职员工培训取证，救护师资培训合格的教师在军训期间等对学生进行防灾避险知识普及培训。

该通知要求加强救护服务阵地建设。各地红十字会和教育部门要积极推广在学校配备急救设备，建设"博爱校医室"，完善急救培训和设备设施标准，加强救护培训和演练，有效增强校园救护服务能力。依托救护服务阵地，发展救护志愿服务队伍，宣传推广学校应急救护先进典型，大力倡导"人人学急救"的良好风尚，为保护青少年生命健康，助力构建和谐平安校园作出积极贡献。

2021年8月，教育部、卫生健康委、发展改革委、财政部、市场监管总局等部门，研制并出台《关于全面加强和改进新时代学校卫生与健康教育工作的意见》，大力发展素质教育，促进学生全面发展。

该文件明确了新时代学校卫生与健康教育工作的指导思想和基本原则。指导思想是以习近平新时代中国特色社会主义思想为指导，全面落实党的十九大和十九届二中、三中、四中、五中全会精神，全面贯彻党的教育方针，牢记为党育人、为国育才使命，落实立德树人根本任务，坚持健康第一的教育理念，把全面提升学生健康素养纳入高质量教育体系，作为学校教育重要目标和评价标准，深化学校健康教育改革，夯实学校卫生条件保障，构建高质量学校卫生与健康教育体系，促进学生身心健康、养成健康生活方式，培养德智体美劳全面发展的社会主义建设者和接班人。

基本原则有四个。一是坚持健康第一。教育学生树牢"每个人是自己健康第一责任人"理念，学会和掌握健康知识与技能，为人人终身健康、建成健康中国奠定基础。二是坚持面向全体。将健康教育与德育、智育、体育、美育、劳动教育相结合，融入教育教学、管理服务全过程，发挥学校卫生专业技术人员、体育与健康课教师和教职员工等全员育人作用，构建面向人人、人人有责的健康教育体系。三是坚持预防为主。树立大卫生、大健康观念，普及健康知识，优化健康服务，完善健康保障，引导树立正确健康观，以防病为中心向以健康促进为中心转变。四是坚持问题导向。着力破解制约学校卫生与健康教育发展的突出问题、影响学生健康的重点问题，因地制宜，深化改革，综合施策。

2022年4月，教育部办公厅印发《关于实施全国健康学校建设计划的通知》。提出，将健康素养融入德智体美劳各方面，将健康促进贯穿学校教育教学、管理服务全过程，将健康教育渗透学生学习实践生活各环节。"十四五"期间，重点支持一批有条件的学校建成全国健康学校，大幅提高学校立德树人质量和健康促进水平，德智体美劳全面培养的教育体系更加完善，学校健康教育体系和卫生健康服务体系更加高效，学生身心健康水平和健康素养明显提高，学校卫生健康工作规范化、制度化、信息化和现代化水平明显提升。

2023年4月，教育部等十七部门印发《全面加强和改进新时代学生心理健康工作专项行动计划(2023—2025年)》。一是坚持全面发展。完善全面培养的教育体系，推进教育评价改革，坚持学习知识与提高全面素质相统一，培养德智体美劳全面发展的社会主义建设者和接班人。二是坚持健康第一。把健康作为学生全面发展的前提和基础，遵循学生成长成才规律，把解决学生心理问题与解决学生成才发展的实际问题相结合，把心理健康工作质量作为衡量教育发展水平、办学治校能力和人才培养质量的重要指标，促进学生身心健康。三是坚持提升能力。统筹教师、教材、课程、学科、专业等建设，加强学生心理健康工作体系建设，全方位强化学生心理健康教育，健全心理问题预防和监测机制，主动干预，增强学生心理健康工作科学性、针对性和有效性。四是坚持系统治理。健全多部门联动和学校、家庭、社会协同育人机制，聚焦影响学生心理健康的核心要素、关键领域和重点环节，补短板、强弱项，系统强化学生心理健康工作。

2024年5月，教育部部署开展首个全国学生心理健康宣传教育月活动，提出要通过形式多样的宣传教育活动，营造积极关心关注、支持参与学生心理健康教育的良好社会氛围，提升师生和家长心理健康知识水平和素养，推动学生心理健康工作提质增效，促进学生身心健康发展。一是全面落实五育并举促进心理健康理念；二是面向全体师生开展富有针对性的心理健康教育；三是组织动员专业力量广泛深入开展心理健康科学普及；四是引导家长关注孩子心理健康；五是推进经验做法交流互鉴。

这一时期的学校卫生体育健康工作，深入贯彻落实习近平总书记关于教育、卫生健康的重要论述和全国教育大会精神，把新时代学校卫生与健康教育工作摆在更加突出位置，提升学生健康素养，为学生健康成长和终身发展奠定基础。一是以服务学生全面发展、增强综合素质为目标，坚持健康第一的教育理念，推动青少年文化学习和体育锻炼协调发展，帮助学生在体育锻炼中享受乐趣、增强体质、健全人格、锤炼意志，培养德智体美劳全面发展的社会主义建设者和接班人。二是明确了"深化具有中国特色体教融合发展，培养德智体美劳全面发展的社会主义建设者和接班人"的目标任务，更加重视心理健康教育工作。三是把全面提升学生健康素养纳入高质量教育体系，作为学校教育重要目标和评价标准，深化学校健康教育改革，夯实学校卫生条件保障，构建高质量学校卫生与健康教育体系，促进学生身心健康、养成健康生活方式，培养德智体美劳全面发展的社会主义建设者和接班人。

第三节 新时代青年健康相关发展目标及措施

《中长期青年发展规划（2016—2025年）》指出：促进青年更好成长、更快发展，是国家的基础性、战略性工程；党和国家事业要发展，青年首先要发展。必须清醒认识到，青年发展事业与社会主义现代化建设的新要求、经济社会发展的新形势、广大青年的新期待相比，还存在不少亟待解决的问题，其中与健康相关比较突出的有：青年体质健康水平亟待提高，部分青年心理健康问题日益凸显；人口结构的新特点新变化使得青年一代的工作和生活压力不断增大，在婚恋、社会保障等方面需要获得更多关心和帮助；统筹协调青年发展工作的体制机制还不完善，各方面共同推进青年发展的合力有待进一步形成。同时还就青年健康和青年婚恋两大发展领域提出了具体的发展目标和发展措施。

一、青年健康所涉及的发展目标

1. 青年健康领域发展目标

持续提升青年营养健康水平和体质健康水平，青年体质达标率不低于90%；有效控制青年心理健康问题发生率，青年心理健康辅导和服务水平得到较大提升；引领青年积极投身健康中国建设。

2. 青年婚恋领域发展目标

青年婚恋观念更加文明、健康、理性；青年婚姻家庭和生殖健康服务水平进一步提升；青年的相关法定权利得到更好保障。

二、青年健康所涉及的发展措施

1. 青年健康领域发展措施

(1) 提高青年体质健康水平。实施全民健身计划，严格执行《国家体育锻炼标准》和《国家学生体质健康标准》，在学校教育中强化体质健康指标的硬约束。加强学校体育工作，完善国家体育与健康课程标准，发挥学校体育考核评价体系的导向作用，保证体育课时和课外锻炼时间得到落实。组织青年广泛参与全民健身运动，培养体育运动爱好，提升身体素质，掌握运动技能，养成终身锻炼的习惯。在城乡社区建设更多适应青年特点的体育设施和场所，配备充足的体育器材，方便青年就近就便开展健身运动。鼓励和支持青年体育类社会组织发展，带动更多青年培养体育兴趣和爱好。

(2) 加强青年心理健康教育和服务。注重加强对青年的人文关怀和心理疏导，引导青年自尊自信、理性平和、积极向上，培养良好心理素质和意志品质。促进青年身心和谐发展，指导青年正确处理个人与他人、个人与集体、个人与社会的关系。加强对不同青年群体社会心态和群体情绪的研究、管控和疏导，引导青年形成合理预期，主动防范和化解群体性社会风险。加强青年心理健康知识宣传普及，提高心理卫生知晓率。支持各级各类青年专业心理辅导机构和社会组织建设，大力培养青年心理辅导专业人才。重点抓好学校心理健康教育，在高校、中学和职业学校普遍设置心理健康辅导咨询室，有条件的学校配备专职心理健康教育师资队伍。构建和完善青年心理问题高危人群预警及干预机制。加强源头预防，注重对青年心理健康问题成因的研究分析，及时识别青年心理问题高危人群，采取有效措施解决或缓解青年在学业、职业、生活和情感等方面的压力。

（3）提高各类青年群体健康水平。重视服务残疾青年的专业康复训练，落实器材、场所等配套保障。解决农村地区、贫困地区、西部地区青年学生的营养健康问题。引导高校学生"走下网络、走出宿舍、走向操场"，养成健康文明的生活习惯。做好青年职业病的预防和治疗工作，大幅度降低在职青年职业病发生率。关注进城务工青年健康状况，开展健康监测。动员社会力量，通过志愿服务、慈善捐助等形式为青年群体提供有针对性的健康服务。

（4）加强青年健康促进工作。编撰和出版有关生命教育的读物，引导青年尊重生命、热爱生活。定期组织青年参与公共场所安全演练，开展灾害逃生、伤害自护、防恐自救、互助互救等体验教育，增强青年在应对突发性事件中的自我保护意识和防灾避险能力。在青年中倡导健康生活方式，加强健康教育，提升青年健康素养水平。广泛开展禁烟宣传，让青年成为支持禁烟、自觉禁烟的主体人群。完善艾滋病和性病的防治工作机制，针对重点青年群体加强宣传教育，推广有效的干预措施，切实降低艾滋病和性病发生率。做好禁毒宣传教育工作，提高青年群体尤其是青年学生群体对毒品及其危害性的认识。强化对娱乐场所的监管，严厉打击吸毒贩毒、卖淫嫖娼等违法犯罪行为。

2. 青年婚恋领域发展措施

（1）加强青年婚恋观、家庭观教育和引导。将婚恋教育纳入高校教育体系，强化青年对情感生活的尊重意识、诚信意识和责任意识，引导青年树立文明、健康、理性的婚恋观。发挥大众传媒的社会影响力，广泛传播正面的婚恋观念，鲜明抵制负面的婚恋观念，形成积极健康的舆论导向。倡导结婚登记颁证、集体婚礼等文明节俭的婚庆礼仪。引导青年树立正确的家庭观念，倡导尊老爱幼、男女平等、夫妻和睦、勤俭持家、邻里团结，传承优良家教家风，培育家庭文明。加强青年敬老、养老、助老道德建设，大力弘扬孝敬老人的传统美德。

（2）切实服务青年婚恋交友。支持开展健康的青年交友交流活动，重点做好大龄未婚青年等群体的婚姻服务工作。规范已有的社会化青年交友信息平台，打造一批诚信度较高的青年交友信息平台。依法整顿婚介服务市场，严厉打击婚托、婚骗等违法婚介行为。充分发挥工会、共青团、妇联等群团组织和社会组织的作用，为青年婚恋交友提供必要的基础保障和适合青年特点的便利条件。

（3）开展青年性健康教育和优生优育宣传教育。在青年中加强对国家人口发展战略和政策的宣传教育，促进人口均衡发展。加大对性知识的普及力度，在有条件的学校推广性健康课程，加强专兼职性健康教育师资队伍建设。预防和减少不当性行为对青年造成的伤害，大幅度降低意外妊娠的发生率。大力弘扬以"婚育文明、性别平等；计划生育、优生优育；生殖健康、家庭幸福"为核心的婚育文化，坚决抵制非医学需要的胎儿性别鉴定和选择性别人工终止妊娠行为。加大对适龄青年的婚育辅导力度，加大适龄青年婚前检查、孕前检查和产前检查的普及力度。

（4）保障青年在孕期、产假、哺乳期期间享有的法定权益。全面落实女性青年在怀孕、生育和哺乳期间依法享有的各项权利。鼓励条件成熟的地方探索在物质、假期等方面给予青年更多支持。

三、青年健康所涉及的重点项目

青年健康领域的重点项目为：青年体质健康提升工程。深化学校体育改革，强化体育课和课外锻炼，以足球为突破口，集中打造青年群众性体育活动载体，大力开展阳光体育系列活动和大学生"走下网络、走出宿舍、走向操场"主题课外体育锻炼活动，使坚持体育锻炼成为青年的生活方式和时尚。培养青年体育运动爱好，经常性参加足球、篮球、排球、田径、游泳、乒乓球、羽毛球、网球等体育运动项目和健身操（舞）、健步走、传统武术、太极拳、骑车、登山、跳绳、踢毽等健身活动，力争使每个青年具备1项以上体育运动爱好，养成终身锻炼的习惯。引导青年树立健康促进理念，在健康促进事业中发挥积极作用。完善青年体质健康监测体系，实现定期抽样监测和公开发布监测结果，倡导青年形成良好的饮食、用眼和睡眠习惯，控制肥胖、近视、龋齿等常见病的发生率。改进普通高校高水平运动队招生工作，激励青年学生参与体育锻炼。

第四节 青年健康与健康中国战略的逻辑探讨

当前，面对复杂多变的国际环境和国内艰巨繁重的改革发展任务，统筹推进"五位一体"总体布局和协调推进"四个全面"战略布局，适应和引领经济发展新常态，牢固树立和贯彻落实创新、协调、绿色、开放、共享的新发展理念，需要青年一代充分发挥作用，在改革发展稳定第一线建功立业、接续奋斗。青年是生长发育的关键时期，青年的健康水平不仅关系个人健康成长和幸福生活，而且关系整个民族未来的健康素质，也是国家人才战略强国的基础。

一、青年健康是健康中国战略的基础性工程

实施健康中国战略，不仅是一项长期的国家发展战略，更是新时代中国特色社会主义的本质要求，必将贯穿于实现中华民族伟大复兴中国梦的宏大史诗之中。青年时期是人一生中死亡和伤残发生率最低的年龄段，常被认为是人生最健康的阶段，一直备受忽视。《"健康中国2030"规划纲要》不仅指出要"推动健康服务供给侧结构性改革，卫生计生、体育等行业要主动适应人民健康需求，深化体制机制改革"，更对青年健康工作做了细致的要求，提出要："实施青少年体育活动促进计划，培育青少年体育爱好，基本实现青少年熟练掌握1项以上体育运动技能，确保学生校内每天体育活动时间不少于1小时。到2030年，学校体育场地设施与器材配置达标率达到100%，青少年学生每周参与体育

活动达到中等强度3次以上,国家学生体质健康标准达标优秀率25%以上。"青年健康不仅关系其一生健康,也是下一代健康的关键;青年健康不仅关系个人和家庭健康,也是国家和民族健康的基础。

于个人而言,身心健康是革命的本钱,它关乎我们每个人能否实现人生出彩;于国家和民族而言,少年强则国强,青年身心健康则国家强盛才有根基,民族兴旺才有源泉。因此,关注并促进青少年健康,是全民健康的前提、全面小康的体现,也是健康中国战略的基础性工程,必将融入健康中国战略的各领域、各环节。青年大学生要承担时代赋予的使命,做走在前列的奋进者、开拓者、奉献者,良好的体质是基础。努力培养更多具有强健体魄、健康心理、坚强意志和昂扬精神的青年大学生,对实现中华民族伟大复兴的中国梦具有重要而深远的意义。

二、青年健康是健康中国战略的时代性工程

青年健康事关国家和民族的未来,事关亿万家庭的福祉,是每一个人健康成长和幸福生活的根基。开展健康教育活动,是增进学生身心健康的根本途径,也是全面建成小康社会的必然要求,更是时代赋予我们的责任。在党和国家青年工作的行动纲领《中长期青年发展规划(2016—2025年)》中,青年健康被放到极其重要的位置,为守护和促进青年健康成长这个系统工程描绘了清晰的蓝图。规划提出:持续提升青年营养健康水平和体质健康水平,青年体质达标率不低于90%;有效控制青年心理健康问题发生率,青年心理健康辅导和服务水平得到较大提升;引领青年积极投身健康中国建设。《中长期青年发展规划(2016—2025年)》单独列出"青年健康"领域的具体发展措施是基于《"健康中国2030"规划纲要》,对我国"青年健康"事业发展的具体化。对提高青年体质健康水平、加强青年心理健康教育和服务、提高各类青年群体健康水平、加强青年健康促进和传染病防治工作等发展措施进行了明确。

身心健康的本钱是青年奋进的资本,当前中国特色社会主义进入

新时代，青年是党和国家事业发展的生力军，实现"两个一百年"奋斗目标的历史进程将贯穿千千万万当代青年成长发展的全过程，"全面建成小康社会，广大青年是生力军和突击队"，"中华民族伟大复兴的中国梦终将在一代代青年的接力奋斗中变为现实"，是当代青年承担的历史使命和肩负的时代责任。青年敢想敢干、富有梦想，有着无尽的热情和创造力，他们勇开风气之先、走在时代前列，这种昂扬向上，以青春之我创造青春中国、青春世界的精神，必然要靠健康的身心的支持，青年健康也是时代所赋予的必然要求，是健康中国战略的时代性工程。

三、青年健康是健康中国战略的系统性工程

青年健康成长成才是青年安身立命、实现价值的根本，新时代推动青年健康成长成才，必须加强领导，精准施策，多方联合，增强系统性。《中长期青年发展规划（2016—2025年）》实施工作部际联席会议指出：各成员单位要更加重视青年发展问题。要增强系统性，从党和国家的角度看待青年发展，发挥"国家规划+地方规划"体系的系统功能，形成党委领导、政府主责、共青团协调、各方齐抓共管青年事务的机制安排。要增强全面性，青年发展涉及的领域十分广泛，不同青年群体的发展需求既有共性又有分化，普遍性的发展问题不应出现重大政策遗漏，在规划实施中进行必要的查漏补缺。要增强协调性，针对青年政策散见于党委、政府、群团等各部门的现状，通过规划实施进行统筹协调，对青年各类需求进行优先排序，明确政策实施的轻重缓急。此外，还提出：要从国家主导角度推动规划组织实施，正确理解青年发展规划是国家规划，是各领域青年发展政策的系统集成，青年发展政策的制定实施关键要靠中央有关部门和各级地方政府。

健康中国战略涉及公共卫生、医疗服务、医疗保障、生态环境、安全生产、食品药品安全、科技创新、全民健身、国民教育等多个领域、部门和行业。从社会事业发展的横向看，青年健康包括普及健康生活、

优化健康服务、完善健康保障、建设健康环境、发展健康产业等;从人的青年一生健康管理的纵向看,它包括全方位和全周期保障人民健康的体制机制建设,从当前的身心健康到建立自身的长期照护保险计划,从社会宣传教育到国民学校教育,是一个全社会的综合性系统工程,需要从宏观层面把握和统筹,并做到国家多部门、社会各界协同综合治理。因此,青年健康是"健康中国"战略的一项系统性工程。

第三章　健康的相关概念探讨

马克思认为："个体是社会存在物，他的生命表现，即使不采取共同的、同他人一起完成的生命表现这种直接形式，也是社会生活的表现和确证。"①人人享有卫生保健，全民族健康素质的不断提高，是社会主义现代化建设的重要目标，是人民生活质量改善的重要标志，是社会主义精神文明建设的重要内容，是经济和社会可持续发展的重要保障。健康是每个人幸福生活的基础，一个人只有身体健康才能够愉快地生活，才能很好地学习和工作，因此健康是每个人终身的追求。

第一节　有关健康的相关理论

在世界的万事万物中，如果说人是第一宝贵的，那么在人的所有财富中，生命与健康应该是最宝贵的。人类社会的生活质量的提高是多元的，并非简单意义上的享受，例如自我价值和社会价值的体现、人们精神和物质的享受、社会参与体系的维系、心理和生理健康等问题，都是我们提高生活质量的前提，每一个环节都具有非常重要的作用，任何一个环节出现问题，都将大大影响人们的生活质量。健康是人类关注的永恒主题，是提高生活质量的保障和重中之重，如果没有机体上的健康，我们什么都无从谈起。

---

① 马克思.1844年经济学哲学手稿[M].北京：人民出版社，2018：80.

一、健康概念的形成与演化

《易经》开篇曰:"天行健,君子以自强不息。"意思是天在强有力的运转不停,君子也应自强不停息,这样,才能适应天地而生存。所以,生命自己是拥有自强不息的生机和活力的,这也是维持生命保持各种动态平衡的前提,也可以说是对自我健康的协调机制和强大的动力所在,中华传统文化对健康还有类似的相关表述:"身强为健,心怡乃康",即是指身体强壮和心情愉悦和谐的状态。"健康"的英文词汇为 Health,起源于公元 1000 年英国盎格鲁撒克逊族,Health 所蕴含的意义是:结实、安全、完美。① 古往今来,健康一直是人们所向往和关注的问题。"健康"一词的内涵,在不同的历史时期,受生产力、科技水平和其他相关学科,包括哲学思想的不同,都具有一定的动态特征。在不同的时期,人们对健康的看法和理解都有所不同,并且不同学科的研究也赋予了健康不同的界定和内涵。人类从一出生就时刻受到疾病的威胁,所以,在远古时代,受科技水平不发达的因素,人类本能的意识是,身体没有疾病或者创伤就是属于安全和没有痛苦的,这种最本能的意识就是人们关于健康最初的认知。但是这种最本能的意识还未上升到对健康进行理论概括的层次。

从历史时期的进程来看,健康的发展可以大致分为四个阶段。第一阶段是在远古时代,科学生产力不发达,人们迷信地认为健康与否是由相关神灵来决定的,人类本身是无法反抗受疾病困扰的现实的,这种健康观念没有认识到人的自然性因素和社会性因素。第二阶段是工业革命后进入了近代社会,社会生产力得到提高,医学领域的相关学科已初步形成,但是还不能够完全揭示疾病的原因,在这个历史进程中,人们的健康观念主要为:个人无外显病证。这一时期的健康观念忽视了人所具有的生物复杂性和社会性,只是在某种程度上认为人体属于一个运转的

---

① 卢元镇. 体育社会学[M]. 北京:高等教育出版社,2006:115-116.

机械物质。第三阶段是到了 19 世纪末期，人类社会的自然科学疾病观已逐渐形成，对疾病的认识已上升到病原微生物领域，但是这种认识比较单一，认为健康就是保持病原微生物、人体和环境三者之间的生态平衡，这种健康概念只涵盖了自然因素，而忽视了疾病的多元因素。第四阶段是到 20 世纪初期，这一时期的医学水平得到了较高的发展，包括心理学和社会生态学观点已日趋成熟，人类社会已认识到疾病病因的复杂性，如：遗传因素、后天获得性、生物因素、心理因素等，并通过社会环境对于健康的影响，使得将健康的概念延伸到了社会因素、心理因素和个人行为，逐步形成了综合性协调发展的健康概念。

健康概念的形成与演化是随着人类历史、科学水平的不断发展而逐步发展的，从单一的健康表面化感知到微生物领域的微观，再到人类多元社会状态下的健康观念，也可以认为：从量到质的发展变化，从简单的认知到对于概念的深化凝集，形成了现今人类社会的健康体系，也就是从单一的仅仅局限于医学界限内的健康，发展为生物个体、心理和社会三个基本层面的多维健康体系。

二、健康的定义

从上述健康概念的形成与演化可以看出：人类对健康的认识随着社会的发展与进步在不断深化，关于健康的理解与追求也不断发生着变化，最早粗浅的认识即无病就是健康。

1948 年 WHO(世界卫生组织)在其宪章中给健康做出了如下定义："健康不仅仅是没有疾病和衰弱的状态，而是一种在身体上、精神上和社会上完好状态。"[1]这个定义将人类几千年对疾病、自身和生存环境的认识高度概括起来，具有划时代的意义，是迄今为止应用最普遍、认可度最高的健康概念。1968 年 WHO(世界卫生组织)进一步

---

[1] 姚鸿恩. 体育保健学[M]. 北京：高等教育出版社，2006：231-232.

明确健康即"身体精神良好,具有社会幸福感",进一步加强了人的社会属性。1978年世界卫生组织在《阿拉木图宣言》中提出"健康是基本人权,达到尽可能的健康是全世界一项重要的社会性指标"。从这一点可以看出,健康是人的发展的基本目标。①《简明不列颠百科全书》1987年中文版将健康定义为:"健康,使个体能长时期地适应环境的身体、情绪、精神及社交方面的能力。"②1989年WHO(世界卫生组织)将健康的概念调整为:"健康应包括躯体健康、心理健康、社会适应良好和道德健康。"如果将躯体健康、心理健康、社会适应设计成宝塔,躯体健康是下层的基础,而心理健康则是从躯体健康完成社会适应的中枢环节。

我们所认为的健康概念应该是:在自然、人、社会动态大系统中,人类用以表示生命存在、生命质量、生命价值的范畴。健康的外延和内涵具有时代和文化特征,将不断发展变化。健康是人类生存与发展的要素,不仅属于个人,而且属于社会。真正的健康应该是在没有疾病和身体不虚弱的基础上,保持着良好的体质水平和心理状态,拥有高质量的生活方式,达到躯体健康、心理健康、社会适应良好和道德健康。此外,健康的人应具有正常的生理、心理反应,具有强壮的体格、敏捷的思维,有充沛的精力应付日常学习和工作;能够抵抗一般性疾病;可以轻松、坦然地享受生活乐趣,从容地处理人际关系,自觉恪守社会道德观。

第二节 健康的基本标志

健康是社会最珍贵的资源和财富,也是人类最基本的权益,健康是人人都需要的,它既是人们的最低需要,也是人民的最好需要。人民身

---

① 姚鸿恩.体育保健学[M].北京:高等教育出版社,2006:232.
② 黄开斌.健康中国——国民健康研究[M].北京:红旗出版社,2016:3.

体健康水平的提高,是促进国家经济发展的重要条件,是构建和谐社会的基础。只有提高人民身体素质和健康水平,才能促进人的全面发展,也才能推动经济社会全面发展。

一、世界卫生组织提出的健康标准

世界卫生组织提出了具体的评价健康的标准,包含身体健康、心理健康、社会适应良好和道德健康四个方面,四个方面都健全才是真正完全的健康。

(1)精力充沛,能从容不迫地应对日常生活和工作的压力而不感到过分紧张。

(2)处事乐观,态度积极,乐于承担责任,事无巨细不挑剔。

(3)善于休息,睡眠良好。

(4)应变能力强,能适应环境的各种变化。

(5)能够抵抗一般性感冒和传染病。

(6)体重得当,身材均匀,站立时头、肩、臂位置协调。

(7)眼睛明亮,反应敏锐,眼睑不发炎。

(8)牙齿清洁,无空洞,无痛感;齿龈颜色正常,不出血。

(9)头发有光泽,无头屑。

(10)肌肉、皮肤富有弹性,走路轻松有力。

二、衡量健康的"五快""三良"判断标准

看一个人健康与否,我们习惯用血压、血糖等指标来衡量。其实,速度也是一个非常简便易行的标准。世界卫生组织曾提出用"五快""三良"标准来衡量一个人的身心健康状况。"五快"指的是:食得快、睡得快、便得快、说得快、走得快;"三良"指的是:良好的个性、处世能力、人际关系。

"五快"能在很大程度上反映一个人大脑、四肢、免疫、消化等功

能,"三良"则考查的是心理健康,两者若能达标,说明身心健康。①

1. 衡量肌体健康的"五快"

(1) 食得快。

食得快并不是狼吞虎咽,而是进食时不挑食、不偏食,吃得痛快,没有难以下咽的感觉,没有过饱或不饱的不满足感,这说明人体内脏功能正常。

(2) 睡得快。

睡得快是指定时有自然睡意,上床后很快能入睡,而且能睡得深,睡得舒适,一觉睡到天亮,且睡后头脑清醒,精神饱满,情绪很好。这说明人体中枢神经的兴奋、抑制功能协调,内脏无病理信息干扰。

(3) 便得快。

便得快是指便意来时很快能排泄大小便,大便次数和时间有规律,排便后感觉轻松自如,没有疲劳感,这说明人体的胃肠和肾功能良好。

(4) 说得快。

说得快是指说话语言流利,表达准确,语音清晰,思维敏捷,中气充足。这说明人体大脑和心肺功能正常

(5) 走得快。

诸多病变导致身体衰弱往往首先是从下肢开始的,人在患有某些内脏疾病时,下肢常有沉重之感。而心情焦虑、精神抑郁或心理状况欠佳时,人们也常会感到四肢乏力,走得快则说明精力充沛,运动系统功能正常,身体状况良好。

2. 衡量精神健康的"三良"

(1) 良好的个性:指性格温柔和顺,情绪稳定,心态积极,乐观向

---

① 程兆盛,陈静. 健康的五快和三良. 中国中医药报[N]. 人民日报,2006-06-26(001).

上，能够很快适应不同的环境。

（2）良好的处世能力：看问题、办事情都能以现实和自我为基础，不管人际风云如何变幻，都能始终保持稳定和永久的适应性，能较好地保持社会外环境和心理内环境的平衡。

（3）良好的人际关系：能有选择地与朋友交往，尊重他人人格，不苛求他人，不计较小节和已过去的枝节，待人接物能宽大为怀。

三、中医的健康标准

"人身小宇宙，宇宙大人身"，这是中国的传统医学所提倡的"天人合一"的理论，该理论认为：一个人的生命、身体、健康和疾病都和周围的自然环境有着密切的关联。所以说，人体的健康是离不开天的，更不能逆天而行，只有符合"天人合一"的规律，才算是真正的健康。在中医领域将人的生命状态分为"已病态"和"未病态"两种，这是基于《黄帝内经》中"一阴一阳之谓道，偏阴偏阳之谓疾"所蕴含的太极思维方法，意思是：未病态没有明显痛苦的感觉，也是人体阴阳相对平衡的一个健康状态；已病态具有明显痛苦的感觉，属于"偏阴偏阳"的疾病状态。此外，如果体内还潜伏着一些病因，但是它又未对人体的阴阳造成一定的破坏，这就属于未病态。实际上，当人进入中年以后，人体的生理功能开始衰败，身体也开始出现各种疾病，属于中医所归结的阴阳失衡。如《易传·系辞》中就有记载："原始反终，故知死生之说"，"阴阳交合，物之始，阴阳分离，物之终。合则生，离则死"。在中医领域，人体的健康应符合以下十个标准：

（1）双目有神。神藏于心，外候在目。眼睛的好坏不仅能够反映出心脏的功能，还和五脏六腑有着密切的关联。中医说："五脏六腑之精气皆上注于目。"眼睛是脏腑精气的会聚之所在。因此，眼睛的健康也就反映出了脏腑功能的强盛。

（2）脸色红润。脏腑功能良好则脸色红润，气血虚亏则面容也显得没有光泽，脸色就是人体五脏气血的外在反映。

(3)声音洪亮。人的声音是从肺里发出来,声音的高低自然决定于肺功能的好坏。

(4)呼吸匀畅。"呼出心与肺,吸入肝与肾。"人的呼吸和五脏的关系非常密切,呼吸要不急不缓、从容不迫,才能证明脏腑功能的良好。

(5)牙齿坚固。中医认为:"齿为骨之余","肾主骨",牙齿的好坏反映着肾气和肾精的充足与否。

(6)头发润泽。中医认为:"发为血之余","肾者,其华在发"。头发的状况是肝脏藏血功能和肾精盛衰的外在反映。

(7)腰腿灵活。腰为肾之府,肾虚则腰惫矣。灵活的腰腿和从容的步伐是筋肉经络和四肢关节强健的标志。

(8)体形适宜。中医认为,胖人多气虚,多痰湿;瘦人多阴虚,多火旺。过瘦或者过胖都是病态的反映,很容易患上高血糖、咳嗽、中风和痰火等病证。

(9)记忆力好。脑为元神之府,为髓之海,人的记忆全部依赖于大脑的功能,髓海的充盈是维持精力充沛、记忆力强、理解力好的物质基础,也是肾精和肾气强盛的表现。

(10)情绪稳定。中医认为情志过于激烈是致病的重要原因。大脑皮质和人体的健康有着密切的关系,人的精神恬静,自然内外协调,能抑制心理疾病的发生。

四、全适能健康标准

全适能指心肺功能、身体形态、身体成分、肌肉力量与耐力、柔韧性以及生活和劳动所需要的技能、功能等都能达到良好的标准。[①] 具体包括以下6个方面:

(1)社会方面。个体应具有顺利实现其社会角色的能力,同时不会对他人造成伤害。

---

① 谭思洁,王健,郭玉兰.青少年运动健康促进导论[M].北京:知识产权出版社,2012:6.

（2）身体方面。个体应通过合理饮食，进行有规律的锻炼，避免不良习惯和嗜好，参加能够预防疾病的活动，在需要的时候寻求医疗保健方面的帮助，以及在身体健康方面具有广博的知识和高度的责任感，来维护健康的体格。

（3）情绪方面。要有理解和合作精神，能够妥善处理日常生活中出现的问题。

（4）职业方面。热爱所从事的职业，借以维持生活并对社会作出贡献，无论处于何种职业，都应具备判断性的思维、解决问题的能力及与他人交流和沟通的能力。

（5）智力方面。应具备能够接受新事物的开放性思维，乐于寻求新的经验和体会，勇于接受新的挑战。

（6）精神方面。应能够合理平衡自身需求和外界需求的矛盾，恰如其分地自我评价和自我对待，与他人和谐相处。

第三节 影响健康的因素

影响健康的因素较多，总体归纳起来主要有如下四个方面。

一、行为和生活方式因素

行为和生活方式因素是指因自身不良行为和生活方式，直接或间接地给健康带来许多不利影响。如冠心病、高血压、糖尿病、相关癌症内疾病，包括性传播疾病、艾滋病以及精神类疾病等都与自身行为和生活方式有紧密的关联。

1. 行为因素

行为是影响健康的重要因素，几乎所有影响健康的因素与行为有关。[1]

---

[1] 甄铁梅，贾玉梅．大学生健康教育[M]．大连：大连理工大学出版社，2013：1．

例如，吸烟与肺癌、慢性阻塞性肺病、缺血性心脏病及其他心血管疾病密切相关。酗酒、吸毒、婚外性行为等不良行为也严重危害人类健康。

2. 生活方式

生活方式是一定时期人们选择自身生存和发展的一种基本活动形式。生活方式受时代、民族、地域、环境、经济、文化、家庭等多种因素的影响。生活方式具有历史性、客观性，同时也具有个体性、思想性和渐变性。[①] 生活方式最能体现每个人的思想观念、行为方式、爱好风格和价值选择的一种真实的、自然的存在方式，建立良好的生活方式能有效促进个人身心健康。

二、外部环境因素

人类的健康与疾病都与相关环境有着紧密的联系。环境又分为内部环境和外部环境，内部环境是个体自身的生理环境，外部环境则为自然环境和社会环境，内部和外部环境相互作用，影响着人的生理和心理的健康发展。

1. 自然环境

自然环境中有 10 余万种微生物、30 多万种植物和我们生活在地球，它们和人类共同维持着生态平衡。而人类则由于人口的增多，要向大自然索取更多的资源，工业化、城市化进程加快使环境污染严重，环境污染会直接导致相关疾病。此外，自然环境中相关自然灾害对人类也有很大的威胁。尽管人类在长期的生存适应中，已经形成了较强的自我保护机制，如免疫机制、创伤愈合机制等，但面临自然环境对健康越来越多的不利因素，如能够在人与人之间或人与动物之间相互传播并广泛

---

① 周士权. 少数民族大学生生活方式研究[M]. 北京：民族出版社，2018：5.

流行的疾病,我们必须不断提高抵抗疾病和适应自然环境的能力。

2. 社会环境

社会环境包括社会制度、文化、教育、人口、民族、职业以及法律经济等,这些都与健康发展有着紧密的联系。如:社会制度确定与健康相关的政策和资源保障;文化决定着人的健康观及与健康相关的风俗、道德、习惯;人口拥挤会给健康带来负面的影响;民族影响着人们的饮食结构、生活方式;职业决定着人们的劳动强度、方式、环境等;法律、法规的制定约束对人的健康权利的维护;经济决定着与健康密切相关的衣、食、住、行。社会环境还包括人际关系、社会状态等。社会环境将直接影响健康事业的发展。

三、生物遗传因素

目前,人类的遗传性缺陷和遗传性疾病有近3000种(约占人类各种疾病的1/5)。[①] 人体的基本生物学特征是健康的基本决定因素,遗传素质影响不同个体的健康状况。如出生缺陷、严重智力低下者。还有些疾病,如血友病、镰状细胞贫血症、蚕豆病、精神性痴呆等直接与遗传因素有关;但多数疾病,如某些精神障碍性疾病、高血压、糖尿病、肿瘤等是遗传因素与环境因素、生活方式和行为综合作用的结果。个人的生物学特征包括个人的年龄、性别、形态的健康状况。不同的人处在同样的危险因素下,其健康的危害性则大不相同。此外,到20世纪中期,研究发现人类死亡的主要原因是病原微生物引起的感染性疾病。随着医学模式的改变,行为与生活方式因素日益突出。

四、医疗卫生服务因素

医疗卫生服务是防治疾病促进健康的有效手段,其工作状况直接影

---

① 甄铁梅,贾玉梅. 大学生健康教育[M]. 大连:大连理工大学出版社,2013:2.

响人群的健康水平。卫生服务系统中存在的不利于保护和促进健康的因素，如医疗资源分布不合理、医疗保健制度不完善、院内感染、滥用抗生素、误诊、漏诊等都可能危害人群健康。所以，卫生方针的正确与否，医疗卫生，机构布局是否合理，就医是否及时、方便，医疗资源的利用是否公平，以及医疗技术水平的高低和卫生服务质量的好坏，都会影响人们的健康和疾病的转归。

第四章　大学生健康教育与健康促进

健康教育是通过改变人们在生活方式、躯体健康、思想观念方面的一些问题,从而促进健康、提高生命质量和生活质量的一种教育。我国学校健康教育第一部行政法规是1991年国务院颁发的《学生卫生工作条例》,该文件从行政法规的角度对学校健康教育做出了明确的要求,应该说使得学校的健康教育有了法律的依据。健康教育与健康促进是提高全民健康的有效途径,是实现健康中国战略建设目标的重要策略。加强大学生健康教育与健康促进的协调推进,对提升大学生健康素养、全民健康素养提升及实现健康中国战略具有重要意义。

第一节　健康教育的相关概念

在人类最早的社会活动中,就有健康教育。在远古时期,个人的生存和种族的延续都面临着很大的挑战。将前人、自身或族群在实践生活中积累起来关于避免伤害、预防或者治疗疾病的行为知识和技能传授给同伴或者下一代,是在维系生存中最重要的社会活动。随着社会经济和科学技术的进一步发展,人类社会在与疾病做斗争的过程中需要不断地总结经验,积累知识,在这个过程中,对人类最重要和最基本的健康相关行为发展成为大家应当遵守的行为规范,但是大量的科学的健康知识和技能,则需要通过技术传播和宣传教育的活动来传递。

第一节 健康教育的相关概念

一、健康教育的含义

早在1954年WHO(世界卫生组织)就指出:"健康教育与一般教育一样,关系到人们的知识、态度和行为的改变。一般来说,健康教育致力于引导人们养成有益于健康的行为,使之达到最佳的健康状态。"1997年《中共中央、国务院关于卫生改革与发展的决定》(中发〔1997〕3号)规定:"健康教育是公民素质教育的重要内容,要十分重视健康教育,提高广大人民群众的健康意识和自我保健能力。"健康教育实质是一种有计划、有组织、有评价的社会和教育活动,其核心是通过信息传播和行为干预等方式帮助人们形成有益于健康的行为和生活方式。目的和重点是改变不良行为,降低或消除影响健康的危险因素,从而预防疾病的发展,促进健康水平和生活质量的提高。健康教育担负着改善人们的知识结构、生活方式,增强文明素养,提高人才素质的重要责任。

二、健康教育的特点

从健康教育的含义可以看出,健康教育的相关特点:一是健康教育是以预防为主的教育形式,通过教育增进健康意识,强调的是自我保健;二是要求对重点行为习惯的养成,通过健康教育形成一个完整的、理想的"知识—信念—行为"的健康教育模式;三是健康教育属于科学性、系统性工程,需要有计划、有阶段、有评价。

此外,健康教育的最终目标是促进人的身心健康:一是健康教育是一个促进人身心全面发展协调的有计划、有目的的健康教育活动,而不仅是一个单一的教育传授的形式,需要个人在这个过程中进行相关改变;二是健康教育的过程同时也是"教与学、学与用"的辩证统一,在教育过程中进行教育干预和促进,形成健康的意识与行为,实现健康促进的目标。所以,健康教育就是促进个人有计划、有组织、有评价的社会和教育活动,是一项科学性、体系性的工程,其核心是通过信息传播和行为干预等方式帮助人们形成有益于健康的行为和生活方式。但是改变行为与生活方式是一个较为复杂的过程，许多不良行为和生活方式受人类社会和自然环境等不同因素的影响，要改变行为就必须要增进有利于健康的相关因素。健康教育需要采取各种方式和方法帮助人们了解自身的健康状况和社会环境状况并作出自身的选择以改善健康，当然，也不是一种强制性改变自身的某些行为。健康教育应提供改变行为所必需的相关知识、技能、服务，促进个体、群体和社会的健康行为方式的改变。

三、健康教育的意义

建立健全健康教育体系是提升全民健康素养，加快推进健康中国建设，努力全方位、全周期保障人民健康，为实现"两个一百年"奋斗目标、实现中华民族伟大复兴的中国梦的重要健康基础。

1. 健康教育是健康中国战略目标的重要内容

健康是人类第一财富，是全人类社会的共识，有了健康不等于有了一切。健康同时也是人们获得幸福生活的重要前提，幸福与健康是分不开的。健康教育能进一步增强人们的自我保健意识，增强健康知识和技能提升，提升全民健康素质。通过教育，建立和加强个人、社会预防疾病和保持健康的责任感，增进自我保健意识和自我保健能力，养成良好的健康习惯。拥有高素质健康水平，是促进人的全面发展的必然要求，是经济社会发展的基础条件，是民族昌盛和国家富强的重要标志，是人民群众对生活的美好追求。在"健康中国"战略中包含多种战略路径，从健康教育到医疗卫生到健康环境、健康产业等，涉及影响健康的多个方面因素，全方位、多角度地保障了健康中国战略的顺利实施，应该说健康教育是健康中国战略中的重要内容。只有做到全民健康，才能建设健康中国，才能实现"两个一百年"的奋斗目标和全面建成小康社会。

2. 健康教育是一项高效益的保健措施

从成本效益的角度来看,健康教育是一项投入少、产出多,高效率的保健措施,远远大于高昂医疗费用投入所产生的效益。普及卫生健康知识比其他任何可以想象的科学进步都大得多。例如,如果用医疗手段将人的人均寿命增加1岁,需要投入巨大的科研和医疗花费,但是如果接受了健康教育知识,并进行一定的行为改变,合理膳食、体育运动、不吸烟、饮酒适量,就可以使得寿命得到增加。同时还通过健康环境的提升,教育全社会关心健康与疾病,关心环境保护和卫生保健,积极支持和促进健康环境的改善与治理,维护生态平衡,促进个人、家庭和社会共同承担健康保健任务;引导民众积极投身健康领域,促进社会主义精神文明建设,养成文明、科学、健康的生活方式和行为习惯,努力提高生活质量。

3. 健康教育是解决当前人们健康问题的首要途径

通过健康教育,营造有益健康的环境,提高广大人民群众的健康意识和自我保健能力,对于减少和消除健康危险因素,预防和控制重大传染性疾病和突发公共卫生事件,保护和增进人民健康,提高人口健康素质具有重要意义。我国于20世纪50年代在全民范围开展的以"爱国卫生运动"为代表的健康干预活动,就是一次基于当时我国实际情况的非常成功的伟大健康促进实践,使中华民族的健康水平和人民的期望寿命得以迅速提高。健康教育与健康促进能有效防治恶性肿瘤和心脑血管疾病。芬兰是全球冠心病死亡率较高的国家之一,从1972年实施综合性健康教育和健康促进规划,20年后男性冠心病死亡率下降了52%,女性下降了68%。从1972年到1992年,冠心病的危险因素也显著减少。[1] 同时,

---

[1] 陈春雷. 加强健康教育和健康促进是解决当今健康问题的首选对策[J]. 卫生政策, 2006(11).

"不治已病治未病"是中医药精髓理论,《黄帝内经》中《素问·四气调神大论》云:"是故圣人不治已病治未病,不治已乱治未乱,此之谓也。夫病已成而后药之,乱已成而后治之,譬犹渴而穿井,斗而铸锥,不亦晚乎。"寓意是要防病于未然,不要等病入膏肓了才四处求医。

第二节 大学生健康教育相关概念

健康教育是普及健康知识、提升健康素养的必经之路。《"健康中国2030"规划纲要》提出加强健康教育,将健康教育纳入国民教育体系,把健康教育作为所有教育阶段中素质教育的重要内容。开展健康教育可分为学校教育和社会教育两个方面。学校中的健康教育在人的生命早期打下良好的基础,能够带来长期的影响,关系到一代人的健康人生;社会教育主要是为了弥补早期健康教育投入的不足与缺失。根据《2023年全国教育事业发展统计公报》显示:我国在校研究生数为388.29万人,普通本专科生数为37750.1万人,在校大学生总数为4163.3万人。大学生的健康水平将对整个社会的健康情况产生重大影响,大学生健康教育是健康中国战略建设目标实现的重要指标。

一、大学生健康教育的意义

青少年是国家的未来和民族的希望,促进青年大学生健康也是实施健康中国战略的重要内容。《"健康中国2030"规划纲要》明确提出"加大学校健康教育力度。将健康教育纳入国民教育体系,把健康教育作为所有教育阶段素质教育的重要内容"。健康是青少年全面发展的基础,加强高校健康教育、提升学生健康素养,是贯彻落实党的教育方针,全面实施素质教育、促进学生全面发展、加快推进教育现代化的必然要求,是贯彻落实《"健康中国2030"规划纲要》,建设健康中国、全面提升中华民族健康素质的重要内容。

学校是健康教育最为理想的场所，在学校进行健康教育的时机最佳。大学生健康教育是中小学健康教育的延续、深化和提高，教育学生自觉增强自我保健意识，自觉选择健康行为和生活方式，消除或避免危害健康的因素，促进身心健康，并负起影响家庭、社区，乃至促进社会健康的积极作用。学校是促进国家健康水平的重要资源，大学生健康教育是对学生进行素质教育的组成部分；是实现全民基础保健的有效途径；是影响家庭、社会和整个人群的根本措施；是低收入高产出的事业。健康教育是一门迅速发展的学科，大学生是国家的希望，民族的未来，他们正是健康教育的主要对象。

二、大学生健康教育的指导思想

大学生是时代的希望、是实现中华民族伟大复兴的坚实力量，处于人生生命准备阶段与保护阶段之间，发挥着承上启下的作用，他们正是健康教育的主要对象。

高校健康教育要以习近平新时代中国特色社会主义思想为指导，全面贯彻党的教育方针，按照《国家中长期教育改革和发展规划纲要（2010—2020年）》《"健康中国2030"规划纲要》的部署和要求，不断更新观念、创新形式、落实载体、完善制度，全方位、多途径、多形式开展高校健康教育和健康促进，充分发挥健康教育在培育和践行社会主义核心价值观、推进素质教育中的综合作用，帮助学生树立健康意识，掌握维护健康的知识和技能，形成文明、健康生活方式，提高自身健康管理能力，增强维护全民健康的社会责任感，促进学生身心健康和全面发展。

三、大学生健康教育总体目标

《普通高等学校健康教育指导纲要》（教体艺〔2017〕5号）提出：高校健康教育内容主要包括健康生活方式、疾病预防、心理健康、性与生殖健康、安全应急与避险五个方面。高校健康教育应以促进健康为核心，通过有计划地开展学校健康教育，培养学生的健康意识与公共卫生意识，掌握必要的健康知识和技能，促进学生自觉地采纳和保持有益于健康的行为和生活方式，减少或消除影响健康的危险因素，为一生的健康奠定坚实的基础。一是丰富大学生的医疗保健知识，进一步了解健康的价值和意义，增强自身维护健康的责任，提高自我疾病预防保健能力；二是帮助大学生自觉选择健康行为和健康的生活方式，具备一定的健康素养，注重加强对传染病、慢性非传染病、意外伤害的预防，消除或减少健康危险因素对自身的影响；三是遵循思想政治教育和大学生心理发展规律，开展心理健康教育，做好心理咨询工作，提高心理调节能力，培养良好心理品质，促进大学生思想道德素质、科学文化素质和身心健康素质协调发展。

四、大学生健康教育的基本要求

《学校卫生工作条例》(1990年4月25日国务院批准)和《大学生健康教育基本要求(试行)》(教体厅〔1993〕1号)规定：学校应把健康教育纳入教学计划，普通高等学校应当开设健康教育选修课或者讲座，有条件的院校可以试点开设必修课。《普通高等学校学生心理健康教育课程教学基本要求》(教思政厅〔2011〕5号)要求：各高校应当根据学生培养目标，结合本校实际情况，设计心理健康教育课程体系。开设一门"大学生心理健康教育"公共必修课程，覆盖全体学生；或者在第一学期开设一门"大学生心理健康教育"公共必修课程，在其他学期开设相关的公共选修课程，形成系列课程体系。有条件的可以增开与大学生素质教育、心理学专业知识有关的选修课程。为贯彻落实《"健康中国2030"规划纲要》对学校健康教育提出的工作要求，加强高校健康教育，提高高校学生健康素养和体质健康水平，教育部印发了《普通高等学校健康教育指导纲要》(教体艺〔2017〕5号)提出：高校健康教育应遵循以下基本原则：问题导向与健康需求相衔接；知识传授与行为养成相促进；课堂教学与课外实践相协调；维护个体健康与增强社会责任相统一；总体要求与地方实际相结合。

大学生健康教育的基本要求有如下几点：

(1)帮助大学生树立现代的健康意识，使他们真正认识健康不仅是躯体无病、体格健壮，还应有良好的心理素质和社会适应能力。

(2)使大学生掌握必要的卫生防病知识和急救知识，养成用脑卫生、用眼卫生、起居卫生、运动卫生、环境卫生、心理卫生、性卫生、营养和饮食卫生等良好的习惯，并督促他们身体力行以增进其自我保健的能力，并具备一定的传染病防治知识。

(3)使大学生认识到不健康的行为和生活方式(最突出的是吸烟、酗酒、膳食结构不合理、缺少体育运动和心理应激)给自身健康带来的危害，帮助他们改变不健康行为和不良生活方式。

(4)使大学生强烈地意识到健康是当代成才的重要素质，并进一步认识到增进健康是历史赋予大学生的使命，而这不仅是对自己负责，也是对社会负责，从而增强他们维护健康的责任感和自觉性。

(5)针对大学生健康方面存在的问题进行教育，并从大学生卫生知识的掌握、良好卫生习惯和生活方式的形成以及体质健康状况的改善等方面来检验健康教育的效果。不断充实教育内容，改进教育方法提高教育效果总结和交流教育经验，探索具有中国特色的大学生健康教育模式和体系。

(6)在使大学生明确心理健康的标准及意义，增强自我心理保健意识和心理危机预防意识，掌握并应用心理健康知识，培养自我认知能力、人际沟通能力、自我调节能力，切实提高心理素质，促进学生全面发展。

第三节　大学生健康促进

大学生健康促进是健康教育的内化，通过加强对大学生的健康教育、引导和评价，组织相关健康活动，帮助大学生获得有关健康的体验和经验,同时通过健康促进,使大学生对健康的需求和态度在日常实际中体现出来,形成"内化与外化"交替递进的螺旋上升活动过程。

一、健康促进的概念

"健康促进"一词最早出现于20世纪20年代的公共卫生文献中。1945年,著名的医学史家西格里斯特(Henry E. Sigerist)首次对健康促进进行了比较全面的阐释,将医学定义为健康促进、疾病预防、疫病治疗和康复四个方面。[①] 1986年召开的第一届国际健康促进大会发表的《渥太华宪章》将健康促进定义为:使人们提高控制和改进健康范围的能力的过程。健康促进这个观点还衍生了更加广泛的含义:一是个体或群体应该能够识别自身期望和满足需求,二是健康也意味着改变和适应环境。国际健康促进大会的召开和《渥太华宪章》的发展被认为是国际健康促进运动正式启动的标志。

在2000年召开的第五届全球健康促进大会上,相关专家、学者对健康促进都作出了相关的定义。世界卫生组织前总干事布伦特兰认为:"健康促进就是要使人们尽一切可能让他们的精神和身体保持在最优状态,宗旨是使人们知道如何保持健康,在健康的生活方式下生活,并有能力做出健康的选择。"美国联邦办公署认为:"健康促进包括健康教育及任何能促使行为和环境改变有利于健康的有关组织、政策及经济干预的统一体。"健康促进是对民众进行健康干预,维持民众活得更久更好的行为,达到全民皆生活在健康的状态。健康促进是一个为达到或维持最佳身体和心理状态而主动寻求有益于扩大健康潜能的过程。

二、健康促进的内涵

提高人民健康素养是提高全民健康水平最根本、最经济、最有效的

[①] 谭思洁,张晓丹. 青少年体力活动与健康促进——从传统媒体到新媒体[M]. 北京:知识产权出版社,2013:2.

措施之一。综合健康促进的相关概念来看,当前健康促进的内涵主要包含以下四个方面:

(1)健康促进所涉及的是整个社会人群的健康和社会人群在生活的各个方面,不仅仅是针对某些疾病或者在生存过程中可能所涉及的危险因素。

(2)健康促进主要是直接作用于影响人类健康的病因或存在的危险因素的活动、行动等。

(3)健康促进不仅作用于卫生领域,同时还作用于人类社会的各个领域,健康促进所涉及的疾病控制目前已非单纯的医疗卫生服务,而是要采取多部门、多学科、多专业进行广泛的合作。

(4)健康促进十分强调政府的行政干预手段,强调个人与组织有效和积极的参与。

三、大学生的健康促进与健康中国战略

健康教育与健康促进是提高全民健康的有效途径,加强健康促进与健康教育是实现健康中国战略建设目标的重要策略,也是推进健康中国战略建设的重要落脚点。《"健康中国2030"规划纲要》提出的战略任务中,把倡导健康生活方式放在首位,把健康素养水平列入规划的一级指标。大学生健康促进是健康教育在个人的现实性反映,内涵上强调的是把所有有利于发展和促进大学生健康的各种因素组织和联系起来,形成广泛的合作。

一是大学生群体通过健康促进养成良好的卫生习惯,选择和养成健康行为和生活方式,获得由健康带来的满足和体验,坚定健康的态度与行动,使得自我维护、保持健康的能力得到发展和提高;二是大学生群体通过理解并掌握健康教育的相关内容,自觉主动地形成促进健康的行为并改变个人、家庭及社会危害健康的行为;三是大学生健康教育和健康促进工作是一项系统工程,需要政府主导、院校合作、动员社会、全民参与,贯彻预防为主、防治结合的卫生工作方针,从而整体提高大学

生健康水平。

　　培育健康的大学生，有利于促进大学生塑造更加完美的人格魅力，是对国家栋梁的培育，是对祖国未来健康发展的基石的建造，为社会可持续发展提供可贵的人才资源，培养健康合格的社会主义接班人。

第五章　我国大学生健康现状

大学就是实施高等教育的学校,包括综合性大学和专科大学或者学院,大学是培养多层次专门人才的地方,也是人类文明和社会发展水平的重要标志。大学为青年提供了良好的成长环境,大学时期正是青年人生最美好的时期,在这个时期青年在大学里接受学术、道德、人生发展的熏陶,正是长身体、增知识、强本领,成长为社会栋梁的关键时期。我国改革开放40多年来,国家经济和国家整体实力有了大踏步的飞跃,高等教育体制不断发展、完善,让越来越多的人步入知识的殿堂,高等教育的普及为国家发展提供了大量的人才。然而在高等教育规划不断扩大的同时,高等教育发展也出现了一些问题,其中大学生体质健康问题是近年来亟待关注和改善的问题。

共青团中央书记处在"走进青年、转变作风、改进工作"大宣传大调研活动中发现,由于学业压力较大、对互联网依赖程度加深、学校群众性体育活动载体不足的因素,当前大学生群体普遍存在不喜欢体育锻炼、身体素质远不如以前等状况。① 学生很多时间用在为将来就业而拼命读书,提升自身技能等方面,体育锻炼的氛围没有原来那么浓了,这是一个很大的问题。有知识、有本领、有文化了,但身体却垮了,尤其现在很多独生子女,这样下去怎么得了?共青团中央书记处对大学生健康现状的关切正是我国当前大学生健康现状存在的问

---

① 共青团中央学校部、全国学校共青团研究中心."三走"如何"走"——大学生"走下网络、走出宿舍、走向操场"主题群众性课外体育锻炼活动解读[M]. 北京:中国计划出版社,2015.

题。本章的大学生健康现状主要分为体质健康、心理健康、健康素养三个方面。

第一节　体质健康现状

体质作为人的生命存在的状况，是人的生命活动和劳动能力的物质基础。青少年的健康事关国家和民族的未来，事关亿万家庭的幸福，也是青少年成长和幸福生活的根基，同时青少年的体质健康水平代表着国家未来的国民健康体质水平，是国家建设和发展人才事业的大事，是国之大计。

当前我国青少年的体质健康问题如果不能得到很好的改善，将对建设人力资源强国战略构成威胁。如果青少年时期不注重体质健康问题，将对中老年的身体健康构成巨大隐患。青少年时期的肥胖、呼吸和心血管系统机能的下降，是导致和诱发中年后糖尿病、冠心病等多种高致命性疾病的原因。所以，如果青少年体质健康状况不能得到有效改善，从一个人的未来生涯发展看，将大大降低中老年的生活质量；从社会经济发展的角度看，将大大增加今后国家医疗和养老经费的支出。

2007年《中共中央 国务院关于加强青少年体育增强青少年体质的意见》（中发〔2007〕7号）实施颁布以来，青少年体质健康状况在持续20多年的下滑背景下，出现了积极的变化，大部分指标"止跌回升"，个别指标出现了"连续上升"的趋势。但是大学生体质健康下滑趋势依然没有得到遏制，甚至在很多指标上，大学生还不如中学生。[①] 根据1985年、1991年、1995年、2000年、2005年、2010年、2014年、2019年、2021年全国学生体质与健康调研；全国青少年体质健康的抽测数据；

---

① 教育部体卫艺司. 加强目标管理 深化教育改革提升基础能力——全国学校体育改革发展综述[J]. 体育教学, 2014(8).

2014—2023年国民体质监测公报；2016—2023年全国学生体质健康测试抽查复核结果，当前我国青少年体质与健康现状综合表现在以下几个方面。

一、超重和肥胖检出率居高不下

超重与肥胖的全球流行现象日渐严重，其不仅是Ⅱ型糖尿病、心血管病、高血压、中风和癌症等慢性疾病的危险因素，也被认为是一种独立的疾病。① 肥胖是指由于营养过剩、减少运动，及遗传因素共同作用引起的身体中脂肪过度堆积。② 从能量的角度来看，当人体摄入的能量超出体内消耗的能量，能量就会在体内不断地堆积，达到一定程度后表现为肥胖。从组织学的角度来看，如出现身体脂肪过剩状态，主要是由于身体脂肪细胞增多，或者是脂肪细胞的体积增大。引起肥胖的原因除了部分个人因为相关遗传因素外，绝大多数还是由不良的生活方式所造成的。肥胖根据其发病原因可以分为两类：一种单纯性的肥胖，这属于最常见的肥胖类型，这类肥胖患者身体分泌类的功能障碍不会表现出来，表现出来的只是体内脂肪量增加，体重量增长，对身体没有太大的危害；另一种属于继发性的肥胖，也可以叫作病理性肥胖，这类肥胖者会主要是因为内分泌代谢疾病的病因，比如垂体疾病、下丘脑、甲状腺功能减退和胰腺分泌异常等。

2014年全球18岁及以上的成年人中逾19亿人超重，其中超过6亿人肥胖；肥胖不仅在成年人中比率较高，而且有明显的年轻化趋势。③ 2016—2018年我国学生超重和肥胖平均比例为21.6%，其中超

---

① Sahoo K, Sahoo B, Choudhury AK, et al. Childhood obesity: causes and consequences[J]. J Family Med Prim Care, 2015, 4(2): 187-192.

② 叶广俊. 现代儿童少年卫生学[M]. 北京：人民卫生出版社，1999：240.

③ He L, Ren X, Qian Y, et al. Prevalence of overweight and obesity among a university faculty and staffs from 2004to 2010 in Wuhu, China[J]. Nutr Hosp, 2014, 29(5): 1033-1037.

重平均比例为13%，肥胖平均比例为8.6%。① 到2024年我国青少年超重率和肥胖率比例有所下降，其中超重率为6.8%，肥胖率为7.9%。可见，当前我国学生有超过1/5属于体重超标。长期以来，肥胖都是一个全球性的公共卫生问题，也是世界性的健康问题。同时随着社会经济的快速发展而导致的膳食结构和生活方式的改变，使得肥胖患病率也迅速上升。根据相关研究表明，在肥胖患者的高血压、心肌梗死、脑卒中、冠心病和乳腺癌等多种疾病和癌症的发病率要高于体重正常的人，被世界卫生组织（WHO）认定为影响人类健康的第五大危险因素。② 肥胖除了影响人的身体健康外，还可能对人的心理健康发展造成不利影响，比如会出现焦虑、精神紧张，特别是会导致自信心受到打击，严重者还可能造成抑郁症等精神疾病，对人的身心健康和社会发展造成了巨大的不利影响。

青少年出现的肥胖，主要是脂肪细胞增多。在人的整个生长发育时期，特别是如果在发育早期就已开始肥胖，将会增加发育晚期与肥胖有关疾病的发病率，并导致高血压、高血脂、高血糖、糖尿病、动脉粥样硬化、冠心病等发病的可能性。此外还有研究表明，内脏脂肪蓄积是引起肥胖并发症的发病基础。③ 因此预防肥胖必须从青少年抓起。身体形态是人生长发育水平的现实反映，人体生长发育水平的好坏与人平时的营养水平有密切的关系。相关统计数据显示，我国青少年的超重和肥胖检出率随着经济社会的发展变化，呈现出快速增长的趋势。肥胖检出率自1985年以来，乡村男生增长了约44倍，城市男生增长了约24倍，乡村和城市女生的肥胖检出率也增长了近12倍。还应该

---

① 王立伟，等. 中国青少年体育发展报告（2018）[M]. 北京：社会科学文献出版社，2020：110.
② 李佳霖. "有氧+无氧"运动对肥胖女大学生减肥效果影响的实验研究[D]. 长春：吉林大学，2018：4.
③ 金仲品，蒋淑君. 肥胖及其并发症发病机制的某些新概念[J]. 医学综述，2003（7）.

特别注意是我国当前学生总体肥胖发生率处于世界卫生组织公布的10%的"安全临界点",预示着我国大学生存在严重的"隐性肥胖"现象。当前,我国青少年造成肥胖率较高的关键原因与发达国家一样,是因"肥胖易感环境"已经或正在形成,表现形式为"以静代动"的生活方式,膳食热量过高、不良饮食习惯及运动缺乏等。

如我们还不够高度关注,青年大学生的未来将给国家和社会带来极为严重的体质健康负担。当前因超重和肥胖引发的代谢综合征、糖尿病、心血管疾病等逐年增加,已成为当今社会危害人类健康及致死的主要原因之一,肥胖所导致的各种疾病医药费的投入已造成沉重的社会经济负担。

二、近视发生率仍然较高

眼健康是健康中国的重要内容,是国民健康的重要组成部分,包括盲在内的视觉损伤严重影响人民群众的身体健康和生活质量,加重家庭和社会负担,威胁社会经济生产活动,是涉及民生的重大公共卫生问题和社会问题。我国依然是世界上盲和视觉损伤患者数量最多的国家,贫困人口白内障盲的问题尚未解决,儿童青少年屈光不正日益突出。近视发生率指近视眼疾病的发病概率,青少年的近视发生率对身体健康以及经济社会可持续发展构成威胁。

2019年《国民视觉健康报告》大数据显示,我国的近视患者多达6亿,占人口数量的50%。其中,中小学生人数超过一亿,青少年近视率居世界第一。青少年视觉健康情况还呈现以下特点:(1)从数量上来看,小学生近视比例将近50%,初高中生近80%,大学生甚至高达90%;(2)从趋势上来看,视力不良状况高发、低龄化,上升趋势明显;(3)从地域上看,农村视力不良学生超过城市学生。①

---

① 人民网舆情数据中心.国民视觉健康大数据报告发布[EB/OL].[2019-04-18]. http://yuqing.people.com.cn/n1/2019/0418/c209043-31037329.html.

2020年新冠疫情防控期间,大规模"云端"教学的开展,给儿童青少年近视防控带来了新的巨大挑战。据教育部对9省14532人的最新调研显示,与2019年年底相比,半年来学生近视率增加了11.7%,其中小学生近视率增加了15.2%、初中生近视率增加了8.2%,高中生近视率增加了3.8%。①

近视眼是由于眼对光的屈折力与眼轴长度不相适应造成的,主要存在屈光性近视和轴性近视两种情况。屈光性近视主要是眼轴长度正常而晶状体屈折力过强;轴性近视为晶状体屈折力正常但是眼轴的长度太长。近视眼的发生原因和影响因素概括起来主要有:强调先天遗传因素和强调后天环境因素两种。此外,个体的生长发育、营养、体质、健康状况等都可能成为发病的诱因。大量的资料表明,青少年的如果近视学习时间越长,强度越大,视力近视率就会越高。当前,我国青少年视力不良检出率居高不下,主要还是在处于青春期生长突增的青少年,在学习负担过重和不良学习环境影响下十分容易发生近视,新时期新媒体产品的兴起,如手机、电脑、ipad等电子产品,对青少年的影响十分大。此外,视力不良检出率还随着学习阶段的上升而增高,重点学校学生视力不良检出率高于非重点学校学生,同年龄段的较高年级学生的视力不良检出率高于低年级的学生。

根据《国民体质监测公报》对26.19万名学生的问卷调查,每天用于做家庭作业或看电视或用电脑时间越长,导致体育锻炼不足,从而导致肥胖发生的概率提高。问卷调查显示,有11.4%的小学生、38.9%的初中生、46.8%的高中生每日家庭作业时间在两小时以上。大学阶段的汉族学生认为平均每天用手机、平板电脑、电子游戏机、电脑等玩游戏、看视频或电子书的时间在两小时以上的报告率高达41.7%。② 从这

---

① 教育部. 半年来学生近视率增加了11.7%[EB/OL].[2020-08-28]. http://yuqing.people.com.cn/n1/2020/0828/c429781-31839975.html.

② 李小伟,柯进. 学生身体素质"向上"了吗?[N]. 中国教育报,2015-11-26(004).

些数据可以看出,我国青少年的视力问题不容忽视,且呈低龄化趋势,学习、玩电子产品、看视频、户外运动以及睡眠时间的长短都对视力不良有着直接的影响。

2018年8月,教育部、国家卫生健康委员会、国家体育总局、财政部、人力资源和社会保障部、国家市场监督管理总局、国家新闻出版署和国家广播电视总局等八部门印发《综合防控儿童青少年近视实施方案》。该方案提出,将儿童青少年近视防控工作、总体近视率和体质健康状况纳入政府绩效考核指标。到2030年,实现全国儿童青少年新发近视率明显下降,儿童青少年视力健康整体水平显著提升,6岁儿童近视率控制在3%左右,小学生近视率下降到38%以下、初中生近视率下降到60%以下、高中生近视率下降到70%以下,国家学生体质健康标准达标优秀率达25%以上。并建议家长引导孩子进行户外活动或体育锻炼、有意识地控制孩子使用电子产品等。使其每天接触自然光的时间达60分钟以上,控制电子产品使用,单次不宜超过15分钟,每天累计不宜超过1小时。[1] 早干预、早治疗,加强屈光不正等眼疾早期筛查与科学矫正、普及健康适度用眼知识是关键。

针对2020年新冠疫情大规模线上教育教学导致学生近视率增加的现状,教育部指出将在以下六个方面采取相关措施[2]:一是要严格落实八部门关于青少年近视防控工作的意见要求,形成全社会共同关注、共同解决青少年近视问题的氛围。新学期开学之后,我们要控制在线学习时长,原则上要求小学不要超过两小时、初中不要超过三小时、高中不要超过四小时,对每次连续看视频的时间也都有明确要求。二是要加强体育锻炼。每天超过一小时的户外活动和体育锻炼,对于防止近视的进一步发展以及防止近视的出现非常有效。三是要进一步完善评价机制。

---

[1] 李祺瑶. 青少年近视率拟纳入政府考核——2030年小学生近视率下降到38%以下[N]. 中国教育报, 2018-08-04(003).

[2] 教育部. 半年来学生近视率增加了11.7%[EB/OL]. [2020-08-28]. http://yuqing.people.com.cn/n1/2020/0828/c429781-31839975.html.

八部门文件把青少年近视率作为地方政府绩效考核的一个重要指标。四是要进一步加强宣传教育活动。不管在校园还是在家里，学校、老师、家长都要承担起保护孩子视力、严格管控孩子使用电子屏幕的责任，同时鼓励孩子加强体育锻炼，共同关心帮助青少年保护视力。五是要倡导爱眼护眼。包括照明情况、课桌椅高度等问题，鼓励孩子们健康用眼、卫生用眼，主动选择有益于眼健康的环境。六是要加强眼视光检测和配镜相关市场或经营主体的管理，在孩子们眼视光的检测和配镜方面，能够给他们科学、精准、有效的指导。

根据 2024 年 3 月国家疾控局发布的监测数据显示：2022 年我国青少年总体近视率为 51.9%，较 2021 年下降 0.7 个百分点，较 2018 年下降了 1.7 个百分点，总体呈现下降趋势，但仍然较高。

三、肺功能指标仍然有待提升

肺活量与人的呼吸密切相关。从生理学来看，人体的各个系统、组织、器官、细胞时时刻刻都在消耗氧，我们的机体只有在氧供应充足的情况下才能正常运行。而人体内部所需要的氧供给都要靠肺的呼吸来获得，而在呼吸过程中，肺不仅需要摄入氧气，还需要将体内代谢出来的二氧化碳排出去。可以说，肺就是机体气体交换的一个中转站，那么这个中转站的容积大小将会直接决定每次呼吸气体交换的量，这也是检测肺功能最客观和最直观的指标数。

肺活量是指在最大吸气后尽力呼气的气量。包括潮气量、补吸气量和补呼气量三部分。潮气量是指一次呼吸周期中肺吸入或呼出的气量，在潮气量之外再吸入的最大气量为补吸气量，在潮气量之外再呼出的最大气量为补呼气量，最大呼气后残留在肺内的气量为余气量。[1] 受年龄、性别、身材、呼吸肌强弱及肺和胸廓弹性等因素的影响，肺活量存在较大的个体差异。一般来说，身体越强壮，肺活量就越大。此外，它

---

[1] 林崇德. 心理学大辞典[M]. 上海：上海教育出版社，2003.

还与最大吸氧量有很高的关联度。

肺活量/体重指数可以一定程度上反映人的肺功能，可以反映呼吸技能的潜在能力，心肺功能是反映身体机能的重要指标。肺活量也是一个人体能健康的最重要的标准之一。我国成年女子肺活量约为2500 毫升，成年男子肺活量约为 3500 毫升。当然处于健康壮年的肺活量是最大的，幼年人及老年人要较小。所以，健康状况越好的人肺活量就越大，如果出现肺组织损害如肺纤维化、肺结核、肺不张、肺叶切除等状况都会影响肺活量，使得肺活量减小；还有诸如胸膜增厚、脊柱后弯、气胸、渗出性胸膜炎等可能使得肺扩张受到限制，肺活量会减小。限制性通气障碍的表现就是肺活量明显减小。肺活量的测定方法是十分简单的，可重复性操作，是在健康检查时要常用的检测指标。此外，肺活量也是肺功能的动态测量指标。因为在进行肺活量测定时，速度上不限呼气，测不出呼吸道通气不畅的疾病。进行时间肺活量测定可用最大吸气以后用力地做最快速度的呼气，直到呼完。在这个过程中依次记录下第 1、2、3 秒所呼出的气量。那么正常人应该分别呼出其肺活量的 83%、96% 和 99%。如果有患肺阻塞性肺部疾病者可能就需要 5~6 秒或更多时间才能呼出全部肺活量；在呼吸运动受限的一些病理状态之下，第 1 秒肺活量增加，就已经可以提前呼完全部肺活量了。所以，时间肺活量可作为鉴别阻塞性或限制性通气障碍的参考。

1985—2005 年，我国青少年肺活量和肺活量/体重指数在 20 年间总体上呈下降趋势。2008 年青少年的肺活量/体重指数分布，优秀率为 15.62%，良好率为 22.59%，及格率为 39.24%，不及格率为 22.54%。2010 年各年龄组测试结果与 2008 年相比，整体水平略有提高，不及格率降至 20.08%。[①]

---

① 吴健. 我国青少年体质健康发展报告[EB/OL].[2012-03-29]. http://www.nies.net.cn/cb/bg/201203/t20120329_303299.html.

根据2000—2014年全国青少年肺活量水平的变化,2005年我国青少年肺活量水平达到了最低值,随后开始逐年上升。2014年,男生除去7~11岁以及18岁年龄组,其他各年龄组别的肺活量均已超过了2000年同龄组别青少年的肺活量水平,但是女生的各年龄组均低于2000年的水平。①

与2014年相比,2021年公布的第八次全国学生体质与健康调研结果显示:全国7~9岁、10~12岁、13~15岁、16~18岁、19~22岁男生肺活量分别增加82.5毫升、153.6毫升、209.7毫升、161.2毫升和92.3毫升,各年龄段女生的肺活量分别增加105.3毫升、166.0毫升、187.2毫升、147.0毫升和102.2毫升。② 数据表明我国青少年心肺功能的趋势在转好。但是,从整体数据的趋势来看,我国青少年的心肺功能总体水平仍然有待提升。

四、速度、力量素质增长有待加强

速度、爆发力、力量素质是人体运动能力的重要基础,也是人体肌肉紧张或收缩所表现出来的能力。由于肌肉收缩有等长和等张两种形式,所以我们将肌肉力量分为静力性力量和动力性力量两类。静力性力量是肌肉做等长收缩时所产生的力量,也可以称为等长性力量。这类力量肢体不会产生明显的位移运动,而是维持或固定肢体于一定位置和姿势。而动力性力量则是肌肉做等张收缩时所产生的力量,这种力量会使肢体产生明显的位移,使人体或物体产生运动。此外,动力性力量又可分为重量性力量和速度性力量两种形式。重量性力量主要以肌肉工作时所表现出来的提、拉、推、举的能力,动作的速度变化较小;而速度性

---

① 刘扶民,杨桦. 中国青少年体育发展报告(2016)[M]. 北京:社会科学文献出版社,2017:47.

② 教育部体育卫生与艺术教育司. 第八次全国学生体质与健康调研有关情况介绍[EB/OL]. [2021-09-03]. http://www.moe.gov.cn/fbh/live/2021/53685/sfcl/202109/t20210903_558262.html.

力量主要依靠肌肉的快速收缩产生的加速度所表现出来的能力,如弹跳力、爆发力。力量素质是人体运动的基础,是对人体运动影响最广泛的一项素质,我们每个人跑、跳、投、撑及攀登等各种体育运动和体力劳动均离不开力量素质。

身体素质的发展水平不仅取决于肌肉本身的结构和功能特点,而且还与肌肉工作时的能量供应、内脏器官的机能以及神经调节能力有关,可以说身体素质是人体各器官系统的功能在肌肉工作中的综合反映。

一是力量素质也是进行一切体育活动的基础。如果没有肌肉的收缩和舒张而产生的力量牵拉骨骼进行运动,则连起码的行走和直立也不可能,更不要说进行体育活动了。

二是力量素质影响并促进其他身体素质的发展。任何身体素质都是通过一定的肌肉工作方式来实现的,而肌肉的力量是人体一切活动的基础。力量素质决定速度素质的提高,因为肌肉的快速收缩是以其力量为前提的。力量素质决定耐力素质的增长,因为强有力的人总比体弱者能持续活动更长的时间。力量素质也能促进柔韧素质的发挥和灵敏素质的表现,因为力量、速度的提高会增加肌肉的弹性。

三是力量素质的水平也直接影响技术动作的掌握。比如体操运动员如果没有足够的上肢和肩臂等部位的肌肉力量,就无法完成十字支撑、慢起手倒立等技术动作;球类运动中的各种急停、闪躲、变向、滞空等高难动作等也都是以一定的肌肉力量为基础的;投掷项目中力量素质就更重要了,没有力量就无法投掷较远。

所以说,力量素质也在一定程度上决定了一个人的身体健康,对青少年而言,这一时期的握力情况与其老年身体状况将有直接关系。中央教育科学研究所和教育部体育卫生与艺术教育司联合发布的《我国青少年体质健康发展报告》[①]显示:1995—2005年,学生身体素质中反应速

---

① 吴健. 我国青少年体质健康发展报告[EB/OL]. [2012-03-29]. http://www.nies.net.cn/cb/bg/201203/t20120329_303299.html.

度素质的50米跑成绩、反应爆发力素质的立定跳远成绩和反应力量素质的引体向上、斜身引体、仰卧起坐成绩，除速度素质下降幅度较小外，其他素质均有明显下降。2008—2013年，学生的反应速度、力量素质的50米跑、立定跳远、引体向上、斜身引体、仰卧起坐成绩，基本没有增长。依据青少年身体素质发育理论，男子16岁前、女子13岁前速度素质发展较快，男女均在20岁左右达到最好成绩，但实际情况与此不相吻合，从小学到大学，随年级的增高，优秀率反而降低，不及格率增高，表明大学生更缺乏锻炼，大学生速度素质和力量素质还处在一个较低水平。采用的50米跑成绩是对青少年速度素质发展水平的比较，将2014年与2000年进行比较，13~18岁女生的成绩下滑是十分明显的，而男生整体波动的幅度不大，2005年男生的平均成绩最慢，2010年女生的平均成绩最慢，直到2014年的数据得到了一些改善，但是整体还是呈现出下滑的趋势。

2021年公布的第八次全国学生体质与健康调研数据结果显示：与2014年相比，2019年各年龄段女生1分钟仰卧起坐成绩分别增加1.9个、1.9个、1.8个、1.6个和1.0个；7~12岁男生斜身引体增加0.7个。速度、力量发展水平在新时期仍然有待继续加强。

五、耐力素质持续下滑

耐力素质是指机体在一定时间内保持特定强度负荷或动作质量的能力。"一定时间"是指不同专项对运动时间的规定性。保持特定运动强度或动作质量是耐力水平的体现。耐力水平的提高表现为更长时间保持特定强度或动作质量，或在一定时间内承受更高强度的能力。[1] 比如运动员要在竞赛全过程保持特定的运动强度，或者保持比较稳定的动作质量，就要具备较好的耐力素质。而耐力素质与人的呼吸系统、心血管系统机能是密切相关的。

---

[1] 田麦久，刘大庆. 运动训练学[M]. 北京：人民体育出版社，2012.

同时，耐力素质也是我们衡量身体素质好坏的重要指标之一，也是从事运动的基础。耐力素质的提高及耐力训练过程本身对于改善机体神经系统、循环系统功能以及促进新陈代谢，提高大脑皮层细胞活动能力及均衡性、灵活性，提高心血管系统机能等都有重要的作用。提高耐力素质对人的生活质量、生存能力具有重要的现实意义，耐力训练还可以提高人长时间工作和学习的效率。目前，我国绝大多数青少年在参与体育运动时不喜欢长跑项目，也反映出我国青少年在耐力素质方面有待提升，从日常体育教学与训练中也可以看到，耐力性运动量稍有增加，学生便面色苍白，疲劳不堪。因此，这一时期进行有目的的耐力训练，将使学生终生受益。

而影响耐力素质发展的因素又有以下几个方面：

一是中枢神经系统功能。我们从生理角度来看，中枢神经系统工作能力下降是造成疲劳的主要原因。所以，如果能有效提高中枢神经的功能将会增强抗疲劳的能力，从而提高耐力水平。耐力训练能促进中枢神经系统的工作能力，使调控耐力活动的肌肉协调能力得到增强。另外，在机体已产生一定疲劳的情况下坚持一段时间的耐力活动，有助于提高神经细胞承受负荷的能力。

二是有氧代谢能力和无氧代谢能力。耐力训练可以使肌肉中氧化酶的活性增加，从而提高人体的有氧代谢能力。有氧代谢能力的提高能够促进无氧代谢能力提高，推迟运动中氧债出现的时间并使机体尽快恢复和适应新的运动负荷，能有效促使健康水平上一个新的台阶。

三是速度储备及能量储备的利用率。耐力训练能够促进机体能量的节省化，改善协调性和力量的合理分配，能有效地提高能量储备的利用率，减少不必要的能量消耗，保证机体运动过程中有充足的能量供应并提高其利用率。速度储备也是影响耐力的因素之一，在周期性运动中表现尤为突出。

四是有机体的能量储备与供能能力。有机体活动时的能量供应和能量交换的程度，在某种意义上取决于各种能量储备的大小和能量交换过程的动员水平。能量储备越大，耐力发展的潜力也就越大。比如说肌肉中磷酸肌酸（CP）、糖原的含量增多，就有利于无氧、有氧耐力水平的提高。肌肉中的 CP 储备能保证速度耐力活动中的能量供应；而肌肉中的糖原储备则是耐力活动中能量供应的主要方面。能量供应速度主要在于能量交换的速度，耐力水平高的运动员，其体内能量交换的速度也快，从而保证了能量供应在人体活动中不间断。能量交换的速度主要和各种酶系的活性有关，耐力训练能有效地提高各种酶系的活性（如肌酸激酶、乳酸脱酶、氧化酶等），加快 ATP 的分解与合成速度。

五是个性心理特征等心理因素的影响。我们参与运动的动机与兴趣，在运动活动中的心理稳定性以及主观上的参与程度、自持力和忍耐力等都将会直接影响到耐力素质水平的发展。而忍耐力与耐力素质的关系是更为密切的，忍耐力是指人体忍受有机体发生变化后的能力。忍耐力的大小和有机体发生变化的程度以及对其的忍受时间长短有关。所以说，忍耐力越大，就越能长时间地忍受有机体发生的剧烈变化。比如说在以强度为主的长时间练习中，有机体就会发生很大的变化（比如缺氧、酸性物质的堆积等），在这种情况下如果运动员的忍耐力不能忍受这种变化，练习就将会中止，耐力素质的发展也只能停留在一定的水平上。一般说，耐力素质要得到最大限度的发展，就必须利用好忍耐力去克服耐力发展过程中一个又一个生理承受"极点"。所以，对青少年的意志品质也提出了要求，要有吃苦耐劳的精神，才能更好地促进耐力素质的发展。

中央教育科学研究所和教育部体育卫生与艺术教育司联合发布的《我国青少年体质健康发展报告》[①]显示：依据不同年龄，通过测试 400 米跑（或 50 米×8 往返跑，11～12 岁男女生）、800 米跑（13～22 岁女

---

① 吴健.我国青少年体质健康发展报告［EB/OL］.［2012-03-29］.http：//www.nies.net.cn/cb/bg/201203/t20120329_303299.html.

生)、1000 米跑(13~22 岁男生)成绩反映耐力素质。1985—2005 年，各年龄组男女学生的成绩逐年下降。2008 年学生耐力素质不及格率在 10%~14%，2010 年学生耐力素质的不及格率，小学、初中、高中、大学学生比例在 10.64%~12.84%；总体合格率，大学好于高中，高中好于初中。其中大学生耐力素质优秀率最低且有持续下滑的态势。总体上来看，2008—2011 年，反映耐力素质的各项测试指标成绩没有明显改善。

此外，13~18 岁男生测试 1000 米跑、女生测试 800 米跑，各年龄男女生耐力的成绩从 2000 年到 2005 年都出现了普遍下滑。但从 2010 年开始，部分年龄段学生的耐力素质开始出现了止跌，特别是 14 岁和 16 岁年龄组别比较明显。到 2014 年的数据显示，男生 16~18 岁年龄段学生的耐力素质出现了下降，而女生 13~15 岁年龄段学生的耐力素质比 2010 年要好，但是女生 16~18 岁年龄段学生的耐力素质出现了下降。整体而言，与 2000 年相比较，2014 年的整体青少年耐力素质发展水平还没有达到 2000 年的水平。

2021 年 4 月，教育部一份针对 115 余万在校学生体质健康的抽测复核数据显示，学生体质健康"不及格率"基本呈下降趋势。[①] 截至 2020 年，全国学生体质健康不及格率，小学生情况最好(不及格率为 6.5%)；中学进一步加大，初中生 14.5%，高中生 11.8%；而进入大学，不及格率进一步加大到 30.0%。在社会对大学生群体的认识中，大学生的升学压力较小，可以有更多的时间开展体育锻炼，包括参加各种活动，提升自我的综合素养。但是实际情况是，体育课程只有大一和大二开设，对于体育课程的目标要求不是十分明确；此外，大学校团的团学活动应该说是比较丰富的，但涉及体育锻炼、体育竞赛的活动比较少，参与度可能也不高；加之当前就业压力导致大学生在学业上开始呈

---

① 央视新闻.截至 2020 年，我国三成大学生体质健康不及格[EB/OL].[2021-04-24].https：//baijiahao.baidu.com/s? id＝16978831039681890720&wfr＝spider&for＝pc.

现考研究生的升学压力。总的来说也都是大学生当前体质健康水平下滑较为明显的原因。

第二节 心理健康现状

心理健康是完整健康概念的组成部分,当前人类对健康概念的认识也是随着社会的发展以及人类自身认识的深化而不断丰富起来的。在生产力较低的时期,人们只能关注到如何去适应和征服自然,如何维护人类自身的生存。然而随着人类社会的发展,生产力水平的进一步提高,人类开始关注自身的身心健康,防治疾病。联合国世界卫生组织(WHO)自1948年成立时,在其宪章中就指出:健康不仅仅是没有疾病,而且是身体上、心理上和社会上的完好状态或完全安宁。① 这是最早的对健康全面、科学、完整、系统的定义。

人的身心发展也是一个需要毕生经历的过程,正常与异常、健康与不健康都只是相对的,期间也不一定有很明显的差异感受。所以心理健康也不是某种固定式的绝对的状态,而是一种相对富有弹性的状态,也可以说是一种状态的概念。一般来说心理学者多主张以个体的行为的社会适应情况作为心理健康的标准,而不是以个别的症状有无作为依据。心理健康者的社会适应性行为多而不适应性行为少,心理不健康者则社会适应性行为少而不适应性行为多。此外,人的行为的社会适应性的准备是多样性的,所以心理健康的判断标准也是多重维度的。

大学生是一个为时代所塑造并为时代服务的特殊群体,他们跟随时代步伐前进,并在时代的大潮中逐步地成熟起来,由于他们所处的特殊的社会历史时期、年龄的特殊阶段、生活的特殊环境、教育的特殊内容和所要承担的特殊角色与使命,青年大学生产生了一系列与同

---

① 王殿春,冯梅梅,陈盈盈. 当代大学生心理健康教育理论与实践教程[M]. 北京:中国纺织出版社,2019:27.

龄人不同的心理特点，会表现出与以往任何一个年代都不尽相同的心理面貌、心理矛盾以及心理问题。我国青年大学生的入学年龄大多在18岁左右，经过4年或者5年甚至更长的大学生阶段的学习，毕业都在22~26岁。这一时期正是处于青春期的后期与成年的初期阶段。在这一阶段的大学生，其心理的发展在有些方面虽然还可以继续有所增长，但是基本上已步入成熟期。但是从其心理的发展状况来说，却还未达到真正的成熟水平，还处于从不成熟到逐渐成熟、需要迅速转变为成人的急剧变化阶段。在这一时期，青年大学生自我意识较强，但是由于阅历较浅，社会的经验欠缺，独立的生活能力也不强，对自己缺乏正确全面的认识，所以很容易受到社会或者家庭相关思想的影响和冲击，很容易产生各种各样的心理困惑、矛盾和问题。所以要正确认识自身的心理发展特点，正确评价自身的心理健康的状况，是青年大学生心理健康的前提和基础。

教育部、卫生部、共青团中央《关于进一步加强和改进大学生心理健康教育的意见》（教社政〔2005〕1号）要求：加强和改进大学生心理健康教育是新形势下全面贯彻党的教育方针、推进素质教育的重要举措，是促进大学生健康成长、培养高素质合格人才的重要途径，是加强和改进大学生思想政治教育的重要任务。当前我国青年大学生心理发展的总体表现为：该年龄段正在迅速地走向成熟期，但是又未完成达到成熟，这就决定了大学生心理发展会对其心理的健康产生两方面的影响，成熟的方面就能够表现出积极的作用，会促进心理健康；不成熟的部分就会对大学生在学习、生活上造成思想上的困惑，会表现出消极的情绪，会对心理健康产生不利的影响。所以说，在这一时期青年大学生的心理发展方面就具有两面性，如果本来属于某些消极的因素或特点，在思想上不能够清晰认作客观条件和情境时，或者在作用发挥的过程中超过一定的限度时，就会呈现出某些消极甚至是有害的作用，这样就要求我们认真研究青年大学生心理发展的特点，尽可能地按照他们的心理发展主客观规律来促进青年大学生的健康成长。

对 10396 名"90 后"大学生心理健康状况的调查显示,心理问题检出率从高到低依次是强迫症状、人际关系敏感、偏执、焦虑、抑郁、敌对、精神病性、恐怖及躯体化,且各项目的检出率除躯体化外均超过了百分之十,强迫症状的检出率更是高达 33.4%。强迫、人际关系敏感和抑郁,所占比例分别是 3.6%、2.6% 和 1.7%。[1] 中国科学院心理研究所 2022 年中国大学生心理健康状况调查报告显示:21.48% 的学生有抑郁风险,42.28% 的学生有焦虑风险。心理健康是一个动态发展的过程,随着时代的发展变化而变化,对大学生心理和行为问题的分类,应从大学生的现实生活及其容易产生的心理问题出发。要注重考虑大学生身心健康发展和健康教育的客观需要来进行,分为以下几个方面。

一、环境应激影响问题

环境是一个复杂的概念,可以从多重维度来解释。一般意义上的"环境"是相对于某一事物来说的,是指围绕着某一事物通常称其为主体并对该事物会产生某些影响的所有外界事物通常称其为客体,即环境是指相对并相关于某项中心事物的周围事物。环境因中心事物的不同而不同,随中心事物的变化而变化。围绕中心事物的外部空间、条件和状况,构成中心事物的环境。[2] 马克思主义认为环境决定人,人反作用于环境。人与环境的关系主要表现为统一、矛盾与转化三种状态。环境对人的决定作用一方面表现在环境为人的生存和发展提供了客观物质条件,另一方面规律制约着人的发展。[3] 一是环境决定人的生存与发展状

---

[1] 廖秋梅.大学生心理健康状况及教育对策研究——以湖南省部分高校 2012 级新生为例[D].长沙:湖南农业大学,2013.

[2] 张华.论符号的存在环境与象征意义——主要从视觉方面和象征性进行分析[J].剑南文学(经典阅读),2012(12).

[3] 中共中央马克思恩格斯列宁斯大林著作编译局.马克思恩格斯全集[M].北京:人民出版社,2008:337.

态，作为社会的人，不仅仅在自然环境中生存，更需要在社会环境中生存。社会环境主要包括人文环境、经济环境、政治环境、文化环境和心理环境等。人在社会中产生，人是自然进化的结果，也是社会发展的结果；人在社会环境中存在，人是社会性的存在，人的存在主要表现为自然存在、社会存在和精神存在。二是人在认识与改造环境过程中发展，人类社会的进步和个体自我发展都离不开环境，人在认识和改造环境的过程中提高自己的认识能力和实践能力，人的发展与环境的变化是同步的。所以马克思主义的环境理论，既是唯物的，又是辩证的；既是现实的，又是历史的。马克思主义环境论为我们科学认识大学生成长与环境的关系提供了思维的基础。

环境应激是造成个体心理紧张的各种应激源对个体行为的影响。而应激是一种刺激物，包括生物、心理、社会和文化四个方面，这些刺激物会构成应激源；应激也是一种反应，是个体对刺激或应激情境所作出的反应，当然这些反应也可以是生理的、心理的和行为的；应激也是个体对环境威胁和挑战的一种适应和应对过程，其结果可以是适应的和不适应的；应激过程也受个体多种内外因素的影响，认知评价在应激作用过程中起着重要的作用。

环境应激物主要是指能引起个体生理和心理感受到威胁时所产生紧张状态的相关物质，比如：噪声、气候、气温、污染的大气和水体。当然，不同的环境刺激会引起不同的应激反应，同时对于不同的人和不同的认知方式也会产生不同的环境应激反应，主要表现在生理、心理、行为和社会等方面。环境应激理论认为，环境的许多因素都可以引起个体的反应，主要包括自然环境应激源和社会文化性应激源。自然环境应激源是指各种特殊的环境，也包含理化和生物学的刺激物；社会文化性应激源包含个人生活中的重要事件、日常琐事、重大社会变故、文化冲突等方面的因素。

关于应激的三个角度：一是从积极的角度来看，适度的应激，有利于个体的成长，有利于维持个体的生理和心理健康。二是从消极的角度来看，过度的应激会消耗机体较多的能量，造成个体分泌系统的紊乱，使机体的免疫系统下降，很容易感染各种疾病，还会影响消化系统的功能，使个体患上胃出血等疾病，影响个体的身体健康；还会使机体投入较多的感情，会引起内环境的紊乱，使个体的心理健康受到严重影响。三是从对个人产生的影响来看，与个体的认知方式密不可分，不同的认知方式会产生不同的影响，但综合来看，这是环境刺激的大小、个体的心理因素和个体对环境的认知等各种因素综合作用的结果。

1. 学校环境变迁

环境可以改变人，环境也可以陶冶人。当今社会上的任何人都不能离开社会环境对其产生的制约，社会上的任何人都会受他所处的社会环境的影响。人是在环境中长大成才的，环境对个体的成长具有决定性作用，环境可以潜移默化地影响人的思维习惯，可以在潜意识的状态下，影响个体的思维能力和处事方式，也可以在沉默状态下完成对个人人格的塑造，在不知不觉中影响着人的发展。良好的环境可以使人产生正能量，通过自身的努力，积极向上，勇于挑战，拥有一种永不言弃的精神；与之相对应的是，不好的环境往往会产生负能量，使人产生消极的世界观和人生观，影响个人的正常思维能力，尤其是在面对苦难时，总是用冷漠麻木的态度来对待外界的压力，最终会导致个体成长的失败。

学校环境主要指学校的自然环境、同学们学习、生活的硬件环境、规范学生行为的文化环境和同学们的业余生活环境，也包含班级生活环境。大学生新生们总是对大学生充满了好奇和新鲜，也是在一步一景中感悟大学生的宁静与美好。但是，当一切渐渐归于平静，同学们难免会发现有很多不满意，会出现各种各样的问题。特别是面对陌生的环境，不同的学习方式、生活环境的变化，加之刚刚升入大学的新生，正处于生理和心理迅速发展阶段，随着个体心理迅速走向成熟而又尚未完全成熟的一个过渡期，心理、情绪、人格和个性等方面存在一些缺陷。

所以，当他们面对由新的环境适应引起的越来越多的困惑和矛盾，自己又无法解决时,极易引发心理不适和心理问题,给新生适应大学生活带来较大的困难。此外,大多数学生首次远离家门,离开长期依赖的父母和其他亲人,独立生活,独自解决生活上的问题,学习环境陌生、老师陌生、同学陌生、生活规律有可能也发生变化,心中容易产生孤寂、恐慌的感觉,对整个环境都有回避感、拒绝感,不同程度地感受到环境应激。当应激超过限度时,极易造成心理问题,出现失眠、食欲不振、注意力不集中、适应困难以及烦躁、严重焦虑、神经衰弱等问题。

2. 学习条件和方法出现变化

学习是获取知识和掌握技能的过程,既包括通过正规的教育和训练获得的知识技能,也包括在日常生活和实践活动中所积累的知识经验。[①] 学生学习,是指在各类学校环境中,在教师的指导下,有目的、有计划、有组织地掌握人类知识、技能,发展智力和能力,培养个性,最终形成符合社会期望的道德品质的过程。学习能促进个体成熟,提高个体文化修养,优化个体心理资源,促进文明的延续和发展。

大学生学习的特点主要表现在以下几个方面:(1)学习的自主性。指学习者在确定学习目标、选择学习方法、监控学习过程、评价学习结果等方面进行自我设计、自我管理、自我调节、自我监控、自我判断、自我评价和自我转化的主动学习过程。大学生的学习主要依靠自主自觉性进行,个体在学习活动中承担主要角色,由自己安排学习内容和时间,自行选择学习方式,教师的督导成为辅助手段。其中,大学生选择的学习内容主要考虑学科内容与职业的契合性、学科的实用性、自己的兴趣及职业生涯规划等方面。此外,学习的自主性更包含了个体对学习方法的探索和对学习的定位,要确定自己的学习目标,给自己制订学习的计划,学会合理安排时间,真正成为学习的主人。(2)学习的合作

---

① 孙武令. 大学生职业生涯规划与心理健康教育[M]. 济南:山东人民出版社,2015:151.

性。相较于以往阶段的学习，大学的学习除竞争外，更多的是一种合作性学习。通过彼此分享学习心得和收获，共享学习资源，能够取长补短，把对方好的学习方法运用到自己的学习中来。大学的很多学习任务需要团队共同协作完成，尤其是一些复杂的多学科性质的学习，更需要具有不同学习专长的学生分工合作才能完成。(3)学习的多元化。大学学习的课程纷繁复杂，既有基础课、专业课等主干课程，也有丰富多彩的选修课；既有自然科学方向的课程，也有人文科学方向的课程；既有课堂学习，也有课外学习和实践。对于高职高专的学生来说，课堂学习和书本学习仅仅是学习的一部分，更重要的在于实践能力的培养。(4)学习的探索性。大学的学习具有一定的探索性，十分注重对课本之外的新观点、新理论进行深入的钻研与探索，尤其重视对学生探索未知领域能力的培养。大学期间的学习，不能仅满足于接受现有知识的灌输，还要养成探究的意识，要重视知识的掌握和科学的研究方法，还要了解学科发展前沿、存在的问题及解决的办法，研究和知晓相关理论产生的背景、过程、适用范围和局限性等。

在学习条件和方法上出现的变化基于两个方面，一方面是进入大学前许多人是学习上的优质生，是老师和家长的宠儿、同龄人的骄傲，自我感觉良好，进入大学后往往会"泯然众矣"；另一方面是学习方法不当造成学习困难，学业压力较大，紧张、焦虑情绪反应，出现学习心理问题，主要体现在：一是学习无目标。一些学生在考入大学以后，就陷入了生活的迷茫状态，失去了人生的奋斗目标。如果说中学时期的目标是考大学，那么考入大学且能够顺利毕业就是大部分学生的阶段性目标，有的同学因为考的大学不理想，对自己失去了信心，不再树立继续深造考本科、考研究生的学习目标，所以学生衡量学习好坏的标准就是考试能否及格而已。二是学习无计划。大学的学习，学校和老师管得相对少，因此很多学生不知道该如何计划自己的学习时间，要学什么、怎么学、学多少、学到什么程度都不会做计划或者不想做计划。三是学习无兴趣。与学习比较，游戏和娱乐更能够吸引大学生，很多学生对专业不感兴趣，厌倦学习，甚至逃避学习，把大量上课时间用于手机上网、听歌、睡觉、看视频、聊天，把课下大量的时间用在逛街、谈恋爱、看剧、玩网络游戏上。

3. 生活习惯的变化

生活是由以下几个方面组成的：一是生活主体，生活的主体是人，随着人类社会的不断发展，人类科技能力、生产能力的快速提高，人的作用和影响与日俱增，并不断提高着自己的生活水平和质量。二是生活资料，生活资料是人生存和发展的先决条件，也是人在生活中所需要消耗的物质和精神方面的材料，人是物质的，也是精神的，只有二者同时达到一定的水平，人的生活感受才是愉快的、幸福的。三是生活环境，包括自然环境和社会环境，自然环境的好坏直接影响到人类的生存发展基础，但从一定程度上说，人们可以选择自然环境，而社会环境并不是可以随意选择的，它受职业、家庭、社会关系、社会制度等多方面因素的影响。随着社会民主化进程的发展，人们也可以按照自己的意愿选择自己所追求的生活。四是生活观念，生活观念是人们对生活目的和价值的根本看法，它直接影响到人们的生活态度、生活目标、生活方式、生活感受和生活质量。自己如何去生活是生活观念最根本的内容，生活观念也受多种因素的影响，比如家庭、社会、所处的时代、所受到的教育引导等。[1] 习惯是人们在社会生活中逐步形成的具有一贯性的、稳定的行为方式，是通过外在的行动而表现出来的具有一定稳固性、自动性的内在思想和意识。良好的习惯不仅可以提高人们在相关学习、工作、生活中的效率，还能使人精神上奋发向上，更加热爱所从事的工作、生活、学习，能使人从中受益匪浅。生活习惯代表着个人的生活方式，良好的生活习惯不仅能促进个人的身心健康，而且也能对人的未来发展有

---

[1] 周士权. 少数民族大学生生活方式研究[M]. 北京：民族出版社，2018：4.

间接的作用。大学生精力旺盛,又处于长身体、长知识的阶段,良好的生活习惯是确保顺利、成功度过大学阶段的一个重要基础。

大学生活与中学生活相比,最大的特点是学生在这一时期必须开展独立自主的生活和学习。但是大多数同学在上学前几乎没有离开过自己的家庭,在独立生活方面的能力欠缺,自身的依赖性也十分强,自主能力较差,有些家庭的家长对孩子也十分溺爱,缺乏必要的独立生活技能。当他们离开长期依赖的父母以及其他的亲人、朋友和熟悉的环境,开始独立自主的面对生活时,他们面对的是一个全新的需要进行自我认知、自我融入的新环境。这些都会给每个大学生带来不同程度的环境应激,当这种应激超过一定的限度时,就会造成大学生心理健康问题,比如会出现失眠、食欲不振,以及烦躁、焦虑不安,无法融入校园生活环境,还有可能出现擅自离校的冲动行为。此外,从生活习惯上看,饮食方面的显著差异,以及区域气候与语言方面的变化和差别,寝室成员作息制度与卫生习惯的不同也会造成部分学生的环境应激。如果他们不能短期内顺利适应,心理应激便会影响到正常学习、睡眠等活动。另外,随着学生家庭经济情况的改善,大学生用在消遣、娱乐、聚会等方面的开销越来越大,大学生的消费水平逐年上涨,部分经济能力有限而又爱面子、讲虚荣的学生会因此出现心理问题,比如,严重的自卑、忧虑紧张等精神压力。近几年,以大学生为贷款对象的"校园贷"呈现"井喷式"发展,这也是大学生的消费观念与自身现实消费水平不相统一的表现,给大学生的心理和社会和谐问题造成了严重的不良影响,从而造成环境应激,如不能在较短时间内适应环境变迁,就会影响到学生个体的正常活动,造成心理问题。

二、人际关系问题

人际关系是人们在共同生活中彼此为满足各种需要而建立起来的相互之间的心理关系,也可以指人与人交往互动时的心理距离。从心理联结的不同性质来看,两人或三人间的人际关系有以下几类:一是以感情为基础的人际关系，这类人际关系的特征是存在于人与人之间的心理性联结靠感情。根据感情性质的不同又区分为两种：一种为亲情关系，指亲子间与手足间的人际关系；另一种是友爱关系，指朋友间的友谊和爱人间的爱情关系。二是以利益、喜好为基础的人际关系，这类人际关系的特征是存在于人与人之间的心理性联结靠当事人经济、社会、权力、政治诸多方面的利害得失。社会上一切"交易"式的活动，都是以利害关系为基础的。三是缺乏任何基础的陌路关系，这类人际关系存在于路人之间，彼此间不存在心理性联结。社会心理学家的研究，主要集中在人与人之间友谊与爱情建立的心理历程上。①

在人类社会，人们乐于与他人进行交往，相互尊重、相互信任、相互宽容、相互关心、互相帮助，通过这样的交流和交往，有效地形成了一种社会关系，人与人之间相处得十分融洽和愉快，心中充满安全感。如果人际关系紧张，随时可能会担心别人与自己有问题，心理负担也就会加重。心理学家马斯洛的需要层次理论就指出：我们都有爱与被爱的需求。与人交往不但可以获得情感上的交流，也可以从他人身上获得大量的相关信息，能对自身产生积极的影响。这里一方面是有助于我们的自我认识；另一方面也可以帮助我们融入社会。所以，社会的人总是处在一定的社会关系中，大学生也同样离不开与人打交道。和谐的人际关系不仅是大学生心理健康中最重要的一项准则，也是大学生成功走向社会的需要。

大学生的人际关系是指大学生在校期间和周围与之有相关的个体或者群体间的交往中间所产生心理关系。人际交往对于大学生而言具有非常重要的意义，通过良好的人际交往，可以获得对安全感的满足和对情感的需要，而且能够更好地适应生活和融入社会。大学生阶段也是大学生在知识学习、人生探索、了解社会十分重要的时期，也是个性心理品

---

① 王殿春，冯梅梅，陈盈盈．当代大学生心理健康教育理论与实践教程[M]．北京：中国纺织出版社，2019：205．

质形成和发展十分关键的阶段，良好的人际交往对于其人生发展而言具有十分重要的意义。在大学生的人际关系中，最主要的是同学之间的关系、师生之间的关系及大学生自身家庭内部之间的关系等，同寝室、室友之间的关系是大学生在大学期间十分特殊和重要的人际关系，对大学生的生活和学习，有着直接和间接的影响。在心理学的研究领域中对大学生的人际关系研究主要涉及两个方面：一是对人际交往对象的要求，在选择的人际交往对象上，会要求志同道合、互相尊重、互相帮助、互相影响、真诚相待，并且富有关爱心、同情心，有一定的才能，或者有相同的兴趣爱好。二是对交际方式上的选择，普遍大学生认为最好的交友方式是通过初步认识，在深入交流、了解相关生活习性、个人背景、兴趣爱好的基础上开始建立信任、坦诚相待，大学生的人际关系也是大学生在日常生活、学生和相关工作事务中的基本的条件和背景，不同年级、性别、民族的大学生的人际关系也会呈现出不同的特点。

大学生和谐的人际关系表现为：一是乐于与人交往，既有稳定而广泛的人际关系，又有知心朋友；二是在交往中保持独立而完整的人格，有自知之明，不卑不亢；三是能客观评价别人和自己，善取人之长补己之短；四是宽以待人，乐于助人；五是积极的交往态度多于消极的态度，真诚、真挚；六是交往动机端正，思路清晰。

当大学生独立离开了父母和家庭，开始独自面对人生的时候，他们急切需要与同学、老师等进行各种交往，时刻要面对和处理多种多样的人际关系。人类心理的适应最主要的就是对人际关系的适应，人们的心理健康水平则有赖于正常的人际交往和社会生活的和谐。友爱、和谐的人际关系可以使人感到温暖、安全、愉快，从而激发人的积极性和创造性；冷漠、排斥、充满敌意的人际关系则使人时时不快、事事不顺，甚至产生诸如焦虑、强迫等神经症状，会极大地限制自身发展。如果大学生人际关系的状况不理想，将会直接影响到大学生们的心理健康，还将直接影响大学生在自身未来发展的问题，能否更好地适应社会，走入社会，更好地规划自己未来的生活和学习。

1. 人际认知出现偏差

认知是指人基于客观环境对自身及周围人或物的一种主观感受与相关评价。对自我、他人和人际交往过程中的错误认知，成为影响大学生在人际交往，造成交往障碍的关键原因。人际认知所反映的是个人对自己人际关系状况的了解情况，是人际知觉的结果，也是人际关系得以形成的理性的条件。个体只有形成了自己人际关系客观、正确的了解，才能更好地认识自我。当前大学生在人际认知出现的偏差主要体现在以下几个方面：

一是认知理想化。表现在大学生在相关生活经历方面不足，不能认清事物本质，在对人际的认知过程中很容易过于理想化。对人际交往的期望值较高，很容易用理想化的尺度来衡量现实。特别是在进入大学之前，就已经对自己心中理想的大学和身边的同学过于憧憬，对寝室、班级、社团等组织中人际关系和谐、温馨的憧憬。对即将面对的大学生人际关系十分的理想和特别完美，使得在面对比以前更加复杂和多样性的人际关系上缺乏足够的心理预期，容易产生较多困扰，比如许多同学认为朋友之间什么都可以交心，一旦发现对方有对自己不够真诚或者隐瞒的状况，就会产生一些不好的想法，从而影响自己的人际认知。

二是归因偏差。归因偏差或错误是大学生在进行自我认识、处理相关人际关系过程中容易出现的认知问题。在一项对大学生人际关系敏感与归因风格的关系研究中，学者发现，人际关系敏感性与对照组的失败归因评分有显著性差异，人际关系敏感的大学生在交往失败归因时，倾向于外在归因，并存在"自我服务偏差"现象，在个性特征方面具有情绪不稳定、内向及孤独等特点。[1] 而当前大学生在对自身人际关系的总体归因偏向上倾向于内控性，而对自身人际关系失败的归因则会表现出

---

[1] 王殿春，冯梅梅，陈盈盈. 当代大学生心理健康教育理论与实践教程[M]. 北京：中国纺织出版社，2019：209.

外控倾向；文科类学生在自身人际认知关系的归因上相对于理科类学生更加外控；高年级学生在对自身人际认知关系失败方面的归因与低年级学生会存在明显的差异，更加外控。归其原因，主要还是对自身的认知出现偏差，对他人的认识十分消极，也使得在自身的人际交往中容易产生不良的心理情绪，这种不良的心理情绪会在很大程度上限制自身的人际交往，阻碍大学生在后期自身的人际交往发展，也会对心理健康造成不良的影响。

三是以自我为中心的思想。当前的在校大学生多为独生子女，应该说在中小学都是在学习和相关特长等方面表现优异，习惯于接受赞誉，但当进入大学阶段后，会出现理想与现实的急剧偏差，比如在主观上十分固执，自我意识较强，但是自理能力又较差，以自我为中心。需要其他人时时刻刻关注自己，常常认为自己就是"恒星"，别人是"行星"，过分地关注自我，过于追求自我需求上的满足，忽视了他人在性格、爱好、生活方式等方面与自身的差异，缺乏适当的关怀精神。如以这种自我需求的人际认知来开展人际交往，并以此作为判断和评价人际关系的标准，那么在人际交往中就会出现严重的被"排挤"，被大家分割在交际圈外。

四是缺乏相关的人际交往技巧。大学生由于生活空间的局限，与人交往和独处的经验较少，人际交往面相对狭窄，因而缺乏积极的人际交往意识，因为短期内建立和谐的人际关系需要一定的技巧，如果被动接受人际交往时只感受到这一问题所带来的压力，则会缺乏必要的经验和技巧。

五是过于苛求自己和他人。由于在校大学生在自身的生理和心理上还不够成熟，容易出现情绪化，自身在生活经验方面也不丰富，在人际的认知方面，往往还存在着绝对化、概括化的误区，即苛求自己和他人，过于追求完美，经常以一时一事评判自己或他人的整个人生，缺乏辩证的弹性思维。在交往过程中，这种不全面的认知能力首先表现为从自己的心理出发去认识和理解问题，缺乏对对方性格和心理的客观了解，从而很容易产生误解和矛盾。

2. 人格缺陷

人格也就是我们常说的人的个性，也是指人在各种心理过程中会经常、稳定地表现出来的心理特点，包括气质、性格等。社会心理学的研究表明，聪明、乐观、独立性强、个性、坦诚、幽默感、为他人着想、充满活力的人在人际交往中会更受欢迎；在人际交往中不是很受欢迎的人则会表现出小心眼、自私自利、斤斤计较、孤傲、自我、虚伪、依赖性较强、缺乏个性等特点。健康人格是逐渐形成的，但是健康的人格一旦已经形成，都会具有相对的稳定性和完整性。著名的人本主义心理学创始人马斯洛在20世纪五六十年代就已经对健康人格进行了探讨，他以研究人的需要为基本出发点，对林肯、爱因斯坦等一些成就卓著、享有盛名的历史名人的人格特征进行调查研究，发现了他们身上的一些共同特征，主要表现为：注重实际、富有创见、勤奋进取、尊重事实、崇尚新颖、勇于创新、热心公益、有知心好友、热爱生活、心怀坦诚、能自我取悦、宽厚容忍、令人信赖。后来他将这些特征的调查推广到大学生中加以验证，发现性格活跃、学业优良的大学生，也大多具备这些品质。[①] 大学生健康人格的最突出的表现就是和谐的人际关系。人际交往是社会状况下每一个人存在和发展的基础，塑造大学生健康人格最为重要的一点就是让学生学会正确处理人际关系。大学生健康人格的主要特征：具备正确的自我意识和远大的理想抱负、良好的社会适应能力和自我情绪调控能力、和谐的人际关系和强烈的社会责任意识。一个拥有健康人格的大学生一定拥有和谐人际关系，乐于与他人交往，能够与周边的人保持良好的关系，以宽容和平等的态度对待每一个人。

---

① 张琼渌．当代大学生健康人格培育研究——以福建高校为例[D]．福建：福建农林大学，2017．

人格缺陷实际上就是人格障碍，与正常状态有显著差异，造成无法适应社会，通常体现在处理感情问题障碍以及意志异常，但思维与智商增长。大学阶段，个体人格在遗传与后天因素影响下已基本形成，但是部分大学生人格特质中存在一些发展不良方面或缺陷，这些缺陷一方面会严重影响他们的社会性活动和自我发展完善；另一方面个人意识到自身存在的人格缺陷和会造成的不良后果后，会产生消极的情绪体验，采取防御性的行为反应模式，会对个体的发展带来不利影响。

当前，我国在校大学生存在的人格缺陷主要包括以下几类：

一是依附性人格障碍。表现在竞争意识淡薄，不思进取，对未来就业及步入社会后的生活有所畏惧，这些学生期望得到稳定的生活与收入。

二是功利性人格障碍。从个人和社会关系的角度看，只是将实现物质需求看作进入社会的目标，只关注个人利益及物质的满足，通过物质判断人的价值，在人际交往中，过于利益化，急功近利，缺乏基本的对他人与社会的责任感。

三是困惑性人格障碍。困惑性人格障碍就是指因为无法适应社会造成的心理矛盾。主要的体现是无法适应新的环境，无法客观评价自我、心理承受能力差导致的心理问题，所以无法有效地处理自身的人际关系，从而导致相关的心理问题。

四是强迫型人格障碍。强迫型人格障碍就是因道德痛苦强烈形成的人格障碍。这类学生通常有很强的自制能力，在人际交往中往往会对自身要求极为严苛，心理极度自卑与敏感，安全感低。

造成部分大学生在人际交往中出现人格缺陷有两方面的原因：一是个体的心理素质还有待提升。进入大学以后，就意味着要开始独立自主地进行学习和生活，进行人际交往，在这个过程中，不可避免地会遇到各种各样的问题，会使得自身在这一阶段作出艰难和充满困惑的选择。如果对这一阶段任务困难自身的调节能力不强或者对自我的期望值过高，一遇到挫折，就会对自身的自尊心受到伤害，还有可能出现否定歪曲或虚构实际情况的情况，如果长时间不能正确认识，就会造成人格的畸形发展。二是社会因素的价值化取向多元化和价值趋向过于超前。当前，我国已进入改革开放四十多年，某些西方文化思潮会对我们的传统文化造成冲击，在这种多元文化的碰撞中，会对大学生的价值观产生波动和影响，如果学校教育没有及时地进行相关的人格思想教育，大学生自身又没有很好地进行辨别，就很可能会产生人格缺陷，引起逆反心理。

3. 人际交往障碍

健康的人际关系应当是适度、恰当的人际情感，和谐的人际交往，融洽的人际相处。大学生迫切需要良好的人际关系，但是大学生群体的自尊心较强，情绪容易冲动，社会经验也不足，人际交往能力有所欠缺。大学生在逐渐独立进入准社会群体的交际圈后，会尝试多种类型的人际交往，并试图对发展自己的能力和状况做出评估，在此过程中，部分学生会遭受挫折，或表现为自我否定而陷入苦闷与焦虑，或企图对抗而陷入困境，在人际交往中存在一定的心理缺陷，个别学生甚至存在严重的交往障碍，主要体现在以下几个方面：

一是心理嫉妒。嫉妒是一个人由于嫉贤妒能，对才能、名誉、地位等比自己强的人所产生的不愉快和怨恨的情绪体验。轻微的嫉妒是人在社会活动中十分正常的一种现象，通过和别人的比对可以认识到自己的不足，可以转化为动力，成为一种奋发向上的积极精神。但是嫉恨心理是人际交往中不良的心理特征，嫉妒容易降低人的理智，使人处在情绪化，会导致诸如偏激、冲动、暴怒等过激行为。如果嫉妒不能有效进行克制，很容易走向事物的反面，会严重影响自己与他人的关系。如果大学生过于嫉妒他人成绩、家境、他人的发展进步，就会产生不良的影响，如某成绩优异且家境不好的同学，由于嫉妒别的同学家境较好，经常偷拿该同学的财物，多次之后事情败露，影响到自身，形成了心理障碍。同时，嫉妒也是自身虚荣心的一种表现。所以要适当地控制并且及时地调适，避免和减小因为嫉妒所造成的影响。

二是自我孤独。孤独是因缺乏人际支持而产生的寂寞感与失落感，是宁可独处与不愿与别人进行交往所产生的一种心理。孤独会给人们带来种种消极的体验，比如会出现抑郁、沮丧、无助、烦躁、自卑、绝望等思想，孤独会对人体健康危害极大。据相关统计，身体健康但精神孤独的人在十年之中的死亡数量要比那些身体健康而合群的人死亡数多一倍。① 特别是大学生在与人交往中愿意主动交往，但由于性格内向孤僻等原因无法让别的同学正确了解自己，就会形成一种自我封闭的状态。这类学生不由得产生一种孤芳自赏的心态，认为没有人能够理解和接纳自己，将自己置于人群之外。还有的学生认为自己与别人差异很大，不屑让别人了解自己，总喜欢把自己的真实想法、情感和需要掩盖起来，把自己封闭起来，难以融入群体、融入社会。

三是心理自卑。自卑心理是指由于不适当的自我评价和自我认识所引起的自我否定、自我拒绝的心理状态。自卑是个人主观上认为自己不如别人，认为自己很差，无法正常与身边的人进行交流和交往，心理敏感。表现为自我评价较低，缺乏归属感、自惭形秽，对未来的预期不乐观，在交往中缺乏自信，为人处事也显得谨小慎微，对自己做事为人没有信心，做不到也做不了，特别是为寻求安全感总喜欢将自己置于群体之外，从而将自己的人际交往范围限制得非常狭窄。但人际交往的缺乏又会影响学生对自己的评价，认为交不到朋友是自己能力差，加重自卑感。

四是对社交感到恐惧。主要表现为在与人的交往时，会不由自主地感到紧张、害怕，以致手足无措、语无伦次，严重的甚至害怕见人，这种情况常称"社交恐惧症"。在大学生中如果出现社交恐惧，会感觉在人群中焦躁不安，缺乏安全感和存在感，也会引发其他心理问题。

---

① 穆亚宏，杨斌．大学生健康教育与健康促进[M]．西安：西北工业大学出版社，2010：59．

三、自我不适应问题

自我意识实际上属于意识的核心范畴，也是个体意识发展的高级阶段。健全的自我意识是一个人心理成熟和心理健康的重要标志，也是个体发展的重要前提。一个人如果能够客观地认识自我、悦纳自我，生活目标清晰，不断地完善自我，那么他将拥有快乐充实的人生。反之，如果自我的意识不清晰或者形成错误，则极易会产生自卑、孤独、焦虑等负面情感，从而导致人生不如意，处处碰壁，心灰意冷。

自我意识是一个人在社会化过程中逐步形成和发展起来的，对自我以及自己与周围环境关系的多方面、多层次的认识、体验和评价，也是个体关于自我全部的思想、情感和态度的总和。自我意识具有目的性、社会性、能动性等特点，对个性的形成、发展起着调节、监督的作用。在人际交往中自我意识的表现形式是丰富多样的，我们可以通过多种途径来认识自己和认识他人。

当前，大学生在自我意识适应方面的主要特征表现为：一是与同龄人相比，大学生对身体成熟状态、外貌形态等特点有了更为深刻的认识，对自我生理的认识更深刻，不仅注重外表，而且更加注重内涵。绝大多数大学生能够正视自己的先天容貌，积极通过后天的努力改变"现实我"的形象，进行"理想我"的形象设计和塑造。大多数大学生能够通过各种渠道掌握男女两性的特征，懂得性的常识，有意识地进行性的自我管理和保护。二是大学生社会责任意识较同龄人更为强烈，自我意识带有鲜明的时代特征，大学生的社会自我受到社会经济、文化、家庭、角色、他人评价等各方面影响，形成和发展也不尽相同。但是相对同龄人来讲，大学生知识积累越广博，社会活动内容越宽泛，知觉经验越丰富，社会自我意识越显示出不同的特征。三是大学阶段学生的智商、情商等方面表现整体上有所提升和改变，价值观、人生观、世界观更加符合社会主流。经过高考的竞争和高等教育的培养，大学阶段的学生学习到更为深奥的专业知识和技能，学会独立与他人共同生活，与不同人进行有效的社会交往，在校园文化生活和社会实践活动中进行合作与竞争，因此，他们的智商和情商得到了更好的发展。他们的价值观、人生观、世界观虽然受到一定的社会环境的影响，但更主要的还是受到高等教育环境和家庭环境的熏陶，因而，在经历了理想自我、投射自我与现实自我的分化后，能够按照社会主流取向进行整合。

大学生在大学阶段需要自主的进行生活、学习及相关社会活动的安排，有着强烈的自我设计和自我规划的愿望，也能够根据自我的设计目标来调解自身的行为，从生理发育上来讲已经完全具备一个成年人所有的特点，心理成熟和社会成熟也已达到较高水平。特别是通过对自我的认识、体验、控制和调节，他们心中已逐渐确立了成人式的自我，成人感的独立意识特别强烈。但我们也可以看到，大学生的自我控制水平还不高，还存在自我意识不适应的问题，缺乏一定的稳定性，不善于及时、迅速地操纵自我追求的目标和行为，在自我人际交流和自我意识发展方面的矛盾和困扰体现在以下几个方面。

1. 理想与现实矛盾不适应

一是进入大学以后，随着学习、生活方式的改变和心理意识的发展，大学生的自我意识有了明显的变化，出现了"主体我"和"客体我""理想自我"和"现实自我"的分化。大学生对自己的生活充满信心，对未来抱有幻想，而现实不是他们所想象的，于是出现了"理想自我"和"现实自我"的矛盾。"客体我"与"主体我"的矛盾斗争，对"理想自我"的渴望与对"现实自我"的不满是这一时期大学生自我意识发展的矛盾之一。当"主体我"与"客体我"的矛盾激化时，大学生将难以确立自我形象，无法形成自我概念，从而引起情感急剧波动，导致他们一时难以自我接纳，形成自卑、自怜或虚荣、自我陶醉等不良心理状态。但当"现实自我"距离"理想自我"太过遥远时，大学生会产生各种各样的心理不适，甚至自暴自弃，变得平庸无为和无所事事，失去了前进的动力。

二是许多大学生把大学生活描绘得过于理想化,甚至抱有不切实际的幻想和过高的期望。但当进行大学人际交往时才发现,现实并非如此,有许多不完善、不尽如人意的地方,与期望形成强烈的反差,从而使他们感到困惑、迷茫,产生失望感,情绪消极低落。还有一部分学生发觉中学时站在山顶"风景这边独好"的感觉没有了,在"高手如云"的新的集体内,昔日那种"鹤立鸡群"的优越感荡然无存,无形中在心里产生一种失落感,有的甚至失去信心,自暴自弃。另外,进入大学,高中时期的奋斗目标已变成了现实,新目标又未确立,不少大学生感到茫然、空虚,进入"动力真空带"或"理想间歇期",出现情绪松懈,从而产生心理的空虚感,无法与人进行交流,失去奋斗的动力。

三是大学生活的范围比较窄,交往多只限于老师、同学、父母,相对简单、直接,大学生对自我的认识参照点少,局限性较大。而当前社会对大学生期望甚高,当然,大学生作为同龄人中的佼佼者,对自我的期望值较高,对未来的憧憬也更理想化,使大学生自我认识也沾染上了光环色彩。而现实生活的自己却很平凡,现实社会中的客观障碍不可避免会阻碍自身美好愿望和期望的顺利实现,这种矛盾会严重影响大学生的生理状态,和想象中的自己存在较大差距,如不能很好地把理想和现实有机地结合起来,不能科学地对待理想与现实的矛盾冲突,而且自己的现实条件与理想相差甚远,就会给他们带来苦恼和心理冲突,出现消极颓废、苦闷、不求上进的情绪,产生厌世的心理和弃世的冲动。如果理想我和现实我迟迟不能趋近、统一,则会引起自我的分裂,导致一系列心理问题。

2. 发展自我过程不适应

大学阶段的青少年已了解到自己的优缺点,并产生了强烈的充实自我、发展自我、强化自我的需求,在追求自我的过程中,会因为复杂难以驾驭,产生适应不良,容易放大自我的劣势,忽略优势,采取防御性反应行为模式,减少交流,多独处,处于烦恼、恐惧不安的不良心理状态。在发展自我过程中有以下几个矛盾和困扰：

一是自主与依附出现的矛盾。在生理发育方面大学生已经具备成人的特点，心理成熟和社会成熟也已达到较高的水平。通过对自我的认知、体验、控制和调节，心中已经逐渐确立了一个新的成人式的自我。自信、自主，独立意识特别强，有着摆脱监督和管教的意向。渴望独立，以独立的个体面对生活、学习与工作中遇到的各种问题。但长期的校园生活使他们的社会阅历与经验相对匮乏，当应激事件出现时，却又盼望亲人、老师和同学能够替自己分忧。但是，大学生心理上的独立与经济上的不独立也形成了明显的反差，在他们迫切希望摆脱约束、追求自立的同时，又不可能真正摆脱家长、老师的支持和帮助。特别是某些独生子女，由于长期受到父母的溺爱，这种独立与依赖的矛盾表现得尤为突出。

二是自卑与自负之间的矛盾。青少年在进入青春期后，就会以旁观者的身份对自己进行自我观察和评价。当过高地评价自己的优点和长处时，就会妄自尊大、自以为是，极易遭受失败和内心冲突，产生严重的情感挫折，导致苦闷、自卑，甚至引发过激行为和反社会行为；当经常自我否定、自我拒绝时就会产生孤僻、不愿与人交往、疏远集体等问题。

三是渴望关爱与缺乏朋友之间的矛盾。每个人都有获得别人关怀、理解与爱的需要，对于大学生而言，这种获得爱与理解的需要更为强烈，大学生有强烈的交往需要，希望和朋友探讨人生，分享苦与乐。然而又有自我闭锁的趋向，往往把自己的内心深藏起来，与人交往常存戒备之心，总是有意无意地保持一定距离，感到没人理解自己，缺乏知音。所以这种矛盾的困扰会使不少大学生常常处于孤独感的煎熬中。

四是主观需要与客观现实之间的矛盾。有的大学生在入学前把大学想象得过于完美，对所学专业寄予厚望，但发现专业学习和未来发展方向迷茫，出现诸多困难，面临许多选择。学校环境、设备、师资水平等多方面都可能与预期的不尽如人意。这些理想与现实的矛盾往往使大学生感到烦恼、焦虑,甚至对现实不满。

3. 自我同一性的确立混乱

自我是一个结构系统,由多个部分组成,如角色(教师、学生)、价值观(幽默、宗教)、群体认同(种族、文化、国家)、主要信念(理想、政治信念)、目标(健康、学术成就)及关系(家庭、朋友),它是人格的形成、发展和变化的核心和基础,而自我同一性整合人格的各种成分,是人格完善的标志及心理成熟的体现。① 自我同一性是指个体通过将自己的动机、能力、性格、信念、经验等各个心理维度的内容组织和统合起来而形成的有关自我整体性和一致性的认识与评价。② 自我同一性作为一种重要的心理现象,属于一个与自我、人格以及发展等存在密切关系的心理学概念范畴。首先,自我同一性概念的理解应该从内在的心理结构这一角度出发,从内在心理结构层面尝试把握和理解自我同一性,才能真正看清自我同一性的本质。其次,自我同一性所反映的是社会影响与自我建构的一种心理社会结构,自我同一性所表现的是内在自我之间、自我与社会环境之间的一种平衡状态,体现出现实自我、真实自我以及理想自我几种结构之间的一致性关系特征。③ 此外,自我同一性的核心是作为一种心理结构,是自我的调节系统,而当自我同一性逐渐发展成为个体与社会大环境产生互动的框架时,也是人格形成、发展与变化的重要基础,是青年期追求发展的核心主题。

自我同一性发展的敏感阶段是青少年时期,它对个体的社会适应、心理健康有重要影响。许多学者认为18~21岁是个体自我同一性确立

---

① 陈园园,石伟. 自我肯定对大学生自我同一性状态的影响[J]. 中国健康心理学, 2018(9).

② 郭立婷. 浅析大学生自我同一性形成期的心理结构[J]. 山西经济管理干部学院学报, 2018(9).

③ 刘锋. 对西方心理学自我同一性概念的探微[J]. 赤峰学院学报, 2018(11).

的重要时期,而大学生正处于这一关键时期,在大学阶段,青少年需要独自进行生活决策,要体验各种情绪情感,人生观、价值观、世界观也会发生极大变化。而自我同一性的形成在本质上主要是个体自我意识的内涵更新和跨越发展。

当然,随着大学生自身抽象思维的较高层次发展,他们在对社会及相关事务的认知上会更加透彻,所以在自我的认知和评价上也会从相对浅显表层逐步趋于更加完整深入。在大学期间面临着人际交往、环境适应、考试、升学、职业选择等较重大的人生事件,而这些重大人生事件在选择上会使得大学生要经历选择、决策、规划、实施以及反思等相关的心理实践过程。此外,在面对新时代发展过程中的相关新事物,会对大学生的心理产生较多的影响,要进行思考和探索,通过思考和探索提升自身在自我认知和自我体验上的外延发展。所以在这些内、外因素的共同驱动下,大学生在思想上必然要探索"我是谁"这一人格核心问题,从而形成更客观、更全面、更丰厚的自我意识,为自己应对环境、选择职业、形成各种社会角色及确立人生观奠定心理基础。在这一过程中,他们常常会根据自身行为的结果和周围人的评价对自己的性格、能力、动机、理想等诸多心理要素进行反思和评价,并在此基础上建构这些心理要素之间的关系。但由于大学生人生阅历和实践经验还比较欠缺和单薄,这个自我探究的过程必然充满了困惑和迷茫,很多大学生在相当长的一段时间内都会有不认识自己甚至自我混乱的强烈体验。与此同时这种认知不平衡和内心冲突更是一种强大的内驱力,会推动大学生在学习和实践中积极寻找自我、整合自我,形成良好的自我同一性。

一项针对大学生自我意识的调查表明,大约70%的大学生情绪常常是波动的,忽左忽右、忽喜忽忧。而他们的自我意识中矛盾主要表现在两个方面。一是主观我和客观我的矛盾;二是理想我与现实我的矛盾。主观我和客观我常常会存在差异,当主观自我评价过高,就可能引起青少年的自我膨胀,当主观自我评价过低,就会引起大学生产生自卑。所以,努力形成和确立自我同一性是青年大学生的重要成长内容,在这个过程中部分学生会陷入自我同一性混乱,自我存在感缺失,感受不到真实的自我,产生心理问题,在多元化的价值体系中很难找到自我的目标以及人生观,失去自我、失去生命的价值感和存在感,陷入苦闷、绝望的精神泥潭,甚至产生轻生的念头。

四、恋爱与性生理问题

爱情是人与人之间的强烈的依恋、亲近、向往,以及无私并且无所不尽其心的情感。爱情也是人类亘古不变的话题,单纯的爱情让人纯美。大学生群体刚从繁重的高考压力中走出来,又面临性生理的成熟。他们在这一阶段讨论爱情,尝试与异性交往也是很正常的现象。学会与异性和睦相处,也是为未来的家庭生活做准备。

美国心理学家斯腾伯格提出了爱情三元论。该理论认为:人类的爱情虽复杂多变,但基本上由三种成分组成。一是动机成分,爱情行为背后的动机,对人类社会来说虽然不完全是由于生理上的需求,但也绝不能否认,性动机或性驱力以及其他相关的诱因,如异性之间身体容貌等特征是原因之一。二是情绪成分,这种成分就是属于爱情的情绪,除了爱与欲之外,可能夹杂着其他成分,所谓酸甜苦辣的爱情滋味。三是认知成分,爱情中的认知作用,对情绪与动机两种成分来说则是一种控制因素。如果将动机与情绪分别视为电流与火花,认知就是开关或调节器,它可斟酌爱情之火的热度予以适度调节。所以说,单凭热情关系的爱情是维持不久的,理想的爱情应三者俱备且合而为一,斯腾伯格也将这种境界称为"完美之爱"。

世界卫生组织将性心理健康定义为:通过丰富和完善的人格、人际交往和爱情方式,达到性行为在肉体、感情、理智和社会等各方面的圆满和协调。对于青少年健康的性心理应该具备以下能力:形成和保持一种有意义的人际关系;欣赏自己的身体;能够以礼貌和恰当的方式与同性和异性交往;用与自己价值观念一致的方式来表达自己的感情、爱和亲密行为。所以大学生的性心理健康并不是一味地排斥和摒弃，也不是在传统文化以及社会的影响下曾经对性教育采取压制和隐瞒的方式。

大学生时期的爱情有其独特性，主要表现在以下六个方面：一是大学生恋爱的高纯度，纯净、美丽有时甚至显得单纯。大多数学生恋爱没有现实生活的压力，第一要务就是认认真真地恋爱。而爱情永远离不开社会环境，脱离现实生活的爱情必然会有很多的现实问题。二是大学生恋爱的精神特质。大学生在恋人的选择上，更重视精神层面的相互认同，世俗生活的物质交换、门当户对等不会对大学生产生影响，大学生甚至追求纯洁地爱一次。三是大学生恋爱的冲突性。大学生面临自身发展的压力，如考研、就业、经济、学业、人际关系，恋爱需要大量心理能量，学业压力、成长压力特别是性压力，对恋爱的双方都是巨大的心理与意志考验。四是大学生恋爱表达的自然与随缘。受传统观念的影响，大学生大多相信缘分，当面对无法解释的情感纠葛时，他们无法调整自身来适应情感的变化。五是大学生恋爱中理性与感性并存。大学生在选择自己的恋人时，既有感性的冲动，也会有理性的思考，比如将自我感觉和对方的特质进行考虑。但是对未来生活的规划没有太多的想法和心理准备，当面临职业选择等人生重大课题时，恋人常因不能长相守而劳燕分飞。六是大学生爱情的多元化。传统的爱情理念在今天的大学校园受到空前的挑战。与前20年的大学生相比，今天的大学生更重视爱情的即刻性，将恋爱作为一项独立的人生任务而非与婚姻等长久的人生目标相连。此外，爱情的多元化随着网络的发展，使大学生恋爱不再如此严肃而神圣。

尽管大学生生理已趋于成熟，但承担着繁重的学业任务与未来发展的任务，他们需要更多的时间发展自我。当爱情的脚步走近时，可能无法逃避，就会拥有选择的权利。但是，大学生恋爱也是一把双刃剑，因为大学的时间是一个常量，精力的分配将决定未来的发展。是否可以恋爱并非一个绝对的规定，它与个体的身心成熟与社会性成熟有关。最简单的一点是，有恋爱就有失恋，对恋爱的心理预期与失恋的心理承受力是需要提前考虑的。

对于大学生而言，如果在恋爱问题上处理不当，引发恋爱挫折，如失恋、单恋、恋爱纠葛等，将会使当事人精神上受到不同程度的刺激，进而产生不良的心理甚至诱发心理疾病，危及身心健康。当前大学生在恋爱及性生理方面还存在以下现状。

1. 失恋

大学生在校期间，除了师生关系、同伴关系之外，更重要的还有两性之间的恋爱关系，它对大学生的意义已不仅是恋爱本身，而是大学生自我价值感和自我评价的重要来源和基础。失恋会给当事人带来剧烈的心理创伤，使人处于抑郁、焦虑、自卑、悲愤甚至绝望的消极情绪中，失恋对于大学生心理健康的影响是人生中最为严重的心理挫折之一。不少学生在失恋时出现失控和反常的心理，会产生极度的孤独感、绝望感和虚无感，往往有以下四种较常见的不良心理。

一是自卑心理。大学生虽然在他人面前显得自信心十足，但是十分关注他人对自己的评价。失恋也会使他们对自己的人际吸引力产生极大的怀疑，挫败自身的自信心，会对自己建立亲密关系能力的评价急剧降低。对自己各方面的评价出现偏差，引发过度自责行为，产生强烈的自卑心理，感到十分羞愧，心灰意冷，如果当事人性格内向，更易产生这种心理，长期这样下去可能因此走上绝路。

二是绝望心理。这是失恋所带来的一种极端心理反应。尤其是在处于热恋时，其中一方被另一方拒绝而分手，当事人很难心理平静，觉得自尊和情感受到严重的伤害，甚至是被欺骗，这种心理表现在这个时候会变得十分强烈。也可能将自己与外界隔离开，以保护自己免受更多的伤害和自尊心的毁损，甚至可能对恋爱绝望，会影响当事人对学习、生活或其他方面的信心、兴趣，很可能对学习、生活、人生感到无望，甚至出现自暴自弃行为。

三是报复心理。这是大学生激情犯罪的一个常见起因。失恋后，有的可能会失去理智,把自己的痛苦全部归结于对方的抛弃,认为对方对不起自己,因此产生报复心理,认为自己不好过也不让对方好过,特别是由一方不道德而导致的失恋或恋爱进程明显受他人阻挠,使得当事人觉得自己更有理,也就更容易出现报复心理。在这种心理基础上引发的行为常常带有破坏性,发生校园伤害冲突事件,伤害他人、自己的身心,这也是大学生恋爱中极度的占有欲受到挫折后而唤起的心理行为反应。

四是悲愤、渺茫、消沉心理。大学生们将爱情视为生命中比较重要且美好的事情,一旦失恋了,就很可能连自身的学业、前途都不顾,沉浸在极度痛苦中,意志消沉,反复咀嚼失恋后的痛苦,使自己变得性格古怪、形单影只,使人难以接近;有的选择对自己的行为不加约束,放纵自己或借酒消沉,对他人的关心不予理睬,很不近情理,冷漠、痛苦,严重的甚至导致精神分裂症;有的甚至什么都不考虑了,只感到一片渺茫,对生活都毫无信心和信念。

2. 单恋

单恋也是大学生恋爱中常见的一种恋爱挫折。恋爱应是两人之间的感情心灵交流,但如果只是一方投入感情,而另一方毫无感情,或是根本不想与之进行这种交流,这就形成了单恋,单恋通常包括两种形式:一种是由内心爱慕对方并无法表达出来或已被对方拒绝仍痴情不改的单恋,另一种是把与对方交往或友谊认为是"有意"或"暗示"而产生的"爱情错觉"。无论是哪种单恋形式都是一种畸形的恋爱,一种臆想型恋爱情结。这部分大学生常常沉湎于自我幻想或想象的虚幻情境中难以自拔。在心理上表现出由于痴情而对单恋对象产生强烈关注、幻想、焦躁和冲动。然而这一切都是在对方毫无觉察或者得不到对方认可和接受的情况下产生的,由此引起单恋大学生内心的痛苦和强烈的冲突;部分大学生碍于周围环境和心理压力,对自己内心深处的情感和暗恋感到难以启齿,不敢向对方诉说,这种闭锁心理更加深了他们的苦恼,很容易产生心理障碍和心态失衡,产生情感失控、精神萎靡、注意力分散、思维迟钝、消沉等现象,给学习、生活、身心健康造成很大的影响,严重的还会失去理智、精神异常。特别是低年级学生长期将这种情感压抑而不解决,当事人容易出现一系列心理障碍如,沉默、抑郁、消极厌世、兴趣消失、喜怒无常、激动不安,有的甚至走向极端,失去自我控制,做出伤害他人的事情;少数学生在共同的学习生活中爱上某位同学,就不顾一切地付诸行动,不管对方是否接受仍苦苦追求,完全不顾及对方的感受,甚至做出干扰对方正常学习、生活的行为,丧失人格、自尊地去表达自己所谓的爱;还有学生当现实(如已证实对方已婚或已有恋人)无情地击碎了爱的梦幻之后,就会陷入空虚、烦躁,甚至失落、绝望的巨大痛苦之中。这样的爱情是一种有害甚至危险的感情,既会因为不思茶饭、夜不成眠而影响身体健康,更会因情绪的一落千丈、反复无常而损害心理健康。

3. 恋爱纠葛

恋爱纠葛是大学生恋爱的又一种恋爱挫折,主要是指恋爱时因某些主观因素或客观因素引发的、欲罢不忍、欲爱不能的感情冲突与内心强烈的矛盾,它给恋爱中的大学生带来一系列的情感危机,引发极度紧张、不安、忧郁、焦躁、恐惧等不良情绪。如有的学生因恋爱遭到家庭反对或周围人的非议,显得心烦意乱、坐立不安、焦虑、抑郁;有的因恋人之间出现矛盾、误解或猜疑而忧心忡忡;有的因陷入"三角恋"或"多角恋"的漩涡中,不知如何摆脱这种局面而焦躁不安、恐惧;有的在热恋时由于"第三者"闯入而双方出现感情危机,为此感到不安、痛苦等。这些恋爱纠葛、情感危机使大学生心理上遭受严重挫折,有的会无法控制自己的思想、行为以及情感,不能正常地学习生活,甚至会精神崩溃,并导致自杀等恶性事件和诱发性精神疾病。

大学生恋爱与性心理问题也包括多方面的因素，主要存在以下几个方面：性意识的困扰、性行为心理问题、性行为异常、早期性经历带来的影响、性伤害后的心理问题、失恋的不适应、对自身意象的不适应等。大学生的性生理和性心理已经逐渐发育成熟，基本上会受到自我性意识的困扰，出现不安和躁动的状况。如果在获得不正确的性知识或对性有不正当的认识，很容易造成一定的心理压力，片面追求性体验，形成心理问题。此外，性启蒙早于性生理成熟，在幼年或儿童时期遭受各类性伤害的会给自我发展甚至个性造成相当程度的负性影响。失恋所产生的极端心理和行为以及自身身体意象的不适应都容易产生强烈的自我否定和对抗的情绪反应，甚至引发攻击性、逃避性或病理性行为。

五、其他伤害性不适应问题

在大学阶段，大学生面临着各种意外事件发展的可能性，如未能妥善应对，就会对学习生活各方面造成不良影响，出现心理问题，如：严重外伤或疾病、亲人亡故或重病、家庭遭受重要伤害、家庭经济生活困难、丧失重要机遇等。此外，早年伤害性体验对行为模式、生活态度和个性产生恶性影响，造成仇恨、多疑、挑拨、攻击等，如：父母离异、家庭不和睦、家人有严重人格障碍或缺陷，家庭和本人长期处于被严重压力的环境，长期被伤害或迫害，缺乏爱与同情等。各种生理上的、心理上的、社会上的因素交叉在一起，就很容易造成大学生在心理发展中出现失衡，诱发其出现各种心理问题，产生心理疾病。

1. 遗传因素

遗传对心理发展的作用，表现在：一是可以通过人的素质影响人的职能的状态，比如人体神经系统上的灵活性和敏锐性，对于外界的信息和反馈速度等，都属于遗传而来的特征；二是人可以通过自身气质类型的相关因素影响人的性格和相关情绪特点，比如个体在体验中的强弱、快慢、隐显、动作的灵敏、迟钝等各方面。所以人在性格和行为上是否积极热情、善于交际、生活状况都是遗传的气质类型因素所导致的，遗传素质属于人的心理发展的自然条件，决定了个体自然特征和生理的机能。大学生已处于青春期后期，青春成熟期，遗传因素的影响占有十分重要的位置。

2. 早期相关经历

精神分析学派的创始人弗洛伊德在研究精神病临床治疗中发现：人所产生的心理障碍与早期的相关经历有很大的关系。如有些大学生可能在童年或者少年时期遭受过比较重大的精神创伤，又没有得到很好的解决，一直会对其思想生活产生不良的影响，在大学时期，由于各方面因素会面临许多新的相关的问题，会对其自身产生影响，折腾自身的思想。所以早期相关不良的经历留在个体中产生的不良的影响，会对今后一个时期，或者更长远的时期的精神和生活产生重大的影响，也可能会产生相关心理疾病。

3. 环境因素

心理是客观的现实在人的主观中的反映，是具有主观能动性的。所以客观的现实也为人提供了心理上的相关现实内容，包含自然环境和社会环境，社会环境对于人，特别是未成年人的心理来说是具有决定性影响的。所以在一定的社会环境中，社会的人际交往与政治、文化、经济等都会通过各种渠道对人们产生相关的影响，特别是这种影响还会随着人年龄上的增长日益提高，也影响着人的个性形成。如来自不同区域、不同民族大学生会因为自身区域的文化传统会产生不同的文化认同。而不同的家庭环境也同样会对大学生产生不同的影响，比如家庭管理较为严格，父母会经常用强迫、指责、命令等方式对待孩子，忽视了对子女本身在性格、爱好、能力上的理解，这类家庭的大学生很容易在日常交往中缺乏适应社会和生活的能力。

4. 重要因素的丧失

对于大学生而言，重要因素方面的丧失主要体现在：一是荣誉的丧失，比如高校的各类奖学金、三好学生、优秀共青团员、优秀学生干部，有大学生自认为符合要求和标准，也认为自身的努力也是可以获得的，但是可能因为某些因素影响了他的名声或者自身的期望和发展。二是自尊的丧失，现今的大学生自尊心都很强，在大学生的学习、生活中可能因为作弊、参选学生干部失败，参加各类文化艺术体育比赛成绩、名次不理想，或者参加相关第二课堂活动受挫会对自身的自尊产生影响，使得自己无法面对身边的同学，导致出现心理上的问题。三是重要人际关系的丧失，比如与恋人、最要好的朋友产生了割裂，没有得到很好的解决就会对大学生的情绪产生不好的影响，会极大地影响到大学生对自己的看法。

这些荣誉、自尊、重要人际关系的丧失与自我重新确认都有着相关的影响，一旦自我主体意识丧失，就会引起较强的依赖感，开始迷茫与困惑，自我盲目，从众心理凸显，严重的功利主义，学习被动，甚至可能沉迷于游戏与网络等。

5. 冲突与选择

大学生在大学期间都会面临着各种各样的冲突和选择，如所学专业与自身兴趣的冲突，学习与相关学生干部活动或者社会工作之间的冲突，学习与恋爱之间的冲突，考研与工作之间的冲突，在个人发展中目标设定之间的冲突等。有些同学在这个过程中的自我调节能力较弱，就极易对自身产生一定的影响，做出选择十分困难。所以在面对冲突做出选择时会因无法对冲突的性质进行清醒的认识、有效地进行选择而产生一定的心理困扰。

6. 网络新媒体的影响

当前，网络新媒体的快速发展，使得许多大学生终日与网络为伴，在学习、生活中有的过度沉迷于网络，如大量的时间用来网络聊天、购物、游戏、看网剧、网络小说、刷小视频，没有正确认识到网络新媒体，在这种心理状态下，一味地满足内心的需求，上网时精神亢奋，下线后就会烦躁不安，有些宁可荒废学业也要和网络为伴，还有的甚至受到网络不良信息的影响会误入歧途。

第三节 健康素养现状

随着经济社会的进一步发展，人们的生活水平不断提高，对美好生活也有着更多的期望和向往，对自身的健康问题也越来越关注和重视。当前，在对健康相关影响因素上人们已经认识到：除了生物学方面的因素外，社会环境、大众及个体的生活方法和相关行为方式，社会医疗卫生服务的水平都与健康有着密切的联系。当前人类健康还面临着许多的威胁和问题，首当其冲的就是环境的污染，流行性疾病的传染以及极端天气对人类健康的威胁，提高健康素养促进人类健康是当前应当重视的发展路径。

1974年Simonds在国际健康教育大会就健康教育作为政策问题对卫生保健系统、教育系统、大众传播方面的影响讨论中，提出了健康素养(Health Literacy)这一概念。[1] 健康素养是指个体获取、理解和处理基本的健康信息或服务，并做出正确的健康相关的决策，以维持和促进

---

[1] Simonds S K. Health education as social policy [J]. Health Education Monographs, 1974, 21: 1-10.

健康的能力。① 健康素养与健康状况有密切关系，健康素养在提高公众的自我保健意识和自我保健能力，改善人群健康状况的方面具有不可替代的作用。② 从健康素养的定义可以看出，健康素养需要健康教育的知识普及，进行信息获取、理解并有效进行处理，进行生活方式的改变或者使用相关健康服务的行为，还在于让人们能意识到健康与经济、社会、环境等因素是密切相关的，通过个体和集体行为来增强这些因素对于健康所产生的积极影响。

此外，健康素养是健康教育和健康促进的重要组成部分，低健康素养水平已被认为是重要公共卫生问题。③ 而且健康素养对于健康促进有着重要的促进意义，在卫生的一级预防中，一个拥有健康素养的人能够更好保持健康的良好状态。而在二级预防中，健康素养则发挥着更加重要的作用，比如医患之间有效的沟通就可以减少错误的信息传递，换句话来说，一个健康素养高的人，能更好地与医务人员传达有效的信息，更有利于对于疾病卫生的预防和治疗。

健康素养反映的是社会个体对于健康基础知识与健康技能等方面相关的认知情况与知晓程度。所以在一般情况下，如果个体的健康素养程度越高，那么对其所具备的健康知识就越广泛，个体就会更加具备健康行为的可能。也可以说，一个区域内人群的健康素养程度越高，在一定程度上也可以表明这个区域人群具备更好的健康生活方式。

大学生是未来社会的主力军，肩负祖国未来的发展重任，他们的健康素养关系到国家的未来。青年大学生正处于身体健康发育和健康人格

---

① US Department of Health and Human Services. Healthy People 2010: understanding and improving health [M]. Washington DC: US Government Printing Office, 2000.

② 胡俊峰，培森. 当代健康教育与健康促进[M]. 北京：人民卫生出版社，2005.

③ D Nutbeam. Health literacy as a public health goal: a challenge for contemporary health education and communication strategies into the 21st century [J]. Health Promotion International, 2000, 15(3): 259-267.

养成的关键时期,从疾病预防的角度来看,青少年时期所学习的健康知识、养成的健康形成和相关健康的技能对个体在今后的中老年的健康中都具有潜在的重要的影响作用。

一、大学生健康素养总体水平不高

相关研究显示,目前我国居民的健康素养水平相对较低,15~25岁年龄段的人群具备健康素养的人数比例不到10%。大学阶段正是获取新知识和新技能的重要时期,同时也是思想观念、行为形成和稳定发展的重要阶段。青年大学生的健康素养不仅关系到其自身一生的身心健康,也会影响到其周围朋辈、家庭以及社会广大民众的身心健康。对于青年大学生而言,具有一定的健康素养,能够有效引导其进行科学的学习和生活,能培养自身良好的健康意识和公共卫生意识。也就是需要在具备一定的健康知识和相关健康信息为基础的前提下,积极地采取有利于自身健康的相关行为,通过健康的技能来更好地促进个人健康。而关于健康相关行为改变的理论则认为健康知识和相关健康理念的活动是健康的基础,所以要提升大学生的健康素养,就必须提升健康素养的总体水平。

2012年在对广州市部分高校2109名在校学生进行健康素养调查中显示:8.2%具备健康素养,具备基本知识和理念、健康生活方式与行为和基本技能三方面素养依次为18.2%、13.7%、41.3%。具备科学健康观、安全与急救、传染病预防、基本医疗、慢性病预防五类素养依次为80.7%、50.1%、26.4%、16.5%、7.0%。[①] 2017年在对815名武汉市某高校大学生进行调查,并对调查数据进行统计分析结果显示:大学生健康素养总体水平为33.0%。从大学生健康素养三个方面来看,其健康基本知识和理念素养水平为35.5%,健康生活方式与行为素养水

---

① 罗春花.广州市部分高校学生健康素养现况及影响因素研究[D].广州:暨南大学,2013.

平为 56.3%，健康基本技能素养水平为 13.1%。而大学生六类健康问题素养水平由高到低依次为科学健康观 65.0%、慢性病防治 42.8%、基本医疗 40.7%、健康信息 36.9%、传染病防治 24.3%、安全与急救 16.9%。① 2017 年在对兰州市 7 所高校 1705 例大学生及 291 例中专生进行的健康素养调查显示：健康素养的具备率为 16.36%；基本知识与理念素养、健康生活方式与行为素养、健康技能素养这三个方面的素养具备率分别为 33.55%、18.65%、15.54%；六类健康问题素养即科学发展观素养、传染病防治素养、慢性病防治素养、安全与急救素养、基本医疗素养、健康信息素养的具备率分别为 47.04%、26.63%、23.64%、66.33%、10.26%、33.08%。② 2022 年江苏省大学生健康素养水平调研显示：健康素养水平为 33.18%，其中健康技能素养为 29.27%、健康生活方式与行为素养为 35.24%、健康知识和理念素养为 46.5%。③ 由以上数据可以看出，从区域、样本量和结果都存在一定的差异，但是可以显示出我国大学生健康素养总体水平不高，处于一般水平。同时通过数据也可以看出大学生在健康素养的健康基本知识与理念素养、健康生活方式与行为素养、健康技能素养这三个方面的素养水平是不均衡的，有的区域存在较大的差异，有的对健康科学知识和理念掌握得较好，能够很好地接受相关知识和理念，但是健康生活方式与行为素养较低，将健康知识运用于实际生活中的能力较差。有的健康生活方式与行为素养较高，而在科学知识理念和健康生活技能上掌握的还不够，还缺乏相关科学的健康知识理论和健康生活技能素养的掌握。

---

① 邹敏，张振业. 大学生健康素养现况及影响因素研究[J]. 保健医学研究与实践，2019(1).

② 秦天燕. 兰州市在校大学生健康素养的综合评价[D]. 兰州：兰州大学，2018.

③ 殷跃，等. 2022 年江苏省大学生健康素养水平及影响因素分析[J]. 中国慢性病预防与控制，2024(1).

第三节 健康素养现状

大学生是社会中知识层次较高的群体，也是国家经济社会发展中极为重要的人才资源，大学生的健康发展将直接影响到我国社会的发展方向和发展动力，当前所存在的健康素养所具备的基本知识、健康生活方式、基本技能等方面的问题也是大学生身心发育过程中还不完全成熟，在学业、社会相关负担较重，人才竞争激烈的过程中需要引起足够的重视。

二、不同特征大学生健康素养水平有一定差异

在一份选取某三所高校 1200 名在校大学生的健康素养的调查研究中显示[1]：不同特征大学生健康素养水平差异较大，表现在：

一是不同学校的大学生之间的健康素养水平有一定的差异，相对而言医学类院校的大学生的健康知识理念、健康生活方式与行为、技能得分及健康素养总得分最高，其次是理工类院校，文科类院校得分最低。医学类院校的大学生因为所从事的医学健康专业类知识，能较为直观清晰地认识到健康的重要性，并且能很好地掌握相关健康知识和健康技能。

二是不同性别的大学生素养水平也有一定的差异，男生在健康素养、健康知识、健康理念、健康生活方式与行为等方面相对女生的得分要偏低，女生更注重健康知识的积累，懂得健康知识的重要性，比男生更加注意身体健康。比如女生更加关注自身的心理问题、饮食问题、卫生问题、环境问题。而在健康技能方面，男生、女生都表现出较好的健康技能素养，这与在现今社会环境下高校比较重视开展安全教育有关，但男生更注重对健康技能的了解，比如在应对各种健康技能的敏感度和面对突发情况时男生的反应有可能会更加迅速。

三是在是否为独生子女的大学生健康素养水平方面，独生子女在健

---

[1] 姚健. 山西省大学生健康素养现状及影响因素分析[D]. 太原：太原理工大学，2023.

康技能方面要比非独生子女高，而非独生子女的家庭对自身孩子的关注精力会有限，受到经济条件的影响，部分多子女家庭相对而言没有更多条件和精力去关注传授子女相关健康技能。

四是在不同专业的大学生健康素养的水平上，医药学类专业的高校大学生在健康知识、健康行为、健康技能等方面的健康素养要高于其他专业，医药学专业学生通过对医药学专业知识的累积，自身的健康意识较强，并能将健康知识和健康理论转化为自身的健康行为，能在一定程度上建立起自身的健康生活方式。而非医药学类专业的高校大学生因为缺乏系统的对健康知识的学习，所以健康知识的知晓程度不高，健康意识也较为薄弱，在一些不良的健康行为对自身的健康伤害方面了解不深。

五是不同年级的大学生健康素养水平有一定的影响，比如一年级在健康知识方面要低于二三年级，这主要是因为大一新生在高中阶段的学习压力较大，在饮食习惯、睡眠习惯、用眼习惯、个人卫生等方面的健康素养和健康知识理念需要在进入大学后进一步积累和提高。此外，调查还显示出，大学三年级的健康生活方式要低于二年级，这又与大学较高年级学习和生活压力增大，比如要面临考研、面临工作这两方面的压力有很大的关联，会直接导致心理紧张，锻炼和户外活动减少。

六是在生活费用方面对大学生健康素养有一定的影响和关联，表现在如果该生的家庭收入不高，在家庭所给予的生活费用较低的状况下，就会缺乏自我健康认知和健康生活方式的养成意识。比如饮食上的摄入和选择较少，会导致身体营养的均衡；心理上也会因为生活费用问题，会选择外出兼职赚取生活费用，也会对学业造成压力，挤占休息时间，使得健康素养水平较低，影响健康发展。

七是不同生源地之间，大学生健康素养水平也存在一定的差异。特别是城市生源地的大学生的健康素养要高于农村生源地的大学生，这与城乡环境、经济发展的差异有很大的关系，城市对健康安全知识教育的重视程度相对要高于农村地区。但是大学生对于加强健康知识和健康意识的意愿是有的，特别是对于急救及自然灾害的健康知识和健康技能教育是十分需要的。

八是家长的文化程度对大学生健康素养会产生一定的影响，家长的文化程度会对子女在健康知识、健康态度、健康行为等方面有一定的影响，如文化程度在大学及以上的父母亲其子女在健康素养方面的得分相对比较高，而文化程度为文盲的父母亲其子女在健康素养方面的总体得分是最低的。所以家长的文化程度较高，大学生的健康素养水平会有上升，也就是说家长的文化水平会直接影响子女的健康素养水平，父母会影响子女在自身生活习惯上的养成。

此外，总体上还表现为：大学生具备一定的健康知识理念和较高的健康技能，但是健康生活方式与行为的整体素养较低，就会出现态度与行为不一致的情况。也就是说大学生群体缺乏良好的生活方式和生活行为，虽然健康知识和健康技能可以通过一段时间的学习得到提高，但是对个人的不良生活习惯以及行为的影响是比较大的，实际上在较短的时间内是比较难改变的。

三、健康素养相关知识获取途径较单一

健康素养是指个人获取、理解、处理基本的健康信息，并可以此来做出有利于个人自身健康决策的综合能力。[1] 所以个体在具备获取健康信息的主观意愿和拥有一定的健康知识基础的前提下，才能去处理和理解健康信息，并采取有利于健康的行为，同时掌握与健康相关的技能，从而促进和改善个体的健康状态和生活的质量。

调查显示，大学生有46.83%参加过学校相关的健康选修课程。另

---

[1] 杨昆. 太原市大学生健康素养状况及其影响因素分析[D]. 太原：山西医科大学，2011.

外,大学生获取健康知识的途径排在前3位的分别是通过网络获取(76.34%)、电视节目(73.27%)、学校健康教育课程(43.82%),大学生希望通过相应途径获取健康知识排在前3位的依次为学校开设健康教育课程(63.24%)、互联网(55.89%)、健康教育讲座(52.83%)。91.93%的大学生表示具有健康教育的需求意愿。① 可见,大众传播是健康教育的基本手段,在健康教育中起着重要的作用,大学生对学校健康教育课程的期望值较高。

学校健康教育是健康教育的重点,通过学校健康教育可以促使学生系统掌握较全面的健康知识,促进和养成健康的生活行为和方式。此外,大学生健康教育也是中小学健康教育的再延续,需要进一步深化和提高,教育大学生自觉增强个人的保健意识,自觉选择健康的行为和生活方式,消除或避免危害健康的因素和行为,促进自身的身心健康,担负起影响家庭及社会健康促进的积极作用。

四、疾病预防和健康生活方面维度信息认同较低

学校健康教育是公认的一项能有效增进青少年健康,进而促进全社会健康的有效策略。中国传统医学中强调"不治已病治未病",也就是说未病应先防治的意思,预防更重于治疗。当然,不管是中医还是西医,对疾病的预防是具有十分重要的意义的。如北宋哲学家邵康节有一首防病诀:"爽口物多终成疾,快心事过必为殃,知君病后能服药,不若病前能自防。"细细品味,堪称防病益寿之秘诀。可见,我国古人十分提倡"病前自防",而且还提出了许多"病前自防"的原则与方法。关于中国古人提出的养生防病方法,至今仍然具有实用价值,值得我们现代人身体力行。

调查显示,在5类健康问题知晓率方面,大学生科学健康观知晓率

---

① 喻邱杰.湖北省高校大学生健康现状及健康教育对策研究[D].武汉:武汉体育学院,2023.

最高，为 64.68%，传染病预防的知晓率为 23.90%，慢性病预防的知晓率最低，为 9.12%，安全与急救的知晓率为 47.89%，基本医疗的知晓率为 26.68%。女生对 5 类健康问题的知晓率均高于男生，从生源地方面来看，除安全与急救方面外，其他 4 类健康问题知晓率均为城市>城镇>乡村。参加选修课的大学生 5 类健康问题知晓率均高于未参加选修课大学生。此外，对健康教育内容的需求由多到少依次为基本医学常识、常见疾病预防及处理、急救与意外事故处理、心理健康与心理咨询、慢性病及传染病防治、性与生殖健康等。[①] 高校健康教育是向大学生群体传授健康卫生保健知识，培养大学生树立正确的健康观念，增强大学生的自我健康保健意识，促使大学生积极养成健康、文明、科学的生活方式。可见对大学生群体进行相关的健康教育，培养大学生良好的心理素质、强健的体魄，适应现代社会发展的综合能力和素质，特别是对树立科学的健康观具有重要的推动作用。

---

① 喻邱杰. 湖北省高校大学生健康现状及健康教育对策研究[D]. 武汉：武汉体育学院，2023.

第六章　当前大学生健康教育存在问题探讨

健康是人类生存的必要前提，不管是工作、学习还是生活，都必须建立在个体的健康的基础上。《中华人民共和国教育法》明确指出：教育必须为社会主义现代化建设服务、为人民服务，必须与生产劳动和社会实践相结合，培养德智体美劳全面发展的社会主义建设者和接班人。德、智、体、美、劳这五个方面都有其特定的含义和特定的任务，其中"体"就是体育，它所概括的含义和任务就是要提高青年学生的体质和健康水平。所以，对于高校而言，健康既是学校教育的前提，也是学校教育的首要目标。

国家十分关心和重视大学生的身心健康，从1990年至2024年中共中央、国务院及各部委共下发涉及大学生健康教育相关文件和规定30多项，内容包括学校卫生工作、精神卫生工作、大学生健康教育基本要求、高校医疗保健机构工作、素质教育、大学生心理健康教育、青少年体质及健身、学校体育工作、艾滋病防治等方面。但从当前我国大学生健康现状可以看出：大学生身体体质整体水平多年维持较低水平，并持续下滑；心理健康问题突出，是当前高校学生管理工作中的重中之重；对健康素养的养成缺乏认识，特别是对传染病教育防治工作有待强化等。加强高校健康教育是大势所趋，也反映了当代社会发展对健康教育的新要求。

第一节 大学生体质健康教育方面存在的问题

在"身体好"的基础上，体质和健康一直是相辅相成的关系；虽然体质和健康具有充分的一致性，但是人体健康的首要前提是体质好，如果一个人的体质不好，那么健康就会失去基础，所以强化体质的最终目标就是获得健康。然而在本质上二者的含义还是有很多的不同，体质属于健康的一部分，判断人身体健康与否的最基础的标准就是看身体各个器官是否能够正常运转、机能是否正常。而体质的好坏则是对人体整体状态所进行的综合性评价，通常人们对一个人体质好坏的评判首先要综合考虑其身体的健康状态，其次才是从人体的形态、身体素质对环境气候的适应能力和抗病能力等方面进行测定与评价，就大学生而言体质健康的状态是至关重要的，大学生体质健康的好坏直接关系到全民的健康素质，增强大学生体质，促进大学生健康成长关乎国家和民族的未来。

一、大学生体质健康教育面临严峻的形势

现代生活方式对人体体质健康的影响主要体现在以下几个方面：一是现代的生活方式会造成人体运动不足，长此以往导致肌肉以及器官功能减退，身体各部位机能退化；二是当前社会居民的膳食结构和数量发生重大转变，城市居民的高脂、高糖、高盐饮食在膳食结构中所占的比例越来越大，这是心脏病、糖尿病、高血压、肥胖症、恶性肿瘤在工业发达国家出现的常见病、多发病和高发病的主要原因之一。所以说随着社会的进步、科学技术和经济的发展、生活方式的变化，迫切需要增强体质健康意识，拥有健康的体魄。

当前，我国青少年体质健康形势依然严峻，这不仅表现为青年一代体质健康积极变化的态势十分脆弱，特别是大学生体质健康下滑趋势依

然没有得到遏制，甚至在很多指标上，大学生还不如中学生。试想，青少年身高越来越高，越强壮，而肥胖状况十分严重，心肺功能与耐力素质仍然持续下降，高血压、高血脂、糖尿病、脂肪肝、记忆力减退等发病年龄会大大提前，青年将成为"手无缚鸡之力"的一代，将危及全民族健康素质。导致我国青少年体质与健康状况下降最主要的问题是："片面追求分数和升学率形成的应试教育现状，必然以牺牲青少年体质为代价。"中小学体育课开课率不高，高校体育教育教学针对性不强；体育场地设施严重不足；学校体育师资力量短缺；体育健康教育的科学化水平不高，安全保障体系不健全都将制约影响大学生体质健康教育，如不给予高度重视，得不到根本性改变，将成为民族之忧、民生之痛、国家之患。

二、体育教学活动在改善大学生体质健康方面成效不明显

2018年年底，一名体育老师的"卑微"聊天记录被网友刷屏。聊天内容显示，一到上体育课前，这名老师就会接到其他任课教师的"霸课"要求："下一节我上""第四节我上""我上，你休息"……从语气中可以看出，其他老师挤占体育课，已是习以为常的"固定动作"，而这位体育老师的回复，除了同意还是同意。这名体育老师的聊天记录，引发大量网友共鸣。更有网友感叹，没想到素质教育提了这么多年，依然有学校把体育课看得可有可无。

《北京晚报》评论指出：默认其他学科老师占用体育课，学校也应该反思。违反学校课程设置的规定，侵害学生的权益，学校不能听之任之。实际上，这也不符合素质教育要求，与国家培养青少年健康身心的政策背道而驰。近年来，围绕青少年体育教育的政策陆续出台，在国务院办公厅印发的《体育强国建设纲要》中，把"青少年体育服务体系更加健全，身体素养显著提升，健康状况明显改善"写入了战略目标。落实国家规定，保证每一堂体育课，保证学生最基本的运动时间，是最基本

的要求。①

学校体育是我国教育事业的重要组成部分，是学生体质健康教育的重要依托，对国民体质的增强、健康水平的提高和生活质量的改善具有重要意义，国民体质健康水平是社会现代程度的重要标志之一。高校体育是学校体育的最高层次，在终身体育教育中，学校体育是中间环节，起着承前启后的"桥梁"作用。当前我国高校体育教学活动并没有从学生体质健康的角度出发，缺乏健康运动的理念，许多学生在大量运动后暴饮暴食，饮用大量的碳酸饮料，并以肉类、油炸食品为主，女生对体育教学活动无兴趣。教学活动并没有对大学生体质健康起到良好的改善作用，没有帮助大学生形成正确的体育锻炼的意识，在改善大学生体质健康方面的成效不大。

三、体育教学缺乏科学的教学体系和考核机制

在推动教育事业发展和教育体制改革的过程中，高校体育的发展与成效对于督促高校大学生提高综合素质、保证其全面发展具有重要的作用，而高校体育教学考评机制是影响其长远发展的关键助推力之一。高校体育的教育结构、教育模式及其成果是衡量高校体育是否科学有效的重要参考内容。体育教学的考核和评价的科学设置，是对于高校体育教育体制和教育成效的重要反映途径。

传统的高校体育教学考评机制是体育教学的最后一站，也是促使学生形成终身体育意识、体育锻炼的关键阶段。一是大多将考核的重点集中在学生的期末考核结果方面，运用数据作为教学质量唯一的评价依据，需要将大学生体质健康作为衡量标准纳入教学考核体系。这种单一的考核方式，不利于激发学生参与体育课程学习的积极性和主动性，无法有效帮助学生养成良好的体育锻炼习惯。其滞后性愈演愈烈，呈现出

---

① 殷呈悦.体育老师"生病"，别当段子看［N］.北京晚报，2018-12-27(031).

与现代发展现状出现诸多的矛盾特征。二是主体意识偏离，评价体系过泛且主观意识偏离，忽视学生的主体意识，剥夺学生自由选择和发展的机会，没有考虑学生个体在年龄、体质、运动和接受能力上的差异，过分强调集体化、统一化、规范化和标准化，考评机制评价体系标准单一、结果过于量化，偏离了素质教育的轨道，阻碍了高校体育科学、全面发展。三是忽略了激励与发展功能，注重结果，过于量化对成绩不同的学生进行分级和甄别，对各种因素导致成绩不佳的学生而言，其努力和付出因为结果的不理想而得不到肯定和认可，限制了发展的空间。四是考评的主体较为独立，没有通过学生主体意识的实现来达到课程设置的最初目标，考评仅限于教师，缺乏评价公平客观的有力基础，过于以数字形式量化表现。

高校体育教学改革的有效开展，需要以完善的教学体系为基础，从当前高校体育教学的现状来看，并没有形成符合改善大学生体质健康目标的教学体系，这与教学资源没有得到充分利用有密切的关系。受到传统教学理念的影响，在高校体育教学活动中仍然以传统教学模式和方法为主，对于多媒体等新的教学资源的利用十分有限，而且没有将大学生体质健康的理念融入教学理念中指导体育教学活动，导致高校体育教学体系不够完善，无法促进高校体育教学改革的持续开展。

四、相关部门对大学生体质健康问题既缺位又缺量

我国学校体育工作的首要任务是提高学生体质健康水平，促进学生全面发展。大学生作为综合素质较高的群体，担负着建设国家的重任，他们的体质健康直接关系到他们能否更好地服务于社会，服务于国家。

当前，《学校体育工作条例》和《学校卫生工作条例》已颁发30多年，《中华人民共和国体育法》已颁布30年，《全民健身计划纲要》已颁发近30年，《中共中央 国务院关于深化教育改革全面推进素质教育的决定》已颁布20多年。近年来又相继颁布了《教育部国家体育总局共青团中央关于开展全国亿万学生阳光体育运动的决定》和《中共中央 国务

院关于加强青少年体育增强青少年体质的意见》，共青团中央、教育部、国家体育总局、全国学联下发了《关于开展大学生"走下网络、走出宿舍、走向操场"主题群众性课外体育锻炼活动的通知》。然而近年来，青少年特别是大学生体质健康水平上升不够明显，究其原因就在于社会对青少年学生的体质健康问题重视不够，教育部门及学校相关部门缺乏督导检查，没有将这些法规及其他相关通知要求落到实处。教育部门对高校人才培养质量的评判，是以专业学习为核心，以就业为导向进行考核，未涉及体质健康教育的相关考核要求，导致学校体育教育既缺位又缺量。校内教务、体育、校医院、学工、团委等部门在大学生体质健康教育上没有形成育人合力，重视程度较低，重智轻体，统筹体质健康教育资源、凝聚体质健康教育力量不够。

五、校园体育文化活动重视程度不够，场地利用率较低

校园体育文化是学校教育的有机组成部分，在培养身心健康和具有创新精神和实践能力的社会主义现代化合格人才中具有十分重要的作用。校园体育文化的宗旨主要是培养学生体育精神、体育意识和体育技能，提高体育文化素养，增进学生身心健康，并在此宗旨指导下开展形式多样的校园体育文化活动。校园体育文化对学生实施体育教学、培养学生的运动兴趣、促进学生身心全面发展、树立学生的终身体育意识都具有巨大的作用。

校园体育文化主要包括了三个方面：一是校园体育物质文化，是学校体育发展过程中积累下来的外在物化形式的统称，是校园体育文化建设的客观物质保障，是校园体育精神文化赖以生存的基础和载体，如体育场地、器械、海报、规章制度等；二是校园体育行为文化，是师生活动本身构成的文化，其中体育教学是核心，它包括学校体育教学、健身锻炼、运动竞赛、课余训练等；三是校园体育精神文化，是校园中师生员工长期创造的一种精神财富和文化氛围，包括体育观念、价值取向、精神理念、道德风尚等。

当前高校在体育文化活动的创建上重视程度不够，缺乏为推行素质教育服务和培养学生终身体育锻炼的观念，每年的校级运动会学生的参与度也越来越低，许多学生所期待的不是参与校运会，而是举办校运会期间停课等同于放假。参加体育运动和锻炼不但可以促进学生的生长发育，增进学生的身体健康，提高学生的体质。而且，参加体育运动也可以调节学生的心情，丰富学生的学习生活，这对学生心理的健康发展和提高学生的学习效率是极其有利的。

在体育文化活动的设置和形式上也缺乏创新，没有形成具有中华民族传统特色的体育文化，使得大部分学生对参加相关体育文化活动和锻炼项目毫无兴趣。学生的兴趣是学生自觉性和积极性的集中表现，也是学生学习的强化剂，它在学生的学习生活中具有十分重要的作用。学生的运动兴趣是学生自觉参加体育运动的主要表现。如果学生对运动失去了兴趣，他就不会再去参加体育运动。因此，学生运动兴趣的培养就显得格外重要。课外举行各样的体育活动可以更好地发展学生的兴趣。与此同时，也可以通过宣传和观看各种体育赛事，来提高学生从事体育活动的热情和激情。

体育场地硬件设备的好坏，直接影响到学校体育教学和开展课外体育活动的效果。同时，体育场地设备的好坏也会直接影响到学生从事体育活动的热情。良好完善的体育场地设施能为学生提供一个良好的教学和锻炼的环境。当前，许多高校的校园运动场地和体育设施严重不足，高密度的校园影响了大学生体质的改善，即便是有相关场地，也因为涉及场地的管理等各方面的原因，使得场地利用率很低，有的场地普通学生除体育课外不能使用。

六、学生体育社团资源配置存在问题，缺乏吸引力

在校园文化建设过程中，广大学生是各项活动的主人翁，学生团体、协会在创建优良校园文化氛围中发挥着骨干作用。学生团体在培养大学生创新精神和实践能力，提高大学生综合素质、培养个人兴趣和特

长等方面发挥着积极作用。大学生社团日益成为高校学生中具有较强影响力和凝聚力的学生团体。体育社团建设和发展也越来越成为学校体育工作的重要内容之一，能有效促进校园体育文化发展，为增进学生身心健康、施展才华提供实践平台，促使学生综合素质全面提高，为学生成才提供自我服务。

根据相关研究和样本调查，体育社团成员的体质健康水平由参加社团前的学生总体中的较低水平得到了显著提高，并且达到了总体中的相对较高水平。这充分说明，高校体育社团在提高学生体质健康水平中发挥了积极的促进作用。当前大学生对参与体育社团的愿望度较高，但体育社团在自身组织资源配置上存在问题，表现在：一是缺乏行政部门的理解与支持，组织管理上比较松散，凝聚力不强，活动内容较为单一，活动的次数较少，社团的物质资源和信息资源得不到很好的发挥和充分利用；二是学校体育类的设施和相关资源都由学校体育教学部门负责，学生社团由共青团组织进行管理，学生体育社团在涉及场地的使用上较难协调，会出现很多阻碍；三是高校体育社团的种类少、规模较小，社员管理难度较大，社团干部的管理素质有待加强；四是管理体制和学校重视程度不够，导致经费不足，活动场地得不到保障，指导和管理不善，无相关体育教师担任教练指导，或者教练指导的频次较少、水平不高。

第二节　大学生心理健康教育方面存在问题探讨

健康的心理是一个人全面发展必须具备的条件和基础。当前，心理健康的重要性已逐渐被大学生普遍接受，在我国传统观念中，健康就是身体好，所谓有"心理问题"就是精神上的问题。这种观念在大学生群体中也有一定程度的存在，一些同学拒绝承认自身心理方面的问题，更不愿去心理咨询机构寻求帮助。但随着新时代心理健康教育宣传普及相关教育工作的加大，我们也欣喜地看到，大学生以及相关家庭对心理健康的内涵以及维护心理健康的重要性有了较为全面的认识，开始关注自己的内心和谐与丰富，并主动寻求老师的帮助与咨询。但当前我国大学生心理健康教育还存在许多不足，这些不足是我们寻求大学生心理健康教育进一步发展的现实依据。

一、对心理健康教育的理念认识有待提高

自2004年起，党中央、国务院、教育部、团中央共出台了针对心理健康教育的相关文件和要求共六个：《中共中央 国务院关于进一步加强和改进大学生思想政治教育的意见》（中发〔2004〕16号）、《教育部 卫生部 共青团中央关于进一步加强和改进大学生心理健康教育的意见》（教社政〔2005〕1号）、《教育部办公厅关于印发〈普通高等学校学生心理健康教育工作基本建设标准（试行）〉的通知》（教思政厅〔2011〕1号）、《普通高等学校学生心理健康教育课程教学基本要求》（教思政厅〔2011〕5号）、《高等学校学生心理健康教育指导纲要》（教党〔2018〕41号），以及《全面加强和改进新时代学生心理健康工作专项行动计划（2023—2025年）》。文件从心理教育的体制机制建设、师资队伍建设、教育教学体系建设、活动体系建设、咨询服务体系建设、危机预防与干预体系建设、工作条件建设做了详细的要求和规定，从制度上对大学生心理健康教育的组织实施进行了系统的设计。

其中，《高等学校学生心理健康教育指导纲要》的出台，是为了解决新时期高校学生心理健康教育存在的一些短板和薄弱环节，也面临发展不平衡不充分的问题，也是加强新时代高校学生心理健康教育工作的需要。① 比如，不同地区和高校对心理健康教育工作重视程度不一，相关专门力量还没有配备到位，心理健康教育与咨询的科学化水平还有待提高等，迫切需要出台规范性文件，从体制机制、队伍建设、条件保障

---

① 教育部. 教育部思想政治工作司负责人就《高等学校学生心理健康教育指导纲要》答问［EB/OL］.［2018-07-25］. http：//www.gov.cn/zhengce/2018-07/25/content_5309000.htm.

等方面进行规划与指导，也从顶层设计出发为新时代高校学生心理健康教育工作提出了"规定动作"。

当前较为突出的问题是对新形势下开展心理健康教育的重要性和必要性认识不足，提高教育质量更为重要，实施心理健康教育与否并不影响学校工作的正常运转，只是为了应付相关检查和回应国家政策性文件而成立心理健康教育机构，缺乏科学的指导和全面的规划，使得心理健康教育工作长期停留在表面甚至于流于形式。

此外，在心理健康教育上许多高校只将其看作高校教育中的一项具体工作，需要由特定的教师采用特定的活动形式来完成，导致心理健康教育置于一种从属地位。一是忽视心理健康教育的科学性，将心理健康教育庸俗化，将一般性的文体活动冠以"心理健康教育"的名义，缺乏心理学依据和心理学教师的科学指导，活动要求和活动目的不明确，无法实现心理健康教育的真正目的。二是片面强调心理健康教育工作的专业性与教师职能的专一性，将心理健康教育神秘化，认为只有受过专门训练的专业人员才能开展这项工作，或认为心理健康教育同其他非心理健康教育毫无关系。三是轻视心理健康教育的含蓄性与潜在性，认为当前高校心理健康教育的工作只是开设相关必修课、成立心理咨询中心、举办健康教育的讲座，对心理健康教育的信念和态度没有完全把握，对环境教育因素对学生心理所产生的积极影响的认识不足。在自然环境上，校园杂乱、设施不足，缺乏安全保障；在心理环境上缺乏平等、宽松、尊重的人际氛围；教育者的言行中过于生硬、粗暴，缺乏平等、尊重、关爱等人文关怀精神。

心理健康教育不仅是由一系列具体的教育活动构成的教育工作，更是一种教育理念，需要全校全员共同参与，是全面发展高等教育的基本要求。

二、心理健康教育课程化，实用性不强

大学生心理健康教育是系统教育。通过开设课程进行心理健康教

育,已经成为目前各高校对大学生进行心理健康教育的有效形式之一。心理健康教育课程的任务是通过课程开设,对大学生进行心理健康的系统的普及教育,提高学生的心理健康水平,开发学生的心理潜能,培养学生良好的心理素质,培养学生对社会环境、人际关系、生活和学习环境的适应能力,使学生和环境保持一种和谐的关系,并在这种和谐之中得到发展。至于矫治学生的各种异常心理和问题行为则主要由其他途径所实现。

2011年,教育部下发了《普通高等学校学生心理健康教育课程教学基本要求》(教思政厅〔2011〕5号),基本要求指出:高校学生心理健康教育课程是集知识传授、心理体验与行为训练为一体的公共课程。课程旨在使学生明确心理健康的标准及意义,增强自我心理保健意识和心理危机预防意识,掌握并应用心理健康知识,培养自我认知能力、人际沟通能力、自我调节能力,切实提高心理素质,促进学生全面发展。2018年的《高等学校学生心理健康教育指导纲要》(教党〔2018〕41号)要求高校要把心理健康教育课程纳入学校整体教学计划,规范课程设置,对新生开设心理健康教育公共必修课,大力倡导面向全体学生开设心理健康教育选修和辅修课程,实现大学生心理健康教育全覆盖。公共必修课程原则上应设置2个学分、32~36个学时。

在相关的调研中,大学生对心理健康教育的期望最高,但对于心理健康课程的授课很不满意。大学生心理健康教育课程现今在大部分的高校已作为公共必修课,覆盖了全体学生,但教师按部就班地教,学生一节一节地学,学完后进行考试。看起来将心理健康教育工作课程化是对这项工作的重视,实际上是把大学生健康教育引向了教师讲、学生记录,应付考试的死胡同,这样不但对学生心理没有多大的帮助,反而加重了学习负担,解决不了实际问题,难以实现初衷。在课程内容上大多按照课本进行传统的备课,过多地讲授心理学得有关理论和概念,只注重知识层面,忽略了学生的技能层面,包括掌握自我探索技能、心理调适技能及心理发展技能以及自我认知层面,如树立心理健康发展的自主意识，对自身条件、心理状况、行为能力的客观评价，正确认识自己、接纳自己，能进行自我调适，探索适合自己适应社会生活状态的启发和指导。技能层面和自我认知层面都是教授学生通过心理健康教育的课程学习所能获得解决实际心理问题能力的重要层面。

三、心理健康教育师资队伍建设有待加强

师资队伍是高校顺利开展心理健康教育的重要保障，《高等学校学生心理健康教育指导纲要》（教党〔2018〕41号）对师资队伍建设有明确的规定：一是各高校要建设一支以专职教师为骨干、以兼职教师为补充，专兼结合、专业互补、相对稳定、素质良好的心理健康教育师资队伍；二是心理健康教育专职教师要具有从事大学生心理健康教育的相关学历和专业资质，要按照师生比不低于1∶4000配备，每校至少配备2名；三是心理健康教育师资队伍原则上应纳入高校思想政治工作队伍管理，要落实好职务（职称）评聘工作；四是设有教育学、心理学教学机构的高校，可同时纳入相应专业队伍管理；五是积极组织开展师资队伍培训，保证心理健康教育专职教师每年接受不低于40学时的专业培训，或参加至少2次省级以上主管部门及二级以上心理学专业学术团体召开的学术会议；六是充分调动全体教职员工参与心理健康教育的主动性和积极性，重视对班主任、辅导员以及其他从事高校思想政治工作的干部、教师开展心理健康教育知识培训。该指导纲要是对《普通高等学校学生心理健康教育工作基本建设标准（试行）》（教思政厅〔2011〕1号）的进一步补充。

实际情况是我国普通本科院校的学生数规模一般都在1万人以上，按照配比大致为1∶5000。按照联合国教科文组织规定，每2000~3000名大学生要配备一名专职学校心理学家，美国咨询心理学专家认为250~400名学生配备一名心理专业咨询人员最为合适。根据走访调查，我国某高校学生有2万多名在校学生，专职教师的配备只有2人；另一所学校近2万名在校生，只有一名专职教师。许多高校在兼职教师的数

量和专业要求上也得不到保证,主要由临床心理医生和德育工作者兼任,临床心理医生对生理病变有较深入的研究,因此会更侧重于生理症状,如果过早的考虑药物治疗,会导致心理健康教育医学化;德育工作者易用德育工作方法代替心理咨询治疗方法,将心理健康教育变成德育教育。在专业教师的准入制度上,普遍缺乏严格要求,从事心理健康教育的专兼职教师未达到心理学教育的相关学历要求和专业资质,缺乏心理健康教育所必需的科学理论知识和行之有效的方法,必然影响心理健康教育的实际效果。在专职教师参加专业培训和学术会议的投入上,因涉及资金问题,培训和参会也得不到保证。

四、学生心理测试及其档案建设亟待规范

心理测验是评估学生发展状况的重要工具,正确地使用心理测验,可以使教育者了解学生,也能促进学生进行自我了解。早在2004年,教育部推出了一套大学新生入学时心理测试量表,包括《大学生生活应激量表》《大学生心理健康量表》《中国大学生适应量表》和《中国大学生人格量表》,并要求普通高校要做好大学新生入学的心理建档工作,切实抓好心理健康教育。时隔20年,这些心理测试量表已不能适应新形势下对大学生的心理健康测试要求,各高校在学生心理档案的建立和资料记录方面也存在不少问题。

大学生心理档案的规范化建设对大学生心理健康教育具有重大意义。[1] 大学生心理档案建立的根本目的是了解学生的心理状态,把握大学生心理发展变化的规律性,更好指导高校心理健康教育工作,促进学生健康发展。而心理档案中的一些信息和平常采集的数据等,对掌握大学生思想、心态方面的变化,有一个前期的了解和评估。能够让老师或心理研究室的工作人员,对"问题"学生,提前给他们"打一针"作为预

---

[1] 贾威,田从. 大学生心理档案规范化建设研究[J]. 船舶职业教育,2019(4).

防,以防患于未然,尽早地引导学生,沿着正确的方向和轨道前行,杜绝事态发生在萌芽之前,促进事态向正确的轨道发展,帮助大学生们在成长的道路上,少走弯路,健康成长。建立学生心理档案的目的是科学、系统、全面地进行学校心理健康教育提供参考资料。学生心理档案的内容主要包括:(1)影响学生心理发展的基本情况,主要用于帮助教师深入分析学生心理,了解学生心理问题产生的原因,包括学生个人简况、家庭生活情况、学校学习生活情况、对个人生活有影响的重大社会生活事件等。(2)反映学生个体心理状态和心理特点的情况,包括智力状况、个性特征、心理健康状况、学习心理分析、职业能力倾向等。学生心理档案是一个动态系统,应不断地补充、修正。

全国很多高校在新生入学阶段都会为新生建立心理档案,但由于各种原因,心理档案最终会仅仅停留在完成档案建立的阶段,或是按照测量表的标准进行数据分析,筛选出可能存在心理问题的学生而已。这使得心理档案的应用价值不能真正得到实现。① 高校学生是一个同质性较高的群体,相同年龄阶段的学生会表现出相似的心理问题与相同的心理规律。如果各高校在为新生建立心理档案时,均采用相同的标准和规范,以相同的渠道采集数据,这将大大提高高校学生心理档案的建设质量和利用效率。

大学生心理健康档案建设是新时代的需要,是教学育人的需要,是努力构建适应社会发展的需要。② 大学生心理档案建设是一项系统工程,具有鲜明的时代特征。建设大学生心理健康档案,通过这种特殊的方式和手段,可以从另一个方面更有针对性地帮助矫正大学生心理问题,促使大学生们更快、更好地适应新的环境,适应新的校园生活。但是当前我国还尚未对心理测试和档案建设工作做出相关规定和要求,一

---

① 聂振伟.正确认识和实施大学生心理健康普查和心理档案建立工作[J].思想理论教育导刊,2005(3).

② 谢小红.大学生心理健康档案建设价值与途径[J].资源信息与工程,2018(6).

些高校虽然基本上都建立了学生心理档案，但是普遍存在档案内容不全面，档案资料搜集不能持续，往往只在新生入学时记录一些相关资料，资料保管缺乏保密性和安全性等问题。

五、心理健康教育施行孤立化，高校内部及社会配合不利

心理健康教育是提高大学生心理素质、促进其身心健康和谐发展的教育，是高校人才培养体系的重要组成部分，也是高校思想政治工作的重要内容。心理健康教育是一项系统工程，需要良好的综合教育环境，要求各部门互相配合。《普通高等学校学生心理健康教育工作基本建设标准（试行）》在大学生心理健康教育体制机制建设中明确规定：高校应将大学生心理健康教育纳入学校人才培养体系，应成立专门工作领导小组，指定主管校领导负责，心理健康教育和咨询机构、学生工作部门等全校各相关部门以及相关学科教学研究单位等负责人为成员，负责研究制订大学生心理健康教育工作的规划和相关制度，统筹领导全校大学生心理健康教育工作。

在心理健康教育实施过程中，一定程度上还存在孤立化教育现象，主要表现在：(1)心理咨询中心独自为阵，与学校学生工作部、学院、相关部门缺乏交流与沟通。(2)认为心理健康教育是学校的一项具体工作，就是由心理健康教育中心来完成，缺乏全员育人意识，导致心理健康教育工作孤立无援，难以得到其他部门的支持配合。(3)心理健康教育与思想政治教育"各自为阵"，未能形成合力。目前大多数高校是辅导员做思想政治工作，而心理健康教育则是心理健康专业教师的事，两者互不相干，互不关联。(4)大学生心理健康教育需要高素质的师资来主导工作，许多高校认为对大学生进行心理健康教育，认为完成教育主管部门的各项要求就实现了教育目标。心理健康教育这种孤立化的做法，不能有效地整合各方面的资源，不能营造良好的教书育人、环境育人氛围，会严重影响心理健康教育的效果。

所以说，大学生心理健康教育是一项系统工程，既需要学校各部门

人员的积极配合参与，也需要各院校间的联合与互助，还需要寻求社会力量的支持和关注。大学生心理健康教育需要校内、校际及高校与社会的沟通与交流，部分信息不能及时反馈，两者之间缺乏有效的衔接；除在特定会议场合的少量交流外，各院校一般各自为政，缺乏相互协助及资源共享的意识及实践。大学生心理健康教育是一项在探索中前进的新事物，需要各高校之间相互学习，相互切磋，取长补短、对一些共性的问题共同探索解决之路，实现资源共享，及时发现、纠正和避免心理健康教育过程中出现的一些误区和偏差；就社会而言，虽然社会各界对大学生心理健康及教育问题予以了关注与重视，但如何充分利用社会资源、实现大学生心理健康教育与社会力量的结合也是当前面临的重要课题。

六、心理健康教育实践活动针对性不强

高校大学生心理活动的多样性以及大学生心理的多元化，决定了大学生心理健康教育不能采取传统的课堂授课模式来进行灌输，高校丰富多彩的校园文化活动是对大学生进行心理健康教育的有效形式，可以使大学生的精神面貌、理想信仰、心理素质等多方面得到提升。《教育部、卫生部、共青团中央关于进一步加强和改进大学生心理健康教育的意见》(教社政〔2005〕1号)在加强和改进大学生心理健康教育的基本原则中提出：坚持课堂教育与课外活动相结合，既要通过课堂教学传授心理健康知识，又要组织大学生参加陶冶情操、磨炼意志的课外文体活动，不断提高大学生心理健康水平。《全国精神卫生工作体系发展指导纲要(2008年—2015年)》规定：各级共青团组织配合政府有关部门开展青少年精神卫生状况调查，开展多种形式的宣传教育活动，为青少年心理健康提供有效服务，帮助青少年养成健康的生活品质，培养高尚的道德情操。当前在课外和实践活动的开展对学生心理需要的因素设计考虑较少，校园文化艺术类活动一般是在团组织的组织下开展，心理健康活动由心理健康中心来组织开展，受组织职能的限制，心理健康中心开展的心理教育的相关活动影响力和学生群体参与度都较低，缺少参与的

传播、宣传媒介，没有同社团、班会、团日活动以及大学生社会实践活动有机结合，缺少活动开展的组织合力。

此外，大学生心理健康教育还应紧紧依托心理健康类社团来开展，大学生心理健康社团是学校心理健康教育的一种重要形式，实际上，在大学有多种心理健康教育的形式，但是，它们都不能取代心理健康社团。学生心理健康社团具有参与性、实践性、自治性、自愿性。在社团活动中，学生的积极性、主动性、创造性比任何形式的心理健康教育都要发挥得好。大学的心理课程教育很短暂，但社团可以帮学生补课。学生在社团活动中，积极参与、经常性参与一些心理健康教育项目，能够领悟、体验到教师授课所不能达到的效果。学生心理健康社团是群体性组织，学生在社团中的互动，有利于他们彼此之间相互认同、相互启发、相互暗示、相互感染、共同成长。学校对学生进行心理健康教育，应该充分发挥教师与学生两个积极性。当前在校团委、学工部指导下的心理健康社团，也存在一些问题，作为联系学校与学生的重要桥梁，社团在自身建设上不够重视，特殊性没有得到体现，支持力度不够，缺乏对学生的心理健康教育进行必要的指导。实际上，可以通过心理健康社团将学生们组织起来，充分了解学生的心理健康状态，进行有针对性的、有成效的教育宣传咨询工作。学生通过参加心理健康社团组织及活动，能够在人格与心理方面得到各种指导。从这个意义上来说，学生心理健康教育团体是个准自治组织，学校领导与心理专家的支持与帮助在现今是不够的，有待继续加强。

七、大学生心理危机预警系统有待提升

随着社会对人才竞争的要求越来越高，大学生心理危机与突发事件也较为频繁。大学生心理危机的来源和表现，主要有以下五种常见的类型：[1]

---

[1] 胡凯.大学生心理健康理论与方法[M].北京：人民出版社，2010：212-213.

一是成长方面的危机。大学生已进入青年中晚期，正处于生理发育的基本成熟和部分心理发展相对滞后的特殊时期，人生观、世界观和价值观逐渐形成，心理状态不稳定，容易受到外界的各种负面影响而产生心理危机；此外，大学生性生理已经基本成熟，性意识增强，渴望异性的友谊和爱情，但由于大学生性心理还没有完全成熟，缺乏生活经验，常会产生一些不正当的行为，给身心带来严重影响。

二是人际关系方面的危机。和谐的人际关系既是大学生心理健康不可缺少的条件，也是大学生获得心理健康的重要途径。大学生人际关系危机主要是指在校大学生在与他人相处和交往的过程中表现出的自闭、逃避、自恋、自负以及难以调和与他人关系的不良心理状态和行为表现。从中学到大学，大学生面临着一种全新的人际关系，在中学时代，他们或许能够凭借出色的成绩赢得同学和老师的青睐，但在大学，成绩好不一定就能获得好的人际关系，这需要一定的人际交往技巧，同时也需要懂得在出现矛盾时如何处理。另外，大学的同学来自五湖四海，每个人的家庭背景、生活方式、价值观、性格、兴趣爱好可能会千差万别。这些差异会不可避免地带来摩擦和冲突，如果得不到及时的解决，就会产生人际关系上的危机，给大学生的心理健康带来严重影响。

三是就业方面的危机。近年来，由于社会竞争的加剧，高校扩招，就业市场的饱和，对高学历人才的需求开始增大，大学生找工作或找比较理想的工作越来越困难。一些同学表现出严重的危机感，同时一些同学为了缓解就业带来的压力，不断给自己施压，长期处于紧张状态，一旦努力失败就会给自己带来严重的心理挫折感。

四是学业与经济方面的危机。学习是大学生的首要任务和主要活动方式。大学生的学习压力相当一部分来自对所学专业不感兴趣，这使他们长期处于冲突与痛苦之中；课程负担过重，学习方法不当，精神长期过度紧张也会带来压力；另外还有参加各类证书考试及考研所带来的应试压力等。精神长期处于高度紧张的状态下，极可能导致大学生出现强迫、焦虑甚至是精神分裂等心理疾病。还有生活贫困所造成的心理压力。目前，我国高校在校生中还有20%~30%的贫困生，而其中有5%~7%属于特困生，具有一定的精神压力，会出现与同学相处敏感而自卑，采取逃避、自闭的做法。

五是情感方面的危机。情感危机是指一个人在感情中遭到突然的打击，使他无法控制和驱使自己的感情，从而严重地干扰他的正常思维和对事物的判断处理能力，甚至使工作学习无法正常进行。在极度的悲痛、恐惧、紧张、抑郁、焦虑、烦躁下，极易做出莽撞的事，导致精神崩溃。在大学生中最常见的情感危机莫过于失恋，这是诱发大学生心理问题的重要因素，恋爱失败往往导致大学生心理变异，有的人因此而走向极端，甚至造成悲剧。

建立大学生心理危机预警机制，确定心理危机预警指标，对预测危机、防范危机和积极主动地制定应对心理危机的策略都具有十分重要的意义。而当前我国大学生心理危机预警系统一般都采取"校—院（系）—班"三级工作预警网络系统，三级工作预警系统包括以学校分管思想政治教育工作的校领导为指导，以心理咨询机构为核心的校级工作网络；以各院（系）主管学生工作的书记和辅导员组成的院（系）级工作网络；由经过选拔和定期培训的班级心理委员所组成的班级工作网络。[1] 在三级工作网络体系中，校级网络为中心，负责制定相关方针和政策，组织协调各级工作的开展与整合院（系）级网络为重点，积极配合校级网络工作的开展，班级的心理委员在院（系）级辅导员的指导下与院（系）级网络建立联系。在该网络中的班级心理委员能发挥一定的作用，但在新形势下，还存在很多的问题，最大的问题是无法监管到同学日常的生活情况，日常的生活状态最能够反映出心理的状况。

在调研的多起学生自杀案例中，对学生在寝室的生活状态监管的缺失，没有建立基层的心理危机预警系统，导致信息不畅通，无法及

---

[1] 卢爱新.我国大学生心理健康教育发展研究[D].武汉：华中师范大学，2007.

时地进行心理干预，使得悲剧发生，特别是对于大三、大四年级以及研究生来说，课程减少、外出实践和实习、同老师和其他同学的接触时间减少、出现心理问题在班级层面很难及时发现。发挥宿舍寝室长的作用，完善宿舍、班级、院系、学校心理危机的预警系统，将预防、预警、干预相结合，对加强建设大学生心理危机预防与干预体系十分重要。

第三节 健康素养教育存在的问题

大学生健康素养研究是我国健康素养研究的热点之一。对于大学生而言，低健康素养会导致不良的健康情况，如对自我健康状况不了解，健康管理能力差，很少主动采取预防性措施，从而延误疾病防治的最佳时机。低健康素养者容易养成不良的生活行为方式，会导致慢性病的发病率升高。对整个社会和经济而言，低健康素养会导致卫生成本增加和卫生服务资源的浪费，如入院率、急诊利用率和医疗费用增加，而且健康素养水平的高低对健康状态的影响高于教育、收入、失业和种族等因素。因此，健康素养对增强公众的自我保健意识、改变不良行为和生活方式，掌握基本健康技能，从而改善人口健康状况具有重要意义。目前，无论是发达还是发展中国家，公众的健康素养都是一个严峻的公共卫生问题。

一、健康素养教育观念的认识和理解相对滞后

新形势下的现代社会已经把发展健康作为人们的一项最基本的权利和基本要求，增强健康素养教育，把树立"全面健康"的理念应当看作是全人类、全社会的事业。健康也是社会发展的基本标志和潜在动力。对于大学生而言，所能呈现出的最完美的状态就是：精力充沛、积极向上、身心健康、充满正能量。大学生个体健康是社会发展的基本标志，一个拥有大批量高素质人才的国家具有可持续发展的优

势。在国家可持续发展的政策里，健康的个体体质是发展思想道德和科学文化素质的物质基础，更是培养高素质人才的物质基础。一个社会发展的潜在动力就是拥有健康的、高素质的国民和各科专业的人才。所以说健康素养不仅是个体和家庭的事，更是人类文明推动社会不断进步的大事。全民健康是社会发展的最终目标，推动健康素养教育是具有十分重要的意义。

当前，我国高校在整体健康教育模式的理解和建构上，在较长的时间内将健康教育定位为"体育卫生模式"，健康教育在学科上缺乏应有的定位。在内容结构上高校对大学生健康素养教育的科学性、整体性认识不足，认为健康素养教育应是体育与健康和心理健康的教育范畴，对健康素养教育所属的基本常识素养、生活方式素养、基本技能素养三个方面缺乏科学和专业的认识。在传统的健康教育理念之下，高校在体质健康教育和心理健康教育的理念认识上相对较高，行为习惯的养成、健康生活方式的建立以及大学生健康素养水平的提升有待加强。

二、健康素养教育形式单调，科学教育模式有待建立

在全面推进素质教育的过程中，我国高校在健康素养教育上形式过于单调，许多高校没有设置相关的健康素养教育课程和内容，远不能适应形势的发展，大学生对健康素养教育的认识、态度和实践还处于较低水平。在健康素养的相关教育的组织形式和教育内容与大学生身心全面、协调、健康的发展不相匹配，或是单一的讲座，或是在体质健康和心理健康教育中的极少的教育内容，亟待建立科学的健康素养教育内容，并将该内容模块融入大学生整体的健康教育模式中。

健康素养教育的缺失也使得当前我国大学生的健康知识贫乏，很多学生既没有现代健康的观念，也没有科学的卫生生活习惯，高校应审视健康素养教育的目标、任务、内容、实施途径和方法，树立健康素养教

育的观念，形成健康素养教育思想，切实加强高校健康素养教育的工作，在高校中进行有目的、有计划、有针对性、有评价的健康素养教育活动。

三、健康素养教育缺乏师资，内容尚未统一

当前，我国高校除一些医学类、中医学类、师范类高校开设健康促进、健康保健、中医养生类的辅修课程和选修课程外，其他高校在健康教育素养的教育课程设置上较少，其主要原因：

一是健康素养教育的师资缺乏，许多高校没有引进从事健康教育的专职教师，有关大学生健康教育的组织和内容由学校保健医生、心理学专业教育或者体育教师来兼任。非健康素养专业教育受知识结构等多方面因素的影响，所讲授的健康教育内容在深度和广度上不能满足当代大学生对健康素养知识的需求。

二是健康素养教育的课程内容缺乏统一，大学生的健康素养是指导学生科学、理性地进行学习和生活实践，培养健康意识与公共卫生意识，掌握健康知识和技能，促进其养成健康的行为和生活方式为前提条件。

健康素养教育内容应具有较强的专业指导性，应涉及大学生健康素养的各个方面，如：健身运动素养、睡眠素养、心理素养、卫生与疾病预防素养、营养与保健素养和安全与急救素养等多项内容，通过课程内容和教材的统一能有效提升我国当前大学生健康素养的教育水平，探索更加符合普及健康知识，形成健康理念并掌握健康技能的教学模式。

四、大学生不良生活方式亟待改变

健康是人们奉献社会和享受生活的基础和前提条件。大学生要想适应现代快节奏、高质量的生活，首先个体要身体健康、精神饱满，并且

有良好的社交能力，如此才能更好地享受生活、优化自己在社会中的地位和发挥应有的作用。反之，如果个体不具备健康的身体和心理，就无法享受幸福的生活，更谈不上奉献社会。一个人首先应具有健康的体质和心理，具有较好的健康素养，这样才能最大限度地诠释生命的意义，奉献社会。

健康素养被视为健康促进和健康教育的结果，当前，我国大学生在不健康的行为习惯和不良的生活方式上比较突出，较为突出的是吸烟、酗酒、用眼过度、膳食结构不合理、作息时间不规律、缺乏体育运动，从而造成身体健康状态下降。此外，在健康基本知识和理念、健康基本技能等方面的素质缺失，也将对今后人生健康发展产生不利的影响，大学生的学习负担较重，竞争压力较大，要想保持高效率的学习方式，必须科学地安排好学习、作息和体育锻炼，养成良好的饮食习惯，使生活规律。大学生正处于心理、生活发展趋于成熟的时期，也是健康行为习惯形成的关键阶段，在这个阶段进行健康素养知识的教育，对大学生健康行为习惯的促成非常关键，也十分必要。

五、健康素养教育宣传不够，校园文化活动涉及较少

加强对健康素养的教育宣传，依托各类校园文化活动对大学生进行健康素养的教育，是增强大学生健康素养水平，提升校园健康素养教育氛围最为有效的形式。根据相关研究调查，大学生期待获得健康相关信息的渠道依次为：学校开设讲座、健康教育公共课程、宣传健康知识的网页、手机新媒体信息、校内张贴宣传资料等；同学们还建议希望通过团学组织举办相关健康素养的文化活动，如开展与健康素养相关的知识竞赛、组织健康生活研讨、主题班会、演讲比赛等。[①] 在健康素养教育的宣传和活动的组织上还十分欠缺，需要创设条件，结合大学生健康教

---

① 姚琴. 大学生健康素养现况调查与干预途径探讨[J]. 中国科技信息，2013(3).

育进行整体设计,要发挥团学组织的优势,充分利用大学生自主性进行自我认识教育,加强专业引导,广泛开展丰富多彩的以提高大学生健康素养为目的的各种健康传播活动。

第七章　加强大学生健康教育对策探讨

健康教育是全民素质教育的有机组成部分，是维护全体公民享有健康权益，提高中华民族的健康水平，增强综合国力的重要环节之一，也是构建重要和谐社会的重要内涵。《"健康中国2030"规划纲要》提出：要加大学校健康教育力度，将健康教育纳入国民教育体系，把健康教育作为所有教育阶段素质教育的重要内容。大学生健康教育是中小学健康教育的延续和深化，是全民健康教育的重要组成部分。高等教育阶段也是大学生身心成长成熟、健康素养形成的重要时期，是传播健康理念、引领健康生活方式的重要人群。大学生健康教育重在增强学生的健康意识、提高学生的健康素养和健全学生的人格品质。加强大学生健康教育需要遵循问题导向与健康需求相衔接；知识传授与行为养成相促进；课堂教学与课外实践相协调；维护个体健康与增强社会责任相统一；总体要求与地方实际相结合等五个方面的基本原则。同时还要重点培养健康教育师资，将健康教育纳入体育教师职前教育和职后培训内容。加强大学生健康教育提高青年群体的健康水平，能够有力地推动"健康中国"战略的实施和全民健康教育的发展以及社会主义物质文明、精神文明、政治文明和生态文明的进步。

第一节　大学生体质健康教育对策探讨

一个国家国民体质和健康水平的提高，是其综合国力提升的重要组成部分，也是社会文明和进步的重要标志。青少年时期的体质健康非常重要，他们正经历着人生最重要的成长阶段，青年大学生的体质健康问题解决不好，将对建设人力资源强国战略构成威胁。青年大学生时期的体质健康问题，将对中老年的身体健康构成巨大的安全隐患。因此，如果青年大学生体质健康状况不能得到合理有效的改善，从人的生涯发展角度看，将大大降低中老年的生活质量；从社会经济发展的角度看，将大大增加今后国家医疗和养老经费的支出。大学生体质健康是一个系统工程，高校的体质健康教育肩负着培养高层次人才健康体魄的重任，需要高校进行统筹规划，转变观念，主动适应新时代的发展。

一、推进大学生体育锻炼标准制度的实施

体育锻炼能较好地缓解学生紧张、焦虑的心情，也是不良情绪宣泄的一种手段，它能舒缓相关心理因素而带来的不良情绪或压力，所以体育锻炼不仅仅是身体锻炼，也是心理锻炼，它有利于身心健康，对学生的身心成长有积极的促进作用。参加体育锻炼与心理健康和自身的情绪有着很重要的联系，这主要是因为体育锻炼是人体在大脑皮层主导下的随意运动，它以人的自我意愿活动为中心，通过肌肉力量来活动，从而完成反射的效应；参加体育锻炼还能提高大学生的自尊心，体育比赛中会得到对手的尊敬并且也能尊敬竞争对手；提高自信心，通过赢得比赛而了解自己，给自己信心，相信自己能做得更好；增强意志品质，培养坚韧不拔、永不放弃的比赛精神，运动员的顽强拼搏精神等。体育锻炼是促进大学生形成健康心理品质的有效手段。

2020年是《中共中央、国务院关于加强青少年体育增强青少年体质的意见》（中发〔2007〕7号文件）颁布实施的第13年，该文件是我国推进青少年体育发展、增强青少年体质健康，推动亿万青少年阳光体育运动等工作的纲领性文件，文件明确指出："强化体育课和课外锻炼，促进青少年身心健康、体魄强健。"这为我国青少年体育、学校体育工作的开展指明了方向，那就是"体育课和课外体育锻炼"是途径和载体，"强化"是要求，"身心健康、体魄强健"是追求的目标。体育锻炼标准

是国家的一种体育制度,《国家体育锻炼标准》是经国务院批准实施的体育制度,《中华人民共和国体育法》明确规定:学校必须实施国家体育锻炼标准,对学生在校期间每天用于体育活动的时间给予保证。现阶段要大力提倡和推进大学生体育锻炼标准的实施,给予学生足够的活动时间和空间上的保证,提升学生积极参与锻炼的兴趣。

2013年,国家体育总局、教育部、全国总工会印发了修订后的《国家体育锻炼标准施行办法》,要求教育部负责制定、实施学校学生体育锻炼标准和施行办法,学校应当组织学生按照教育部制定的学校学生体育锻炼标准开展测验达标活动。教育部修订了《国家学生体质健康标准》,该标准是促进学生体质健康发展、激励学生积极进行身体锻炼的教育手段。所选用的指标可以反映与身体健康关系密切的身体成分、心血管系统功能、肌肉的力量和耐力以及关节和肌肉的柔韧性等要素的基本状况。该标准的实施使学生和社会能够对影响身体健康的主要因素有了更加明确的认识和理解,引导人们去积极追求身体的健康状态,实现学校体育的目标。该标准实施办法还规定,对达到合格以上等级的学生颁发证章,以激励学生对体育锻炼的内在积极性。现阶段,各级教育、体育部门还应继续加强对推行体育锻炼标准的执行,密切配合,采取有效措施,保证这项工作在高校大学生群体的深入开展,以增强大学生的体质,稳固提高中华民族的身体素质。

二、落实大学生体质健康监测评价机制和工作体系

从体质与健康的内涵来看,健康要比体质高一个层次,即健康包含体质,而体质只是健康的一个方面。健康是目的,体质是手段,我们通过身体锻炼和医疗保健,使体质得到增强,但最终的目的却是改善自己的健康状态,使生活更幸福。体质是健康的前提和基础。失去了良好的体质,健康是无源之水、无本之木,大学生要想拥有健康,首先必须有良好的体质;健康是良好体质的归宿和最终目标。通过多种手段增强体质,最终是为了增进健康,享受生活。建立健全国家学

生体质健康监测评价机制，激励学生积极参加身体锻炼，引导学校深化体育教学改革，推动各地加强学校体育工作，促进青少年身心健康、体魄强健、全面发展，是落实青少年体质健康状况和学校体育工作实际的实际要求。

《国家学生体质健康标准》就体质健康实施与应用过程中的信度、效度和区分度进行了提高，强化了教育、激励、反馈、调整和引导锻炼的功能，对教育监测和绩效评价的支撑能力。在标题的技术体系上，统一了全国的评价指标、规范了评定等级、增强了标准的信度和效度；标准的执行效率和导向作用得到了提高和强化；对学生测试的制度，上报数据审查、抽查复核、研判、公示、应用等制度进行了规定。

要按照《国家学生体质健康标准》的新规定"促进学生体质健康发展、激励学生参加体育锻炼的教育、评价和反馈手段"，"要面向全体学生"，且要"纳入教育现代化指标体系"，要"作为考试制度和改革的重要内容"，要委托第三方"实施数据抽查"，要对学生体质健康水平持续三年下降的地区和学校实行"一票否决"。各地各校应以新国家标准为依据，强化标准的导向性、教育性、评价性，在本行政区域和单位内统筹开展面向全体学生的体质健康测试，逐步建立包括学校测试上报、部门逐级审查、随机抽查复核、动态分析预测、信息反馈公示、评价结果应用等相关制度和管理措施在内的学生体质健康监测评价工作体系。

三、建立学生体质健康档案平台

对于每个高校而言，对学生开展体质健康检查都是学校教育的重要内容，也凸显了素质教育的重要性，通过对高校学生开展体质健康调查，并根据调查结果建立健康档案，使高校学生体质健康管理水平得到显著提升。建立规范学生体质健康档案平台还可以有效防控安全风险，促进学生体质健康发展，使学生体质健康处于一个动态监控之下，有利于监测者掌握学生的身体健康状况，随时了解有健康隐患的学生情况，针对不同的学生开具有效的运动处方。学生体质健康档案平台的建立：

一是通过对学生体质健康档案的分析和处理，可以从每名学生的健康档案中分析适当的体质健康运动处方，有利于服务于体育教学，体现针对性和个性化。

二是为预防体育伤害事故时提供必要准确的信息，为体育教学内容及运动负荷的实施提供有力依据。通过体质健康档案，学生也掌握自身的身体健康状况以及一些未知的隐性疾病，做到事先掌握，科学锻炼，增强体质。

三是档案平台的大学生体质健康大数据还能直接运用到学校体育工作的研究中，为体育教学成果、教学计划提供评价和完善依据。

四是通过学生体质健康档案的建立以及管理，得出宝贵的全民健身计划经验，为推广和建立全民体质健康档案奠定良好的基础。

体质健康档案评价预警功能是通过对大学生体质达标测试数据进行全面监测、分析、评判，对学生个体或群体体质健康发展的均衡性、等级标准等目标值改进提高进行追踪反馈而最终通过运动干预以达到最佳的健康效果。

四、形成科学的具有中国特色的体育教学体系

大学生体质健康教育要坚持"健康第一"的指导思想，切实加强体育工作，使学生掌握基本的运动技能，养成坚持锻炼身体的良好习惯。[①] 体育教学课程的性质也就决定了本课程是在学校教育中落实"健康第一"指导思想的主要途径。这并不是说只要在学校开设足够的体育教学课程，就能够很好地落实"健康第一"指导思想，从而促进学生健康成长。要想很好地将"健康第一"指导思想落到实处，就必须在课程

---

① 梁占歌．体育与健康课教学设计经典案例研究[M]．北京：北京师范大学出版社，2016：26．

目标确定、课程内容的选择与组织、课程的实施及课程评价等方面真正体现"健康第一"的要求，以实现学生三维健康观的全面提高。

高校体育教学的改革，需要以完善教学体系为基础，受到传统教学理念的影响，在高校体育教学活动中仍然以传统教学模式和方法为主，对于多媒体等新的教学资源利用十分有限。一是学校体育课程教学内容要满足学生多元化的需要，要根据学生特点，专业设置特点和本地区的体育传统项目以及所具有的场馆和器材情况来设置。如健美操、乒乓球、羽毛球等项目适合于师范类院校，因女生比较多，适合女生参与；足球、篮球、排球等男生喜爱的项目适合于理科类男生较多的院校；此外，中国传统运动项目武术、太极拳等应在高校大力推广，少数民族地区的院校还应推广在本地区传统的体育文化项目。医学院校还应结合医学院校的特点，在掌握专业医学知识和专业技能的基础上，充分发挥体育在医疗保健方面的重要作用，推行"医体结合"，即医学与体育的结合，如运动医疗、运动康复、运动保健，推进学生结合专业学习和未来就业的教育。

课程内容要重视传统体育项目和健身实用性的体育课程，应推行"三自主"的模式，即在教师的指导下，学生应自主选择课程内容、自主选择任课老师、自主选择上课时间，使大学生在体育教学中既培养体育兴趣和爱好，又发展了大学生的身体素质。根据当前大学生体质健康的现状，大三、大四还应增设相关体育选修课，对体能进行干预，尽量通过体能干预课提高大学生体质，继续以体育课的形式督促大学生参与体育锻炼。同时还要注重学习者个体之前表现出来的一些共性、稳定性的特色以及多样化的差异，一是分析学习者的一般特点和学习风格，为在体育教学中因材施教、使学生向个性化方向发展、培养学生的创新意识和能力提供条件，让每一个学生都明确自己的目标，在重视个人特征和自我价值观的基础上学会怎么"做"，为每一个学生提供科学合理的体育教学。二是分析学生的起点能力，为"如何教"寻求共性的实践依据。只有以学生原来具有的知识技能、生活经验以及对体育学习的兴趣、态度等为基础，精心设计体育教学活动，指导学生不断完善自己的体育知识、技能和能力，才能获得很好的体育教学效果。

五、明确校内各部门体质健康教育工作职责

全国学生体质健康水平下降的趋势得到初步遏制，有些指标出现好转。但总体看，学校体育仍然是整个教育工作的薄弱环节，学生体质健康形势依然严峻。高校要牢固树立"健康第一"的思想，深化教育综合改革，把体育摆在更加突出的位置，推动学校体育工作取得明显突破、学生体质健康水平得到明显提升。

依据《学校卫生工作条例》《国务院关于进一步加强学校体育工作若干意见的通知》《国家学生体质健康标准》等规章制度，高校应高度重视学生体质健康教育的实行和体测工作的规范与科学化建设。将相关工作列为"一把手"工程，成立专项工作领导小组，协调教务、体育部、学工部、团委、校医院、信息中心、后勤、基建等共同推进学生体质健康教育的相关工作。

教务和体育教学部门要抓好体育教学课程的改革和实施，建立科学的教学考核体系，激发学生参与体育课程学习的积极性和主动性；学工应将学生健康标准列入学生奖励考核范围，对在体育锻炼和相关体育活动中表现优异的同学予以奖励加分，如学生达到《奖励标准》良好等级以上者，可评为"三好学生"，获得奖学金；学工、团委要结合第二课堂，广泛开展学生喜闻乐见的体育文化活动，经过相关体育赛事和体育健康活动，营造良好的健康运动环境；校医院要依据《高等学校医疗保健机构工作规程》（教体〔1998〕4号），提高医疗保健工作的质量，负责对学生的健康检查，采取有效措施进行防治，协助教务和体育教学部门开设运动保健的相关讲座和课程。信息中心要协助体育教学部门进行学生体质健康测试的采集、上报和分析反馈，有条件的应当建立学生体质健康档案。后勤和基建部门要创造学生体质健康锻炼的支持性环境，合理安排开放体育场馆，加强对学校体育场地和设施的建设和改造，对于

现代新兴的体育项目，如新生代感兴趣的攀岩、轮滑、滑板等应整合资源提供相关的场地；对于有偿场馆的使用要关心特困学生群体，学校应给予一定的关照。

学校要尽可能给体育场地设施的建设以政策和经费的支持，最大限度地开发和利用现有的资源，挖掘学校自身的优势和环境优势，开发具有地方和学校特色的体育项目以及体育条件资源。对校内各相关机构、部门的在大学生体质健康教育中的职责明确有助于形成合力，共同推进大学生体质健康教育。

六、完善团学组织资源配置，形成有效补充

团学组织的相关活动具有覆盖面广、参与性强、形式灵活等优势，是大学生参与团学组织活动的重要途径，是加强团学大学生思想政治教育的良好载体，也是加强团学组织建设的有效手段。

共青团中央、教育部、国家体育总局、全国学联下发了《关于开展大学生"走下网络、走出宿舍、走向操场"主题群众性课外体育锻炼活动的通知》，阳光体育运动和"三走"活动系统地对当前青少年参与体质锻炼结合时代发展的新特征提出了具体要求，通过第二课堂相关活动的设置对高校体育课程进行有益补充。

要把有目的、有计划、有组织的课外体育锻炼、校外活动、运动训练等视为"潜在的体育课程"，以校园为空间，以学生教师为参与主体，以多种形式的体育锻炼项目为主要内容，包括体育精神、体育教学、体育活动、体育竞技、体育设施、体育形态、体育道德风尚等形式的文化。在教务、体育教学、学工、团委等部门的共同组织协调下将阳光体育运动和"三走"作为课堂教学的补充与延续，形成课内外、校内外有机联系的学生健康锻炼体系，要把课外体育活动、运动训练、体育俱乐部、体育社团等组织形式作为促进学生体育锻炼的重要手段，充分发挥共青团组织和学生社团的作用。通过建立制度化、规范化管理的体育社团，促使学生参加校内外丰富多彩的体育活动和竞赛，激发起学生更大

的体育热情。

要注重对活动组织的常态化、网络化、规范化，根据学生和学校的特点，遴选深受学生喜爱的传统体育赛事，突出体育项目特色，既要传承和弘扬中华民族传统的体育文化，又要学习引进国际先进的体育文化，定期举办，使比赛活动常态化；利用网络推广赛事信息，营造体育文化和锻炼的氛围，使活动网络化；在活动的组织和管理上做到制度化、规范化。依托校园体育文化开展形式多样、内容丰富的，融健身、娱乐、竞技于一体的综合性的校园体育文化活动。以树立"健康第一"为指导思想，为推行素质教育服务和培养学生终身体育锻炼观念为目的，培养学生的体育意识和竞技能力，提高体育文化素养，增进身心健康，树立终身锻炼观念。

第二节　大学生心理健康教育对策探讨

加强大学生心理健康教育是提高大学生心理素质、促进大学生健康成长的重要途径，是社会全面发展和培养高素质创新人才的必然要求。加强大学生心理健康教育也是加强和改进大学生思想政治教育的重要任务，是全面推进素质教育的需要。大学生心理健康教育应坚持思想政治教育与心理教育结合、普及教育与自我教育结合、课堂教育与校园文化活动结合，帮助大学生树立正确的世界观、人生观、价值观，形成大学生心理健康发展的动力。新形势下，作为大学生思想政治教育的重要内容和全面推进素质教育的重要途径，大学生心理健康教育工作需要统筹谋划、把握规律、整体推进、重点突破，不断提升工作的针对性和实效性，实现自身内涵式发展。

一、确立一条工作思路

确立以心理健康教育课程体系为主线，以心理咨询和心理预警为基础，以心理健康教育活动为助推，以突发事件处理为保证，以心理健康研究为支持,集教育、咨询、预警、干预和研究功能的"五位一体"工作思路。

一是要严格按照《高等学校学生心理健康教育指导纲要》(教党〔2018〕41号)的要求,把心理健康教育课程纳入学校整体教学计划,规范课程设置,对新生开设心理健康教育公共必修课,大力倡导面向全体学生开设心理健康教育选修和辅修课程,实现大学生心理健康教育全覆盖。公共必修课程原则上应设置2个学分、32~36个学时。要在稳固知识层面的基础上,着重加强技能层面、自我认知层面的课程教学,尝试采用"讲解、体验、分享"的"三位一体"式的心理健康教育课程体系,注重课程教学的实效性,突出情境体验和多元互动,提升学生对教学的投入度和关注度。

二是加强对心理咨询工作和心理预警机制基础性工作的指导。心理咨询是心理健康教育工作最基本形式和最专业的体现,是心理健康教育工作实现补救性目标的根本保证,需要完善心理咨询的各项制度,做好心理咨询的分阶段总结工作,建立相关的学习和督导制度,做到每月一次案例学习制,每周一次业务督导制,同时要注重开展团体咨询、班级辅导等团体互动咨询活动。心理预警机制的建立能有效提早预防心理悲剧的发生,要将心理预警机制融入学生的生活中,建立"学校—院系—班级—宿舍"四级心理预警机制,规定由寝室长承担宿舍的心理预警关注和报送工作,给予寝室长班级干部的级别,享受评优评先的加分条件,鼓励寝室长在预警机制的体系中发挥作用。

三是强化心理健康教育相关活动设计和实际效果。心理健康教育相关活动是实施素质教育的基本途径,要以公共必修课为主,辅以专家讲座、学生讲坛、素质拓展,团学活动相结合等形式的心理健康教育活动,依托共青团、社团,特别是心理健康教育社团组织,做到有内容、有课时、有计划、有专业指导教师,避免流于形式。

需要明确的是大学生心理健康教育课程要具备以下几个特点:一是大学生心理健康教育课程涵盖了心理健康教育学科课程和活动课程的内

第七章 加强大学生健康教育对策探讨

容，具有综合性。如各高校开设的"大学生心理健康教育""健康心理学""大学生心理学""大学生心理素质训练""人格心理学""团队心理训练"等，都属于大学生心理健康教育课程。二是大学生心理健康教育课程通过教育者直接传授书本上的内容而使学生获得心理健康知识，并通过个体亲身参与心理健康训练的实践活动而获得知识、技能和情感体验，具有教育性。三是心理健康教育学科课程和活动课程是有组织、有计划的，它应根据教育方针和教育目标，规划其课程的目标、内容和程序，具有计划性。四是心理健康教育课程是学生主动参与的课程，主动性决定了心理健康教育课程的设计应以学生为中心。五是心理健康教育课程的目的在于促进学生心理的健康发展，具有发展的指向性。

二、建立两大机制

大学生心理健康教育是一项与时俱进的工作，随着时代的发展呈现了许多新的变化，这就需要建立一定的心理健康教育的相关机制，注重筛选、防范和反馈。

一是建立心理普测、分类筛查、邀请约谈、跟踪反馈、建立心理档案的一体化心理测评工作运行机制。新生入学心理普测要及早更新具有统一标准的心理测试量表，科学的掌握学生心理健康状况，及时进行分类、邀谈工作，同时逐步建立学生心理档案，注重心理档案的持续性、保密性和安全性。

二是建立对特殊学生群体的定期交流反馈工作机制。心理健康中心要安排专职教师分管各相关院系，对特殊学生群体要督促和指导院系辅导员与特殊学生群体逐一进行谈话、交流，反馈学生心理、学习和生活状况，并将相关情况进行记录，作为心理档案予以保存。建立及时服务，妥善管理，动态处理的交流反馈工作机制。

三、完善三项规范

大学生心理健康是一项系统的教育工作，需要良好的综合教育的环境，学校各部门要相互配合，各学科相互协调以及健康教育相关课程的全面渗透，按照相关要求规范建设心理健康教育的环境和教学。

一是心理健康教育施行规范化。将大学生心理健康教育纳入学校人才培养体系，成立专门工作领导小组，指定主管校领导负责，心理健康教育和咨询机构、学生工作部门等全校各相关部门以及相关学科教学研究单位等负责人为成员，负责研究制订大学生心理健康教育工作的规划和相关制度，统筹规范领导全校大学生心理健康教育工作。

二是心理咨询建设规范化。通过定期专题研讨、分类交流、互相督导、学习总结，定期出版心理咨询个案汇编，为心理健康工作提供资料保证，使心理咨询工作能更专业和具体的开展。

三是心理健康教育教学规范化。通过组建心理健康教育教学研究团队，通过课题设置、编写教材等调查研究，按照《普通高等学校学生心理健康教育课程教学基本要求》（教思政厅〔2011〕5号）分解各部分教学内容，统一课件和讲义，教育教学体系要根据各年级学生的心理素质教育目标，体现心理素质教育的层次性、阶段性、实用性和整体性。

四、实现四种结合

大学生心理健康教育的有效开展与高校相关心理健康教育资源密切相关，需要构建整合相关教育力量，推动大学生心理健康教育的全面发展，提升心理健康教育的实际效果。

第一，思想政治教育与心理健康教育相结合。思想政治教育与心理健康教育有着不同的形式、内容和要求，遵循不同的规律和原则，从内容和效果来看，两者相辅相成、互为条件、互相补充、相互促进。一方面要加强对学生工作队伍在心理健康教育上的培训，通过日常思政教育发挥作用，构建可靠的心理防线；另一方面借助思想政治教育的形式和载体来开展心理健康教育，根据大学生心理特点设计各类心理健康教育活动，与班团日活动有机结合，强化学生的参与意识。

第二，普及教育与自我教育相结合。通过新媒体创建心理关爱自媒体，推送心理健康相关知识，传播心理正能量，完善心理咨询的载体，使专业教学、讲座、咨询、关爱热线充分发挥作用。以班级心理委员、宿舍寝室长为基准推行尝试同辈辅导，对他们进行专业心理培训，担任同辈辅导员，由同辈协助解决同辈间的争执、冲突和情绪问题，起到对心理健康教育的预防性和全面性作用。另外，要大力拓展自我认知教育，使学生对自我身体条件、心理状况、行为能力等进行客观评价，正确认识自己，自我进行调适，探索适合自身和社会的生活状态。

第三，个体咨询与团体辅导相结合。个体咨询与团体辅导要面向全体学生通过心理行为训练、书信咨询、电话咨询、网络咨询等多种形式，将个人咨询与团队辅导相结合，通过团队心理辅导促使个体认识自我、探索自我、调整改善与他人的关系，学习新的态度与行为方式，以促进良好的适应与发展的助人过程，有针对性地向大学生提供经常、及时、有效的心理健康指导与服务。

第四，微传播与心理健康宣传相结合。依托传统宣传模式的基础上，要注重发展微信、微博心理宣传平台，利用好微传播平台内容丰富、类型多样、容量大、时效性强、交互性强、覆盖面广、传播迅速等优势，积极占领微传播渠道。在内容设置上要注重让大学生群体接受，不要曲高和寡，要接地气，用学生青年乐于参与的方式主动参与进来。同时利用微传播渠道关注大学生群体和个体的相关表现，及时发现心理问题，及时解决，让微传播渠道成为发挥心理健康宣传的主渠道，成为大学生的"心理健康急救站"。

五、建设五支队伍

大学生心理健康教育是一项专业性很强的工作，要推进这项工作向科学化和规范化发展，必须建立一支训练有素、掌握相关专业知识和技能的师资队伍。

一是建设一支高素质心理健康教育和咨询的专业师资队伍。要建立心理健康教育专业师资准入制度，完善心理健康教育教师资格证书制度，将心理健康教育专业教师和兼职教师的培训工作纳入学校师资培训计划，要选配培养好兼职教师，建立相关选拔培养机制，努力建设一支以专职教师为骨干、专兼结合、相对稳定、高素质的心理健康教育和咨询的专业师资工作队伍，在专业职称评聘上要纳入大学生思想政治教育教师队伍序列或相应专业序列，并计算相应工作量。

二是建设一支专兼结合的心理健康教育研究和督导队伍。在将大学生心理健康教育普及融入学生日常生活的同时，要发挥专兼专业教师的专业优势，组建团队对大学生心理健康教育状况以及心理健康教育规律的系统性进行探索研究，以解决实际问题为立足点，加强理论与实践的结合研究。对于在心理健康教育上取得的知识成果要及时进行转化，转化为具有可操作性和普遍意义的心理健康教育方法。此外，要逐步建立开展大学生心理健康教育的督导工作，制定相关工作评价与督导指标体系，推动心理健康教育的科学化发展。

三是建设一支熟悉心理健康教育的学生管理工作人员队伍。辅导员、班主任、研究生导师是学生工作人员队伍的组成部分，也是大学生心理健康教育工作的重要力量，要充分发挥作用，加强他们对心理健康教育的培训工作，使学生管理工作人员了解心理健康教育的知识，增强心理健康教育意识，具备初步识别和解决心理问题的能力。在日常思想政治教育中要及时发现并区分学生中存在的思想问题和心理问题，自觉运用相关的知识和技巧对学生的心理问题有针对性地进行辅导和咨询，主动与心理健康教育专业教师合作，共同推进心理健康教育。

四是建设一支以学生党员、班级心理委员、寝室长为主的学生心理健康教育队伍。充分发挥学生骨干在心理健康教育中的群众性优势，广泛联结学生党员、班级心理委员、寝室长组成学生心理健康教育的坚实队伍，要注重对学生心理健康教育队伍的培训和教育工作，给予工作安排和指导，建立相关联结制度，明确责任，建立心理健康教育的监控网络，畅通信息渠道，将预警甄别体系深入学生的日常生活，实现全天候监管。

五是建设一支以学生心理社团为主的心理健康教育宣传队伍。要紧紧依托团学社团组织，特别是学生心理社团组织，在心理健康专业教师的指导下，面向全体学生开展心理健康教育的活动，如意志训练、适应训练、角色互换、团体拓展等，创新活动形式，拓宽活动途径，强化学生参与意识。通过心理健康类的各项活动，普及心理健康知识，营造良好的校园文化氛围。

六、完成六个一项

大学生心理健康教育的根本目的是促进大学生心理的全面健康发展，高校相关育人载体是最具活力的育人平台，在相关建设和活动设计中要有意识地将心理健康教育融入进去，让大学生从中培养健康的心理情感，克服不良情绪，得到身心的健康发展。

第一，打造一个心理健康教育微平台。充分利用学生心理社团，顺应新形势，组建新媒体运营团队，打造一个心理健康关爱心灵微平台，通过团队、经费、管理实现平台的可持续发展，逐步扩大在学生中的影响力，为心理健康教育的宣传和咨询做好保障。

第二，建设一个心理健康教育和咨询标准化场地。心理健康教育和咨询的场地要符合大学生心理健康教育工作的特点和要求，要有专门的场地和经费支持保障，根据相关要求设置预约等候室、个体咨询室、团队辅导室、心理测评室等，配合相关设备，形成具有一定规模的标准化场地。

第三，每学期开展一次心理健康主题教育活动。要以学生心理需要为切入点，以校风、学风、班风建设为龙头，每学期开展一到两次特色鲜明、吸引力强的心理健康教育主题活动，形式、内容的设计要考虑学生的心理需要，并作为传统教育活动保留，坚持创新性开展，形成心理健康主题教育特色活动。

第四，每学年开展一项励志人生教育论坛。通过邀请知名社会人士、知名校友开展励志人生教育的系列活动，同专业学习、职业生涯发展规划相结合，启发学生思维，引导学生积极向上，创造良好的成长成才文化氛围。

第五，给新生发放一本心理健康教育知识读物。结合新生入学教育，给新生选配一本优秀的心理健康教育知识读本，促进新生能更快地适应大学学习和生活，实现角色的转换。

第六，每年举办一次心理健康教育研讨。结合心理健康教育的教学和相关研究，邀请专家、学者举办心理健康教育研究论坛，邀请学校相关部门参与交流、总结和探讨心理健康教育教学和实践中存在的问题，编著心理健康教育研讨成果，在相关工作中进行改进，促进心理健康教育队伍的专业化成长。

第三节　大学生健康素养教育对策探讨

大学生的健康素养水平对"健康中国"战略的顺利实施以及中国梦的实现具有重要作用。健康素养和健康生活方式不仅是衡量卫生计生工作和人民群众健康素质的重要指标，也是对经济社会发展水平的综合反映。[①] WHO 倡导各国大力开展健康素养促进工作，为实现千年发展目标提供保障。实施全民健康素养促进行动，满足人民群众健康需求，倡导树立科学健康观，促进健康公平，营造健康文化，对于推进卫生计生事业和经济社会全面协调可持续发展具有重大意义。个体健康是全民健康的基础，促进全民健康需要每个人的共同努力，侧重于传播健康知识和技能，提升学生健康素养，要增强学生在维护和促进全民健康方面的责任感和示范引领作用。

一、重视健康促进，提升大学生健康素养水平

《国务院办公厅转发教育部等部门关于进一步加强学校体育工作若

---

① 杜玉开，徐勇.《"健康中国 2030"规划纲要》指标解析[M]. 北京：人民卫生出版社，2018：75.

干意见的通知》和《全国精神卫生工作体系发展指导纲要（2008年—2015年）》中对于加强健康教育与健康促进工作提出了明确的要求。《国家中长期教育改革和发展规划纲要（2010—2020年）》提出要坚持全面发展，全面加强和改进德育、智育、体育、美育、劳育。坚持文化知识学习与思想品德修养的统一、理论学习与社会实践的统一、全面发展与个性发展的统一。高校应充分发挥健康教育与健康促进在提高大学生健康素养中的作用，加大经费投入，培养专业的高校健康教育和健康素养教育教师，建立健全健康教育机构和工作网络，提供规范优质的服务，促进大学生平等享有健康教育与健康促进等基本公共卫生服务，确保其健康素养水平逐步得到提高。要针对健康素养水平的现状，针对重点健康问题，结合学校健康教育总体规划，制定科学、可行及时有效的健康素养教育实施方案，注重对学生健康习惯养成教育的培养，创设灵活的、可充分利用的多种手段，并与大学生身心特点相结合。

此外，还要重视大学生健康生活方式的培育和引导，来推进健康促进教育。生活方式是影响大学生体质状况的社会环境因素中最直接和最能动的因素。应该紧紧抓住生活方式这一环节，从膳食干预、锻炼引导、规定作息制度以及闲暇生活方式指导等多方面着手，引导学生建立健康良好的生活方式。学校应努力创造健康生活方式的条件，比如：大力开展丰富多彩的校园文化活动，丰富在校大学生的课余生活，吸引更多的大学生从宿舍里走出来，主动参与学校的各项文体活动。学校还应优化校园体育文化环境，经常组织多种形式的群众性体育活动，形成学校活动特色，丰富大学生的体育活动形式。让体育丰富大学生的生活内容，改善大学生的生活方式，从而增强大学生的健康素养。

二、规范教育内容，加强健康素养教育教学研究

健康素养教育是健康教育的重要内容，强调知、信、行的统一，是以行为改变为目标，也是有组织、有计划、有系统的社会活动。当前大学生思想活跃、自主意识强，不仅对健康素养知识获取途径、教

育形式要求高,对健康教育的需求内容也不断呈现出时代变化。目前许多学校健康素养教育的内容有待提升,教育形式单调,导致大学生对健康教育的认识态度和实践还处于较低的水平,多数大学生对现代健康的观念缺乏正确全面的认识,片面地认为身体强壮没有疾病就是健康,这种对现代健康观念认识上的误区导致对健康教育缺乏相应的兴趣和学习动力。

高校要注重提高健康素养教育内容的供给质量,规范健康素养的教育内容,加强与健康教育专业院校、机构进行合作,委托专业院校、专业机构编写、出版、发布适合大学生健康素养教育的学习宣传内容。开设的健康素养教育课程,要力求生动活泼,让同学们感兴趣,充分了解学生在营养与健康、心理卫生知识、传染病防治、性生理和心理保健、现场急救及意外伤害等相关方面对健康素养知识的需求,在健康素养教育的内容上有所侧重,开展相关健康安全警示教育,特别是注重加强对大学生的传染病防治教育。要注重理论联系实际,增强授课的生动性,还可以合理运用现代教育技术让学生的学习更具有实践意义,促成健康教育知识的内化。

如在运动素养教育上要从学生体质健康的角度,提供相关体育锻炼方法的指导,科学掌握锻炼方式,形成运动处方,健康运动;在心理素养教育上,可依托社会心理咨询专业机构,搭建专业咨询平台,针对当前大学生的时代特点,提供新颖独特的心理健康知识,科学解压,正确认识在人生成长过程中所遇到的困惑;在生活素养方面,加强同医药专业院校合作,一是普及急症处理和安全知识,掌握紧急救护实践技能、安全用药基础知识;二是注重弘扬中华传统中医养生文化,提供中医养生知识,科学生活、科学饮食、科学起居,促进养成教育,终身受用。

此外,要加强对健康素养教育的教学研究,注重多采用直观教学、情景教学、讨论教学、实操教学、模拟教学等加强视听感受,加强动手操作,注重实践,学以致用,激发大学生接受并利用健康信息,避免和纠正有害健康的行为和生活方式，加强大学生对传染性疾病的防治知识，促进大学生的健康向着更高层次发展，并能主动向周围传播健康信息。

三、注重警示教育，开展传染病防治知识专题教育

传染病是指由病原体引起的，能够在人与人之间、人与动物之间传播的疾病，具有传染性和流行性的特点，法定分为甲、乙、丙三大类别，普遍存在季节性、地方性、流行性等特点。随着环境、生活方式及饮食结构的改变，传染病发病率逐渐增高，对人类健康产生严重损害。[①] 高校是当前人群最为聚集的场所，特别是课堂、食堂、宿舍的人群比较集中，接触频繁，比较容易发生传染病的传播，如未能及时有效的加以防治和控制，就可能引发聚众传染，将对校园和社会的公共卫生安全造成极大的影响。学习和掌握常见的传染病防治常识，做好传染病的防治知识宣传教育工作，对青年大学生身心健康非常重要。

一是高校要开展传染病防治的专题教育，面向青年大学生讲授传染病的相关概念、传染病的种类、传染病的特征以及传染病的临床特征、传染病的流行过程、传染病的预防措施、传染病的防治等相关内容。特别是要着重讲解新时期我国出现的非典型性肺炎、新冠肺炎等对社会产生极大影响的突发公共卫生传染病疫情事件，开展警示教育，讲解事件的起因、过程、为社会带来的影响以及流行病学特点、临床表现、症状与体征、诊断标准、治疗过程等，讲清楚传染性肺炎与人类长期共存，且一些发病快、传染性强、流行迅速、危害大的新烈性传染病还随时可能出现，要树立危机意识高度重视传染病的相关防治教育知识。

二是引导教育青年大学生增强相关传染病自我防护意识，认真学习疫情防控健康知识，勤洗手、戴口罩，包括洗手的方式和要求、口罩佩

---

① 郑彦芹. 学校健康教育在传染病防控中的作用[J]. 中国校医，2014：28(8).

戴的相关方式和口罩的型号及选择，尽量减少不必要的出行，不旅游、不聚餐、不聚众、不聚会。咳嗽、打喷嚏时应使用纸巾或掩住口鼻。注意防寒保暖、保持学习和生活场所卫生和空气流通，并采取定期消毒措施。注重均衡饮食，根据气候变化增减衣服，定期运动，充足睡眠，减轻压力和避免吸烟，以增强身体的抵抗力。特别要强调注意不食用或接触野生动物，将存放和处理生熟食品的器具分开等相关知识和要求。

三是相关医学背景高校可充分发挥慕课平台开设有关流行病学、传染病学的慕课专题，国家虚拟仿真实验教学项目共享平台（实验空间）开通公共卫生与预防医学虚拟仿真实验专题等针对性实验，供全国大学生及社会公众了解相关知识与政策，提高科学防控能力。

四是高校要严格落实学校传染病防控措施，做好学生晨午检、因病缺勤病因追查与登记等工作，通过多种形式开展传染病防控宣传教育，帮助师生提高防范意识、了解防治知识，引导师生科学做好防护，保持充足睡眠，积极参加体育锻炼，增强体质和免疫力，养成良好卫生习惯和健康生活方式。

五是高校要积极参与联防联控，密切关注师生发生疫情情况，及时准确掌握信息，积极获取专业指导，落实早发现、早报告、早治疗，配合卫生健康等部门集中救治、全力救治患者，有效处置疫情，严格落实疫情防扩散措施。

六是高校要组织开展好爱国卫生运动，加大校园环境卫生整治力度，全方位改善学校环境卫生条件，推进教室、宿舍、食堂、运动场馆、图书馆、厕所等重点区域和场所环境卫生改善整体行动，做到日常通风换气，保持室内空气流通，为广大师生创造卫生、整洁、健康、文明的校园环境。

四、发挥活动优势，体现健康素养教育的文化特色

校园文化活动对人才培养具有潜移默化作用，能够"润物细无声"。《荀子·劝学》篇中有云："蓬生麻中，不扶而直；白沙在涅，与之俱

黑。"我国著名冶金专家、教育家柯俊院士曾说："在制陶和冶金过程中，炉窑的不同气氛会形成不同品质的产品。人才培养过程就像一个陶冶过程，不同的大学氛围会培养出风格各异的学生。"①校园文化活动还能够激发大学生的使命感、归属感，形成强烈的向心力、凝聚力和群体意识。健康素养教育类活动的开展要以树立"健康第一"为指导思想，要以推行素质教育服务和培养学生自我保健观念为目的，利用好素质拓展基地、科技创新基地等平台，突出重点项目，要以校园为空间，以全体学生为参与主体，广泛开展具有地方特色、学校特色、民族特色的健康活动项目，把这些健康活动项目视为"潜在的健康素养的教育内容"，将健康素养知识理念融入体育文化艺术活动中，增进身心健康。通过广泛开展的有益于学生身心健康的校园文化活动，通过多元化的教育形式，扩大健康素养教育的涵盖面和受益面，使学生在潜移默化中增强健康素养意识。

要注重将课堂教育与课外活动有机结合，既要通过课堂教学传授健康素养知识，又要组织大学生参加陶冶情操、磨炼意志的课外文体活动，要充分利用健康类学生社团组织，根据学校和专业的特点，遴选深受学生喜爱的健康素养提升和中医药养生文化活动，突出健康素养文化特色，定期举办，使活动常态化，不断提高大学生健康水平。在实践活动和志愿公益活动中举办倡导运动健康、阳光心理、健康生活方式、中医养生保健的活动项目，服务社会大众健康。此外，要紧紧依托团学社团组织，建设一支以学生健康、心理社团、健康志愿团队为主的健康教育宣传队伍，在相关健康专业教师的指导下，开展健康素养的各类团学活动和知识宣讲活动，普及健康知识，营造良好的校园文化氛围。

---

① 共青团中央学校部、全国学校共青团研究中心."三走"如何"走"——大学生"走下网络、走出宿舍、走向操场"主题群众性课外体育锻炼活动解读[M]. 北京：中国计划出版社，2015：68.

五、注重运用网络，宣传提升健康素养教育影响力

高校团学组织拥有青年群体乐于接受的宣传阵地和载体，有较为健全的现实组织体系和较有影响力的品牌活动，健康素养教育应结合团学工作网络战略转型，在学校依托团学组织建立健康教育网络宣传队伍，进一步建立和完善新媒体平台。

新媒体的传播具有两个非常鲜明的发展特征：一是具有新型传播方式；二是具有新型传播技术。从传播方式来看，新媒体传播改传统单向传播方式为双向传播方式，进而形成了一种交互式的发展模式，整个传播过程能够及时收集信息、反馈消息、掌握受众群体动态，使得媒体传播具有个性化很强的交互性特征。从传播技术层面看，无线技术的出现、进步与应用使得整个媒体传播能够更迅速的进行，这使其具有很强的时效性，并很好地融合了互联网与通信网，挣脱了传统媒体传播技术差的约束。[①] 新媒体已经改变了大学生接收信息的体系，满足大学生对于某种自我实现和期待的心理需求。新媒体的优势在于与受众沟通之后，可用各自独特的形式满足受众需求。

对于健康素养教育而言，要将微传播与健康素养教育宣传相结合，依托传统宣传模式的基础上，要注重发展微信、微博、手机 APP 健康宣传平台，利用好微传播平台内容丰富、类型多样、容量大、时效性强、交互性强、覆盖面广、传播迅速等优势，积极占领微传播渠道；在内容设置上要注重让大学生群体接受，要充分利用微传播的优势，开设健康素养教育专栏制作推送感染力强，易于掌握的健康教育知识视频、动漫、插画、有奖问答等，不要曲高和寡，要接地气，让青年学生主动参与进来；在信息供给上要注重内容质量，加强与健康教育专业院校、机构进行合作，委托专业院校、专业机构编写、出版、发布适合大学生

---

① 谭思洁，张晓丹. 青少年体力活动与健康促进——从传统媒体到新媒体 [M]. 北京：知识产权出版社，2013：28.

健康教育的学习宣传内容，加强同中医药专业院校合作，注重弘扬中华传统中医养生文化，提供科学生活、科学饮食、科学起居、传染性疾病防治等相关知识，促进养成养生教育，终身受用。

六、普及中医知识，推广中华传统养生保健文化

中医养生保健以各种方法颐养生命、增强体质、预防疾病，从而达到延年益寿。"治未病"是中国传统中医药的核心理念，起源于《黄帝内经》。《黄帝内经·素问·四气调神大论》中记载："圣人不治已病治未病，不治已乱治未乱，此之谓也。夫病已成而后药之，乱已成而后治之，譬犹渴而穿井，斗而铸锥，不亦晚乎！"[1]"治未病"属于中华传统中医药对于健康的管理与治理，包含了未病先防、既病防变、瘥后防复的健康理念，也就是所谓的防病重于治病，事后治疗不如事中控制，事中控制不如事前预防。《黄帝内经·灵枢·逆顺》指出："上工刺其未生者也……故曰：上工治未病，不治已病。"[2]其意思就是说医术最高明的人不是擅长治病的人，而是能够防病于未然的人，足见传统医学对于"治未病"理念与实践相结合的推崇。"健康中国"战略继承了将治病为导向转变为以健康为导向的基本原则。

在高校的通识教育中可以注重普及中医基础知识理论，可以使传统中医理论生活化，将传统养生知识融入健康素养教育中，倡导将保养生命与人的一生相伴始终。中医养生通识教育可以起到丰富大学生健康教育知识、巩固健康素养的思想，提高自身健康认识。当前我国互联网普及和大学的开放让大学生融入社会的程度越来越高，熬夜、网游、宅男、宅女、夜生活等社会化影响也越来越深入，缺乏养生保健意识。中华传统养生学是地道的中华传统文化，它含有儒、道、佛、周易和中医等多种文化基因，这些内容对于学生有很强的吸引力，可以提高学生学

---

① 佚名.黄帝内经[M].北京：中国医药科技出版社，2013：63.
② 佚名.黄帝内经[M].北京：中国医药科技出版社，2013：243.

习的积极性和主动性,在排除学生心理疾病,保持良好心态方面都有积极的作用。

中医养生保健知识应该从精神调养、体育锻炼、合理饮食、规律作息等方面进行调整,以增强抗病能力,从而维护大学生的身心健康。[①]一是在精神调养方面做出指导,比如:精神不振,情志太过,都可能会超出他们心理所能承受和控制的范围,导致疾病发生,在心理疾病未发之前要预防;在出现心理问题征兆时应立即采取相应的措施,如鼓励积极参与丰富多彩的校园活动和社会实践,让他们在活动中获得参与感和成就感,从而使其心情愉悦,防止其发展。二是在运动保健方面做出指导。中医学认为,皮肉筋骨脉、气血是人体体质的重要体现。适当的运动,有助于气血流通,增强体质;反之,过劳易致疾病。适当体育锻炼,是大学生养生保健的重要内容。如可在校园积极推行太极拳、太极剑、气功、五禽戏、八段锦等多种运动保健与强身健体的方法,这些运动对于提高体质、调养身心健康、预防疾病具有显著效果。有研究表明,练太极拳的大学生表现出较高的心理健康水平,且心理健康水平与练太极拳的时间成正比。提倡传统的保健、健身运动,对提高大学生素质,预防心身疾病十分重要。三是在合理饮食方面做出指导。脾胃为后天之本,气血生化之源。嗜食生冷、辛辣和肥甘厚味食物易伤脾胃,脾胃受损,则气血生化乏源,气血不足就会导致身心疾病的发生。合理健康的饮食习惯,是脾胃功能健全和气血充足的基本保证,也是身心健康的重要因素,积极引导大学生对健康饮食的相关认知。四是在规律作息方面做出指导,规律的休息,有助于精力恢复和消除疲劳。"久视伤血、久卧伤气",过度熬夜上网,可导致气血消耗而致病。因此,中医学提倡"起居有常,不妄作劳,将息得宜",注重规律的作息是身体健康的重要保证。

[①] 孟秀杰. 中医养生保健理论在大学生身心健康教育中运用的探讨[J]. 心理月刊,2018(9).

在教育推广中医药传统健康养生教育知识的同时，要运用现代通用的语言来对中医养生理论进行诠释，发挥其应有的价值，通俗易懂，具有可操作性，指导具体的生活实践；要利用各种教育形式进行传统养生知识教育，促进学生自觉养成适量的运动习惯、良好的生活作息习惯和健康的饮食习惯，树立积极健康的养生理念，培养大学生终身健康意识，以使其更好地完成学业，收获健康人生。

第八章　第二课堂与大学生健康教育探讨

一个国家的进步,刻印着青年的足迹;一个民族的未来,寄望于青春的力量。大学生健康教育是国家实施素质教育的一项重要内容,《中共中央 国务院关于深化教育改革全面推进素质教育的决定》(中发〔1999〕9号)明确指出:健康体魄是青少年为祖国和人民服务的基本前提,是中华民族旺盛生命力的体现。

第二课堂是第一课堂之外的重要育人平台。习近平总书记在全国高校思想政治工作会议上指出"要重视和加强第二课堂建设"。① 第二课堂是指在第一课堂外的时间进行的与第一课堂相关的教学活动,相比于第一课堂,第二课堂的内容更加丰富多彩,其内容包括思想成长、实践实习、志愿公益、创新创业、文体活动、工作履历、技能特长等各个方面的活动。大学的人才培养系统包括第一课堂、第二课堂、校园文化、职业导航、素质测评、社会反馈等六个子系统。其中,第一课堂子系统重在基础理论和业务素质(侧重智力因素)的培养,第二课堂子系统重在社会活动能力和素质(侧重非智力因素)的培养,校园文化子系统重在对学生的精神和品格以潜移默化的影响,职业导航子系统是人才培养系统的动力机制,素质测评子系统是人才培养系统的导向机制,社会反馈

---

① 李立红. 团中央学校部负责同志就在高校实施共青团"第二课堂成绩单"制度答记者问[N]. 中国青年报,2018-07-05(003).

子系统是人才培养系统的反馈机制。①

国外将"第二课堂"称为"开放课堂活动"(Activities on the Open Classroom),其意在于扩展教学的时空,主要是将"第二课堂"作为"实践教育"或者"潜在课程"。综合国内外的研究现状以及权威文件,"第二课堂"都与各个国家的素质教育、全面发展、公民教育等理念息息相关。② 第二课堂教学活动的广泛开展,对坚定学生理想信念,引导其树立正确的世界观、人生观和价值观;丰富学生课余文化生活,增强其德育和美育水平,提升思想道德素质和审美水平;引导学生广泛参加社会实践与志愿服务活动,积极投身社会,深入了解社会,全面提升学生综合素质等方面具有重要作用,是引领学生思想,服务学生成长,助力学生成才的着力点。

当前,在共青团深化改革的形势和背景下,作为高校共青团改革的龙头项目和创新举措,第二课堂是共青团组织在顺应高等教育综合改革潮流中,围绕中心、服务大局,找准定位、彰显价值的"牛鼻子";是吸引凝聚青年学生,扩大组织覆盖面和影响力,发挥基础性源头性战略性作用的"指挥棒";是直接联系服务引领青年学生,帮助青年学生提高综合素质、获得社会认可的"通行证";是促进高校共青团优化工作理念,推动机制创新和工作创新,提升工作专业化规范化科学化水平的"发动机"。依托第二课堂深入开展大学生健康教育,增强大学生体质,促进大学生健康成长,养成良好的生活方式,对实现中华民族伟大复兴中国梦具有重要的战略意义,对破解共青团两大战略性课题具有重要的时代意义,对促进大学生健康成长具有重要的现实意义。

---

① 石新明. 大学生素质拓展计划理论与实践[M]. 北京:中国青年出版社,2009:7.

② 解晓亮,任祥华. 实施牵引与实施核心:高校共青团"第二课堂成绩单"制度记录评价体系研究[J]. 高校共青团研究,2018(3).

第一节　第二课堂在大学生健康教育中的意义

一、战略意义

青年是实现中国梦的重要力量。2013年5月4日，习近平总书记在"实现中国梦，青春勇担当"主题团日活动上强调"中国梦是我们的，更是你们青年一代的。中华民族伟大复兴终将在广大青年的接力奋斗中变为现实……广大青年要勇敢肩负起时代赋予的重任，志存高远，脚踏实地，努力在实现中华民族伟大复兴的中国梦的生动实践中放飞青春梦想"。① 梦想的实现靠奋斗，奋斗的本钱在身体。从现在起到21世纪中叶，正是当前3000万在校大学生学习、工作的黄金阶段，他们肩负着为实现中华民族伟大复兴的中国梦而奋斗的责任和使命。2014年8月15日，习近平总书记看望南京青奥会中国体育代表团并发表重要讲话。他强调，少年强、青年强则中国强。少年强、青年强是多方面的，既包括思想品德、学习成绩、创新能力、动手能力，也包括身体健康、体魄强壮、体育精神。希望通过你们在这届青奥会上的精彩表现，带动全国广大青少年都积极投身体育锻炼，既把学习搞得好好的，又把身体搞得棒棒的，做到德智体美全面发展，将来成为祖国建设的栋梁之材。② "身体是革命的本钱"，大学生要承担时代赋予的使命，做走在时代前列的奋进者、开拓者、奉献者，良好的体质是基础。青年拥有健康的体魄，民族就有兴旺的源泉，国家就有强盛的根基。

从教育内容方面来看，马克思主义的教育观突出强调外部环境和社

---

① 习近平．在同各界优秀青年代表座谈时的讲话[N]．中国青年报，2015-05-05(001)．

② 杜尚泽．习近平看望南京青奥会中国体育代表团[N]．人民日报，2014-08-16(001)．

会实践对人的全面发展的形塑作用，马克思指出："关于环境和教育其改变作用的唯物主义学说忘记了：环境是由人来改变的，而教育者本人一定是受教育的"，"环境的改变和人的活动或自我的改变的一致，只能被看作并合理地理解为革命的实践"。① 在这里，实现马克思所说的"环境的改变""人的活动""自我的改变"，仅仅通过第一课堂的知识教育是远不能达成的，"革命的实践"蕴含着第二课堂的学理根基。② 高校第二课堂是中国特色高等教育事业的重要组成部分，是培养社会主义建设者和接班人的重要教育机制，是我国现代大学职能体系中的重要内容，共青团依托第二课堂通过开展健康教育，努力培养更多具有强健体魄、健康心理、坚强意志和昂扬精神的大学生，对实现中华民族伟大复兴的中国梦具有重要而深远的意义。

二、时代意义

人才培养是高校共青团的根本任务。新时代，培养中国特色社会主义事业建设者和接班人，是共青团的根本任务。因此，高校共青团应当依托第二课堂围绕"立德树人"根本任务，在推进素质教育、促进学生全面发展方面发挥积极作用。

服务青年是共青团的工作生命线。要坚持把竭诚服务青年作为团的一切工作的出发点和落脚点，努力为青年"圆梦"创造条件，更好地吸引和凝聚青年。提高团的吸引力和凝聚力、扩大团的工作有效覆盖面是共青团的两大战略性课题。服务青年是共青团的重要职责，是提高团的吸引力、凝聚力的主要途径，是扩大团的工作有效覆盖面的基本要求。因此，居于全团基础性战略地位的高校共青团，应当坚持竭诚服务青年学生的生命线，突出服务青年学生最紧迫最现实的重点需求。

---

① 马克思恩格斯文集(第一卷)[M]. 北京：人民出版社，2009：500.
② 刘佳. 高校共青团"第二课堂成绩单"的制度学研究[J]. 高校共青团研究，2018(3).

开展大学生健康教育，促进大学生身心健康是高校人才培养的重要环节，是高校共青团服务青年学生成长成才的重要方面。高校共青团依托第二课堂，通过系统科学的制度安排，激励和促进学生在高质量、高水平的第二课堂项目活动参与中发展兴趣爱好、弥补素质"短板"、提升能力素质、锤炼意志品格，实现德才兼备、全面发展。同时，通过坚持供给侧结构性改革的理念，尊重学生主体地位，围绕学生的成才需求来设计活动项目、建立育人体系、提升服务质量，让学生真正享受到教育的"红利"，实现对大学生活的美好期待和向往。当前，提高身心素养是大学生群体的普遍性需求和现实性问题，深入开展健康教育，促进大学生提升身体素质、磨炼意志品格、养成良好的生活方式，是学校共青团落实人才培养根本任务的基本要求，对于促进青年学生成长成才、破解团的两大战略性课题具有重要的时代意义。

三、现实意义

从当前我国大学生的健康现状可以看出：大学生身体体质整体水平多年维持较低水平，并持续下滑；心理健康问题突出，是当前高校学生管理工作的重中之重；对健康素养的养成教育和科学的生活方式缺乏认识；传染性疾病预防有待强化。

在全面实施素质教育的时代背景下，以专业知识和技能为主要内容的第一课堂难以满足当前学生多元化的成长诉求和发展选择；第二课堂在以文化人实践育人等方面具有明显的比较优势，在培养学生社会责任感、创新精神、实践能力和提升学生思想水平、政治觉悟、道德品质、文化修养方面具有不可替代的重要功能，应该成为学生全面成长成才的必要载体，成为高校人才培养的重要环节。[①] 大学时期是人体发育成熟的关键时期，也是增强体质、形成运动习惯，培养良好身心素养，养成

---

① 秦涛. 高校共青团"第二课堂成绩单"制度建设初探[J]. 高校共青团研究，2018(3).

良好生活习惯的黄金阶段。高校共青团结合实际,依托第二课堂开展大学生健康教育,主动承担起工作职责,结合"四位一体"的工作"钻石模型",利用自身优势帮助大学生树立现代健康意识,培养健康行为,获得健康促进和健康保护,为青年大学生提供健康成长服务,推进团学工作的改革创新,探索具有中国特色的大学生健康教育的模式和方式具有重要的现实意义。

第二节 第二课堂开展大学生健康教育的基本原则

高校共青团作为联系青年、领导青年、服务青年的组织,有责任、有义务为大学生提高良好的心理素质和塑造健全的体质、人格提供支持。依托第二课堂开展大学生健康教育要坚持立德树人,深入实施中国梦成长工程,以思想引领为首要任务,以服务学生成长为出发点和落脚点,结合当前大学生健康现状,遵循健康教育的工作特点,发挥共青团组织、凝聚、服务、资源等方面优势,通过开展大学生健康教育提高大学生的身体体质、心理素质和健康素养,引导大学生身心健康发展。在开展健康教育的过程中应注重以下几个基本原则。

一、科学性原则

健康教育是一项系统的教育实践活动,涉及体质、心理、素养三个方面的学科知识应用,需要遵循德育学、心理学、体育学、教育学、哲学、社会学、医学等相关学科的基本原理。高校共青团依托第二课堂在开展健康教育活动时要从现实出发、客观认识对象,从当前高校大学生在体质、心理、素养的现实状况出发,紧贴大学生实际特点和需求。一是要加强与健康教育专业机构和教师的合作,为科学性开展健康教育提供科学依据;二是加强对健康教育的研究,在第二课堂健康教育活动的组织和内容设置上,注重功能融入,采取多种健康教育的途径,科学开展，把健康教育的相关第二课堂活动打造成团组织开展思想政治引领、服务学生素质拓展、维护学生合法权益和提升基层组织活力的重要阵地。

二、全员性原则

大学生健康教育的工作对象是全体在校学生，而不仅局限于身体状况不佳、有心理问题或心理障碍的学生，要使全体学生接受教育和锻炼，增强身体体质、加强心理素质、提升健康素养，促进全面发展。共青团要充分依托各类基层团学组织，广泛引导和发动大学生参与第二课堂健康教育活动，增强健康生活的理念。一是要坚持眼睛向下、中心下移，既要依托团支部、班级、专业、年级等传统形式，更要发挥宿舍、实验室、兴趣小组、体育社团的作用；二是在第二课堂活动中要充分认识学生的主体地位，坚持全员覆盖、广泛动员，切实调动和激励基层团学组织的活动，全体学生参与的积极性、主动性。

三、品牌性原则

大学生健康教育的教育内容要立足于共青团思想引领、素质拓展、权益服务、组织提升四大行动为第二课堂工作主线，依托"三走"品牌活动，紧贴大学生实际特点和需求，创新活动内容、形式和载体，坚持品牌性原则，打造特色教育活动。一是坚持"内容为王"，立足于学校实际和院校所在地域，开展体现传统文化精髓、地方文化特色、校园文化内涵的第二课堂健康教育类活动，打造校内和区域性的第二课堂活动品牌；二是丰富活动形式，要把握青年学生的新特点、新需求，融入养生文化、时尚文化、流行元素和趣味元素，运用微博、微信、社交网络等新媒体平台，以青年学生易于接受的方式开展第二课堂健康教育活动。三是打造活动载体，通过第二课堂品牌性健康教育活动，促进和帮助大学生身心健康、强健体魄，形成服务学生成长发展的综合育人载体。

四、针对性原则

大学生在不同年级的体质、心理、健康素养都有所差距，大一是施行范式教育最好的时期；大二、大三则以个人健康成长教育为主，形成自我意识教育；大四及研究生则以健康缓解压力、健康生活教育为主，将健康方式主动渗透到他们的学习生活中。共青团依托第二课堂开展大学生健康教育活动，一是应根据不同年级学生对健康教育的需求，抓住不同时期学生需要解决的主要人生课题和矛盾困难，针对性地设置教育活动内容，促进学生身心健康发展；二是结合体质健康、心理健康、健康素养不同的专业教育特点，统筹协调设计教育内容，充分照顾学生的特点和需求，着力提高第二课堂教育活动对大学生体质改善、心理卫生、良好生活方式等方面的针对性，突出实际效果，形成参与健康教育活动的内在需求。

五、长效性原则

大学生健康教育是一个系统而持续的教育范畴，需要着力建立第二课堂长效机制，久久为功。一是要立足于学生未来的发展，及时跟踪学生体质、心理、健康素养的状况，满足学生走向社会、面对竞争和挑战的各项身心需要；二是要做好顶层设计工作，注重统筹协调，构建协同工作机制，实现建章立制，齐抓共管，确保教育活动的有效开展；三是完善保障和考核评价机制，协调健康教育专业机构和力量，加强对基层团学组织的指导和考评，调动学生参与健康教育的积极性；四是常抓不懈、持之以恒，健康教育中的体质健康、健康素养的养成不是短期内就能见成效的，好身体的铸就、好习惯的培育、好品格的养成，都不是一朝一夕的事情，需要长久开展。

第三节　依托第二课堂开展大学生健康教育的途径与方法探讨

国家十分关心和重视大学生的身心健康，从1990年至2024年中共中央、国务院及各部委共下发涉及大学生健康教育相关文件和规定近30项，内容包括学校卫生工作、精神卫生工作、大学生健康教育基本要求、高校医疗保健机构工作、素质教育、大学生心理健康教育、青少年体质及健身、学校体育工作、艾滋病防治等方面。

加强高校健康教育是大势所趋，也反映了当代社会发展对健康教育的新要求。共青团组织应依托第二课堂开展大学生健康教育的客观优势，找准定位，协助学校健全大学生健康教育的管理体制，在大学生健康教育中按照自身的职能破解大学生健康教育过程中出现的难题，做大学生健康教育的引导者、号召者。

一、发挥组织优势，抓广大学生健康教育的活力动力

"抓广"指的是以群众性原则为指导，充分依托各级各类基层团学组织，广泛引导和发动大学生参与第二课堂健康教育。共青团在大学生健康教育中应充分发挥高校团组织"一心双圆"的组织格局作用，[①] 积极调动学生会各部门、各相关学生社团的组织参与作用，使团组织在大学生健康成长中充分发挥核心作用；学生会组织在集聚和培养优秀学生中发挥主导作用；学生社团组织在满足大学生健康教育多元化发展中发挥载体作用。

（1）注重加强基层团组织建设，发挥基层团组织在健康教育中的凝聚力和感召力，建设一支以学生干部、班团支部、寝室长为主的大学生

[①] "一心双圆"组织格局是以团委为团学组织的核心，以学生会为外围第一个同心圆，发挥学生"自我教育、自我管理、自我服务"主体组织的功能，以学生社团为第二个同心圆，发挥活跃校园文化骨干力量的积极作用。

健康教育队伍，充分发挥团学和学生社团骨干在健康教育中的群众性优势，广泛联结组成大学生健康教育的坚实队伍。

（2）结合健康日、纪念日等重要节点开展主题教育活动，通过设计开展内容丰富、形式鲜活的主题活动，调动大学生对健康的认识，激励吸引大学生参与体育锻炼，健康学习，强健体魄，愉悦身心，振奋精神，为实现中国梦打牢身心基础。

（3）注重对学生健康教育队伍进行培训和专业教育，鼓励建立禁毒、艾滋病宣传等学生志愿者团队，并给予工作安排和专业教师进行指导。要建立相关联结制度，依托学生健康教育队伍建立体质健康教育的参与网络、心理健康教育的监控网络、健康素养教育的宣传网络，畅通信息渠道，将参与、预警、甄别、宣传体系深入学生的日常生活，确保健康教育的实际效果。

（4）要将开展健康教育的内容纳入各级共青团考核体系，配合其他相关部门落实大学生体质健康监测评价机制和工作体系，可将该监测评价的第三方数据抽查作为考核参照标准。

二、发挥功能优势，抓实大学生健康教育的实际效果

"抓实"就是要遵循"围绕中心、服务大局"的工作主线，将第二课堂健康教育作为学校共青团履行职能的重要抓手，作为"虚功实做、难事长做"的重要载体。高校共青团要紧紧围绕"思想引领、素质拓展、权益服务、组织提升"四位一体"钻石模型"，进一步丰富活动内涵，拓展活动功能，依托第二课堂开展大学生健康教育推进共青团工作创新和组织创新。

（1）通过健康教育活动促进共青团思想引领。习近平总书记曾深刻指出："共青团要做好青年思想引导工作、增强吸引力和凝聚力，必须站在理想信念这个制高点上。"[1]共青团教育、引导青年，看似虚功，必

---

① 新华社. 习近平同团中央新一届领导班子成员集体谈话[EB/OL]. [2013-06-20]. http://www.gov.cn/ldhd/2013-06/20/content_2430671.htm.

须实做，需要用看得见、摸得着的方式和贴近实际、贴近青年、贴近生活的有效载体去实现。① 高校共青团要依托第二课堂开展健康教育作为创新思想引领的鲜活形式和有效载体，思想引领不仅仅是思想上的，还应该体现在生活上，引导学生把强健体魄与坚定理想信念结合起来，与培育社会主义核心价值观结合起来。

（2）结合大学生健康教育活动搭建平台，带动素质拓展。全面实施素质教育是国家教育事业改革发展的战略主题，实施素质拓展行动是高校共青团贯彻落实党的教育方针、推动素质教育全面实施、促进大学生成长成才的战略选择。共青团组织应将开展第二课堂大学生健康教育同其他相关教育相结合，进一步开展系统深入的研究和实践，积极探索，整合和利用学校已有的资源和优势，建立相关机制，坚持校内外并重，积极探寻与社会互动。根据学校和学生专业情况，设置体育、卫生、健康服务类"三下乡"社会实践活动主题；在社会调研中侧重对社区卫生医疗、居民健康、环境保护类的调研活动；在青年志愿公益活动中举办倡导运动健康、阳光心理、健康生活方式、中医养生保健的活动项目，服务社会大众健康。

（3）服务大学生身心健康，拉动权益服务。服务青年是共青团的工作生命线，维护青年合法权益是共青团的重要职能。《学校共青团工作五年规划纲要》提出："树立大服务、大维权理念，以促进教育公平和维护学生合法权益为出发点，以帮助学生缓解学习生活中遇到的实际困难和问题为重点，关注校园弱势群体，关注普遍性利益诉求，不断完善学生权益维护的组织化渠道和机制。"②依托第二课堂进行健康教育，参加健康活动，实现身心健康是学生的合法权益。高校共青团要坚持将大

---

① 共青团中央学校部、全国学校共青团研究中心. "三走"如何"走"——大学生"走下网络、走出宿舍、走向操场"主题群众性课外体育锻炼活动解读[M]. 北京：中国计划出版社，2015：4.

② 共青团中央学校部. 学校共青团工作五年规划纲要[N]. 学校工作简报，2014-03-04.

学生健康教育与大学生权益维护行动相结合，作为维护大学生身心健康的重要途径，作为实现大学生身心健康权益的重要载体。要加强第二课堂的顶层设计，完善工作机制，创新实践载体，做好组织发动，将锻炼身心，养成良好的生活习惯作为学习生活的"能动反应"；要将身心健康看作大学生就业创业的基础和保障，充分认识到提高身心素质对求职就业、职业发展的重要意义，为拓宽求职路径创造条件；要重视在健康教育过程中，大学生在学习、生活、就业等方面的现实问题和利益诉求，依托活动建设成学校联系学生的重要平台。

(4) 依靠团学组织依托，驱动组织提升。基层组织是共青团工作的基础和活力源泉，是开展第二课堂健康教育活动的力量依靠和组织依托，要将健康教育活动作为基层服务型组织建设的突破口、切入点，丰富基层组织工作职能，提升基层组织的内生动力，激发基层组织的动力活力。要将健康教育活动同基层团支部结合起来，结合团日活动服务学生身体素质提升，促进团支部丰富职能、提升活力、发挥作用。要紧紧依靠团学干部建设一支以学生健康、心理社团、健康志愿团队为主的健康教育工作和宣传队伍，提高团学干部的工作能力。

三、发挥品牌优势，抓响大学生健康教育的文化特色

"抓响"就是要充分尊重学生主体地位，通过拓展活动载体，努力创新活动形式，以共青团服务青年学生健康成长的品牌项目为抓手，突出文化特色。《全国精神卫生工作体系发展指导纲要》规定：各级共青团组织配合政府有关部门开展青少年精神卫生状况调查，开展多种形式的宣传教育活动，为青少年心理健康提供有效服务，帮助青少年养成健康的生活品质，培养高尚的道德情操。

共青团中央、教育部、国家体育总局、全国学联下发了《关于开展大学生"走下网络、走出宿舍、走向操场"主题群众性课外体育锻炼活动的通知》，"三走"活动系统地对当前青少年参与体质锻炼结合时代发展的新特征提出了具体要求，"三走"通过第二课堂相关活动的设置对

高校体育课程进行有益补充，大学生健康教育应发挥"三走"的品牌优势。

(1) 树立品牌观念，强化品牌意识，通过打造高质量、高水平的"三走"品牌凝聚人心、集聚资源、积累效应，高校共青团要立足地域特点和学校实际，丰富活动的文化内涵，提升活动的精神价值，通过"三走"效应打造高大上的健康教育品牌活动。

(2) 将课堂教育与课外活动有机结合，既要通过课堂教学传授体育项目技能、心理健康、养生健康等知识，又要结合"三走"组织大学生参加陶冶情操、磨炼意志的课外文体活动，突出体育项目特色和健康素养文化特色，定期举办，使活动常态化，不断提高大学生健康水平。

(3) 注重发挥文化的渗透作用和育人功能，通过"三走"大力宣传健康理念，帮助大学生认识到生命健康的重要意义；积极开发吉祥物、标识、主题曲、漫画、微电影等文化产品，对学生进行"心理暗示"和思想引导；全面开展健康体育文化教育活动，营造参与健康锻炼的浓厚氛围。

(4) 将网络新媒体与健康教育相结合，高校共青团既要牢牢把握住传统媒体，又要充分运用好新媒体，要善于把握网络新媒体信息传播规律和组织动员模式，综合运用网站、社交网络等平台，开设专栏，发起话题，利用好微传播平台内容丰富、类型多样、容量大、时效性强、交互性强、覆盖面广、传播迅速等优势，积极占领微传播渠道，形成"线上互动、线下运动"的良好机制。

四、发挥协调优势，抓稳大学生健康教育的资源整合

"抓稳"就是通过共青团的组织协调，广泛联结整合共青团在组织上的资源，协调相关组织、机构、部门共同参与第二课堂，形成共抓大学生健康教育的良好局面。高校共青团一方面要坚持"眼睛向内"，主动协调相关部门，构建协同机制；另一方面要坚持"眼睛向外"充分挖掘和借助社会资源，争取场地设施、专业指导、资金支持等方面的

支持。

（1）依托共青团"青年之声"互动社交平台分层次设置健康服务的版块，利用组织优势广泛联结心理健康、临床医学、中医养生方面的青联专家，成立心理健康、病症诊疗、养生保健的专家咨询服务联盟，通过青年之声平台为青年大学生进行相关健康知识的咨询服务。

（2）要加强与健康教育专业院校、机构进行合作，注重提高健康教育内容供给质量，委托专业院校、专业机构编写、出版、发布适合大学生健康教育的学习宣传内容。在体质健康教育上要从学生体质健康的角度，提供相关体育锻炼方法的指导，科学掌握锻炼方式，健康运动；在心理健康教育上，可依托社会心理咨询专业机构，搭建专业咨询平台，针对当前大学生的时代特点，提供新颖独特的心理健康知识，科学解压，正确认识在人生成长过程中所遇到的困惑；在健康素养教育上，同中医药专业院校合作，注重弘扬中华传统中医养生文化，提供中医养生知识，科学生活、科学饮食、科学起居，促进养成养生教育，终身受用。

（3）要发挥校内各相关部门在健康教育工作职责上的作用，形成合力，共同推进大学生健康教育。教务和体育教学部门要抓好体育教学课程的改革和实施，建立科学的教学考核体系，激发学生参与体育课程学习的积极性和主动性；学工应将学生健康标准列入学生奖励考核范围，对在体育锻炼和相关体育活动中表现优异的同学予以奖励加分，要和团委一同结合第二课堂，广泛开展学生喜闻乐见的健康文化活动，推进"三走"等品牌健康教育活动；校医院要依据《高等学校医疗保健机构工作规程》，提高医疗保健工作的质量，负责对学生进行健康检查，采取有效措施进行防治，协助教务部门和体育教学部门开设健康教育的相关讲座和课程。信息中心要协助体育部门、校医院等进行学生健康测试的采集、上报和分析反馈，有条件的应当建立学生健康档案。后勤和基建部门要创造学生健康锻炼的支持性环境，合理安排开放体育场馆，加强对学校体育场地和设施的建设和改造。

五、发挥自主优势，抓长大学生健康教育的主体作用

"抓长"就是要以长效性原则为指导，积极构建第二课堂健康教育活动深入开展的长效机制，充分发挥学生的主体性、主动性，切实扩大活动的影响面、覆盖面，引导大学生全员参与，长期参与。

(1)在健康教育上的内容和形式上充分照顾学生的特点和需求，着力提高教育活动的吸引力、感染力。要结合医学模式的转变，注重以现代健康教育理论为指导，针对大学生群体健康的特征，侧重健康引导，使学生学以致用，在第二课堂教育活动中感受健康教育的重要性，激发大学生接受并利用健康信息，自觉地避免和纠正有害于健康的行为和生活方式，形成对健康的内在需求，促进大学生健康向更高层次发展，并主动向周围传播。

(2)依靠基层团学组织，成立以宿舍、实验室、兴趣小组为团队的体育运动"微组织"，通过"微组织"共同参与运动锻炼，养成集体运动的良好习惯，形成体育生活方式；探讨、学习和分享健康养生知识、身心健康心得，形成良好的生活作息。

(3)充分利用互联网新媒体，鼓励同学们下载和使用运动记录APP，加强对学生参与体育运动活动的过程管理。自动记录每天运动的里程、消耗的卡路里以及睡眠等信息，自动抓取运动路线和信息记录。同学们可通过微博、微信、QQ空间等新媒体、自媒体，分享运动信息和心得，共同鼓励参与运动记录。

(4)将传统养生知识融入健康教育中，倡导将保养生命与人的一生相伴始终。现今互联网普及和大学的开放让大学生融入社会的程度越来越高，熬夜、网游、宅男、宅女、夜生活等社会化影响也越来越深入，缺乏养生保健意识。中华传统养生学是地道的中华传统文化，它含有儒、道、佛、周易和中医等多种文化基因。它的内容对于学生有很强的吸引力，可以提高学生学习的积极性和主动性，在排除学生心理疾病，保持良好心态等方面都有积极的作用。要利用第二课堂中各种教育形式

进行传统养生知识教育，促进学生自觉养成适量的运动习惯、良好的生活作息习惯和健康的饮食习惯。树立积极健康的养生理念和习惯，培养大学生终身健康意识，以使其更好地完成学业，收获健康人生。

大学时期是青少年行为和生活习惯的定型期，在这个时期进行健康教育，使大学生了解健康知识，建立正确的健康信息，逐步形成健康文明的生活方式、健全的心理和道德修养，掌握更多的自我防病保健知识，增强维护健康的责任感和自觉性，其意义和作用是不可估量的，对其一生必将产生深远的影响。高校共青团在服务大局、服务青年学生的进程中，立足学校要求和青年大学生的实际需要，以立德树人为核心，依托学校共青团"四位一体"的"钻石模型"，以第二课堂为抓手，深入开展大学生健康教育，创建有利于大学生健康生活和学习的良好环境是一项关系到国家兴旺和民族健康的战略性任务。

参考文献

[1] 中共中央党史和文献研究院. 习近平新时代中国特色社会主义思想专题摘编[M]. 北京：中央文献出版社，2023.

[2] 中共中央党史和文献研究院. 习近平新时代中国特色社会主义思想的世界观和方法论专题摘编[M]. 北京：中央文献出版社，2023.

[3] 习近平. 决胜全面建成小康社会 夺取新时代中国特色社会主义伟大胜利[N]. 人民日报，2017-10-28(001).

[4] 习近平. 高举中国特色社会主义伟大旗帜 为全面建设社会主义现代化国家而团结奋斗[N]. 人民日报，2022-10-26(001).

[5] "健康中国2020"战略研究报告委员会. "健康中国2020"战略研究报告[M]. 北京：人民卫生出版社，2012.

[6] 鲍宗豪. 2015年健康中国研究报告[M]. 北京：中国社会科学出版社，2016.

[7] 黄开斌. 健康中国——国民健康研究[M]. 北京：红旗出版社，2016.

[8] 李斌.《"健康中国2030"规划纲要》辅导读本[M]. 北京：人民卫生出版社，2017.

[9] 张柠. 健康中国知识读本[M]. 北京：中国人事出版社，2017.

[10] 杜玉开，徐勇.《"健康中国2030"规划纲要》指标解析[M]. 北京：人民卫生出版社，2018.

[11] 潘家华，单菁菁. 中国城市发展报告No.9：迈向健康城市之路(2016年版)[M]. 北京：社会科学文献出版社，2016.

[12] 中华人民共和国卫生和计划生育委员会.中国公民健康素养·基本知识与技能释义(2015年版)[M].北京:人民卫生出版社,2017.

[13] 共青团中央学校部、全国学校共青团研究中心."三走"如何"走"——大学生"走下网络、走出宿舍、走向操场"主题群众性课外体育锻炼活动解读[M].北京:中国计划出版社,2015.

[14] 石新明.大学生素质拓展计划理论与实践[M].北京:中国青年出版社,2009.

[15] 梁占歌.体育与健康课教学设计经典案例研究[M].北京:北京师范大学出版社,2016.

[16] 赵山明.公民健康素质研究[M].郑州:郑州大学出版社,2005.

[17] 佚名.黄帝内经[M].北京:中国医药科技出版社,2013

[18] 卢元镇.体育社会学[M].北京:高等教育出版社,2006.

[19] 姚鸿恩.体育保健学[M].北京:高等教育出版社,2006.

[20] 黄开斌.健康中国——国民健康研究[M].北京:红旗出版社,2016.

[21] 谭思洁,王健,郭玉兰.青少年运动健康促进导论[M].北京:知识产权出版社,2012.

[22] 甄铁梅,贾玉梅.大学生健康教育[M].大连:大连理工大学出版社,2013.

[23] 周士权.少数民族大学生生活方式研究[M].北京:民族出版社,2018.

[24] 谭思洁,张晓丹.青少年体力活动与健康促进[M].北京:知识产权出版社,2013.

[25] 叶广俊.现代儿童少年卫生学[M].北京:人民卫生出版社,1999.

[26] 郭建军,杨桦.中国青少年体育发展报告(2015)[M].北京:社会科学文献出版社,2015.

[27] 刘扶民，杨桦．中国青少年体育发展报告（2016）[M]．北京：社会科学文献出版社，2017．

[28] 王立伟，等．中国青少年体育发展报告（2018）[M]．北京：社会科学文献出版社，2020．

[29] 林崇德．心理学大辞典[M]．上海：上海教育出版社，2003．

[30] 田麦久，刘大庆．运动训练学[M]．北京：人民体育出版社，2012．

[31] 王殿春，冯梅梅，陈盈盈．当代大学生心理健康教育理论与实践教程[M]．北京：中国纺织出版社，2019．

[32] 孙武令．大学生职业生涯规划与心理健康教育[M]．济南：山东人民出版社，2015．

[33] 穆亚宏，杨斌．大学生健康教育与健康促进[M]．西安：西北工业大学出版社，2010．

[34] 胡俊峰，培森．当代健康教育与健康促进[M]．北京：人民卫生出版社，2005．

[35] 胡凯．大学生心理健康理论与方法[M]．北京：人民出版社，2010．

[36] 陈叶坪．大学生健康教育[M]．武汉：华中科技大学出版社，2009．

[37] 彭玉林．大学生运动与健康促进研究[M]．北京：中国经济出版社，2017．

[38] 孙武令．大学生职业生涯规划与心理健康教育[M]．济南：山东人民出版社，2015．

[39] 刘一平．当代大学生体质健康与促进[M]．北京：科学出版社，2015．

[40] 梁占歌，李继秀．体育与健康课教学设计经典案例研究[M]．合肥：安徽大学出版社，2016．

[41] 喻国明．健康传播：中国人的接触、认知与认同——基于HINTS

模型的实证研究与分析[M].北京：人民日报出版社，2018.

[42] 孙小杰.健康中国战略的理论建构与实践路径研究[D].长春：吉林大学，2018.

[43] 李佳霖."有氧+无氧"运动对肥胖女大学生减肥效果影响的实验研究[D].长春：吉林大学，2018.

[44] 廖秋梅.大学生心理健康状况及教育对策研究——以湖南省部分高校2012级新生为例[D].长沙：湖南农业大学，2013.

[45] 李阳模.大学生心理健康问题及教育对策研究[D].重庆：西南师范大学，2004.

[46] 张琼渌.当代大学生健康人格培育研究——以福建高校为例[D].福州：福建农林大学，2017.

[47] 罗春花.广州市部分高校学生健康素养现况及影响因素研究[D].广州：暨南大学，2013.

[48] 秦天燕.兰州市在校大学生健康素养的综合评价[D].兰州：兰州大学，2018.

[49] 陈玮.大学生健康素养现状及影响因素研究[D].蚌埠：蚌埠医学院，2014.

[50] 邝佳佳.海南某高校大学生健康素养现状分析及初步干预效果评价[D].北京：中国人民解放军陆军军医大学，2020.

[51] 喻邱杰.湖北省高校大学生健康现状及健康教育对策研究[D].武汉：武汉体育学院，2023.

[52] 左士辉.新时代健康中国战略研究[D].大连：辽宁师范大学，2021.

[53] 刘卓.以习近平新时代中国特色社会主义思想引领健康中国建设——"实施健康中国战略"理论与实践研讨会综述[J].中国人口科学，2018(1).

[54] 郑功成.社会保障与国家治理的历史逻辑及未来选择[J].社会保障评论，2017(1).

[55] 陈兴怡, 翟绍果. 中国共产党百年卫生健康治理的历史变迁、政策逻辑与路径方向[J]. 西北大学学报(哲学社会科学版), 2021, 51(4).

[56] 教育部体卫艺司. 加强目标管理 深化教育改革提升基础能力——全国学校体育改革发展综述[J]. 体育教学, 2014(8).

[57] Sahoo K, Sahoo B, Choudhury AK, et al. Childhood obesity: causes and consequences[J]. J Family Med Prim Care, 2015, 4(2).

[58] He L, Ren X, Qian Y, et al. Prevalence of overweight and obesity among a university faculty and staffs from 2004 to 2010 in Wuhu, China[J]. Nutr Hosp, 2014, 29(5).

[59] 金仲品, 蒋淑君. 肥胖及其并发症发病机制的某些新概念[J]. 医学综述, 2003(7).

[60] 张华. 论符号的存在环境与象征意义——主要从视觉方面和象征性进行分析[J]. 剑南文学(经典阅读), 2012(12).

[61] 陈园园, 石伟. 自我肯定对大学生自我同一性状态的影响[J]. 中国健康心理学, 2018(9).

[62] 郭立婷. 浅析大学生自我同一性形成期的心理结构[J]. 山西经济管理干部学院学报, 2018(9).

[63] 刘锋. 对西方心理学自我同一性概念的探微[J]. 赤峰学院学报, 2018(11).

[64] Simonds S K. Health education as social policy[J]. Health Education Monographs, 1974, 21.

[65] US Department of Health and Human Services. Healthy People 2010: understanding and improving health[M]. Washington DC: US Government Printing Office, 2000.

[66] Nutbeam D. Health literacy as a public health goal: a challenge for contemporary health education and communication strategies into the 21st century[J]. Health Promotion International, 2000, 15(3).

参考文献

[67] 邹敏，张振业．大学生健康素养现况及影响因素研究[J]．保健医学研究与实践，2019(1)．

[68] 孙凌云．郑州高校大学生健康素养状况及健康教育需求分析[J]．中国学校卫生，2015(5)．

[69] 余小鸣．学校健康教育与儿童青少年健康素养的促进[J]．中国学校卫生，2013(8)．

[70] 梁红霞，王哲．高校体育社团对大学生体质健康的影响作用研究[J]．湖北体育科技：2015(9)．

[71] 贾威，田从．大学生心理档案规范化建设研究[J]．船舶职业教育，2019(4)．

[72] 聂振伟．正确认识和实施大学生心理健康普查和心理档案建立工作[J]．思想理论教育导刊，2005(3)．

[73] 谢小红．大学生心理健康档案建设价值与途径[J]．资源信息与工程，2018(6)．

[74] 姚琴．大学生健康素养现况调查与干预途径探讨[J]．中国科技信息，2013(3)．

[75] 解晓亮，任祥华．实施牵引与实施核心：高校共青团"第二课堂成绩单"制度记录评价体系研究[J]．高校共青团研究，2018(3)．

[76] 秦涛．高校共青团"第二课堂成绩单"制度建设初探[J]．高校共青团研究，2018(3)．

[77] 刘佳．高校共青团"第二课堂成绩单"的制度学研究[J]．高校共青团研究，2018(3)．

[78] 孟秀杰．中医养生保健理论在大学生身心健康教育中运用的探讨[J]．心理月刊，2018(9)．

[79] 郑彦芹．学校健康教育在传染病防控中的作用[J]．中国校医，2014，28(8)．

[80] 健康中国行动实施两年来取得的进展与成效[J]．卫生经济研究，

2021,38(8).

[81] 张策．健康中国背景下的高校卫生策略[J]．中国校医，2021，35(7)．

[82] 白雪，等．大学生健康教育教学及其效果评价研究[J]．中国健康教育，2022，38(12)．

[83] 周彤，等．大学生健康信息回避现状及影响因素研究[J]．图书馆学研究，2023(5)．

[84] 仲海燕．大学生健康行为问题与思想教育管理研究[J]．中国学校卫生，2024，45(1)．

[85] 程兆盛，陈静．健康的五快和三良[N]．中国中医药报，人民日报，2006-06-26．

[86] 李小伟，柯进．学生身体素质"向上"了吗？[N]．中国教育报，2015-11-26．

[87] 李祺瑶．青少年近视率拟纳入政府考核——2030年小学生近视率下降到38%以下[N]．中国教育报．2018-08-04．

[88] 李红梅．为守护人类健康提供中国方案[N]．人民日报，2021-07-28．

[89] 殷呈悦．体育老师"生病"，别当段子看[N]．北京晚报，2018-12-27．

[90] 李立红．团中央学校部负责同志就在高校实施共青团"第二课堂成绩单"制度答记者问[N]．中国青年报，2018-07-05．

[91] 共青团中央学校部．学校共青团工作五年规划纲要[N]．学校工作简报，2014-03-04．

[92] 查建国，夏立，陈炼．建设更高水平的健康中国[N]．中国社会科学报，2020-05-29．

[93] 汪晓东．为中华民族伟大复兴打下坚实健康基础[N]．人民日报，2021-08-08．

[94] 金振娅. 家校社协同 促进青少年心理健康[N]. 光明日报, 2023-10-10.

[95] 中共中央党史和文献研究院. 增进人民健康, 建设健康中国[N]. 人民日报, 2024-11-26.

附录一:《"健康中国2030"规划纲要》

序　言

健康是促进人的全面发展的必然要求,是经济社会发展的基础条件。实现国民健康长寿,是国家富强、民族振兴的重要标志,也是全国各族人民的共同愿望。

党和国家历来高度重视人民健康。新中国成立以来特别是改革开放以来,我国健康领域改革发展取得显著成就,城乡环境面貌明显改善,全民健身运动蓬勃发展,医疗卫生服务体系日益健全,人民健康水平和身体素质持续提高。2015年我国人均预期寿命已达76.34岁,婴儿死亡率、5岁以下儿童死亡率、孕产妇死亡率分别下降到8.1‰、10.7‰和20.1/10万,总体上优于中高收入国家平均水平,为全面建成小康社会奠定了重要基础。同时,工业化、城镇化、人口老龄化、疾病谱变化、生态环境及生活方式变化等,也给维护和促进健康带来一系列新的挑战,健康服务供给总体不足与需求不断增长之间的矛盾依然突出,健康领域发展与经济社会发展的协调性有待增强,需要从国家战略层面统筹解决关系健康的重大和长远问题。

推进健康中国建设,是全面建成小康社会、基本实现社会主义现代化的重要基础,是全面提升中华民族健康素质、实现人民健康与经济社会协调发展的国家战略,是积极参与全球健康治理、履行2030年可持续发展议程国际承诺的重大举措。未来15年,是推进健康中国建设的

附录一：《"健康中国2030"规划纲要》

重要战略机遇期。经济保持中高速增长将为维护人民健康奠定坚实基础，消费结构升级将为发展健康服务创造广阔空间，科技创新将为提高健康水平提供有力支撑，各方面制度更加成熟更加定型将为健康领域可持续发展构建强大保障。

为推进健康中国建设，提高人民健康水平，根据党的十八届五中全会战略部署，制定本规划纲要。本规划纲要是推进健康中国建设的宏伟蓝图和行动纲领。全社会要增强责任感、使命感，全力推进健康中国建设，为实现中华民族伟大复兴和推动人类文明进步作出更大贡献。

第一篇 总体战略

第一章 指导思想

推进健康中国建设，必须高举中国特色社会主义伟大旗帜，全面贯彻党的十八大和十八届三中、四中、五中全会精神，以马克思列宁主义、毛泽东思想、邓小平理论、"三个代表"重要思想、科学发展观为指导，深入学习贯彻习近平总书记系列重要讲话精神，紧紧围绕统筹推进"五位一体"总体布局和协调推进"四个全面"战略布局，认真落实党中央、国务院决策部署，坚持以人民为中心的发展思想，牢固树立和贯彻落实新发展理念，坚持正确的卫生与健康工作方针，以提高人民健康水平为核心，以体制机制改革创新为动力，以普及健康生活、优化健康服务、完善健康保障、建设健康环境、发展健康产业为重点，把健康融入所有政策，加快转变健康领域发展方式，全方位、全周期维护和保障人民健康，大幅提高健康水平，显著改善健康公平，为实现"两个一百年"奋斗目标和中华民族伟大复兴的中国梦提供坚实健康基础。

主要遵循以下原则：

——健康优先。把健康摆在优先发展的战略地位，立足国情，将促进健康的理念融入公共政策制定实施的全过程，加快形成有利于健康的生活方式、生态环境和经济社会发展模式，实现健康与经济社会良性协调发展。

——改革创新。坚持政府主导，发挥市场机制作用，加快关键环节改革步伐，冲破思想观念束缚，破除利益固化藩篱，清除体制机制障碍，发挥科技创新和信息化的引领支撑作用，形成具有中国特色、促进全民健康的制度体系。

——科学发展。把握健康领域发展规律，坚持预防为主、防治结合、中西医并重，转变服务模式，构建整合型医疗卫生服务体系，推动健康服务从规模扩张的粗放型发展转变到质量效益提升的绿色集约式发展，推动中医药和西医药相互补充、协调发展，提升健康服务水平。

——公平公正。以农村和基层为重点，推动健康领域基本公共服务均等化，维护基本医疗卫生服务的公益性，逐步缩小城乡、地区、人群间基本健康服务和健康水平的差异，实现全民健康覆盖，促进社会公平。

第二章 战略主题

"共建共享、全民健康"，是建设健康中国的战略主题。核心是以人民健康为中心，坚持以基层为重点，以改革创新为动力，预防为主，中西医并重，把健康融入所有政策，人民共建共享的卫生与健康工作方针，针对生活行为方式、生产生活环境以及医疗卫生服务等健康影响因素，坚持政府主导与调动社会、个人的积极性相结合，推动人人参与、人人尽力、人人享有，落实预防为主，推行健康生活方式，减少疾病发生，强化早诊断、早治疗、早康复，实现全民健康。

共建共享是建设健康中国的基本路径。从供给侧和需求侧两端发力，统筹社会、行业和个人三个层面，形成维护和促进健康的强大合力。要促进全社会广泛参与，强化跨部门协作，深化军民融合发展，调动社会力量的积极性和创造性，加强环境治理，保障食品药品安全，预防和减少伤害，有效控制影响健康的生态和社会环境危险因素，形成多层次、多元化的社会共治格局。要推动健康服务供给侧结构性改革,卫生计生、体育等行业要主动适应人民健康需求,深化体制机制改革,优化要素配置和服务供给,补齐发展短板,推动健康产业转型升级,满足人民群众不断增长的健康需求。要强化个人健康责任,提高全民健康素养,引导形成自主自律、符合自身特点的健康生活方式,有效控制影响健康的生活行为因素,形成热爱健康、追求健康、促进健康的社会氛围。

全民健康是建设健康中国的根本目的。立足全人群和全生命周期两个着力点,提供公平可及、系统连续的健康服务,实现更高水平的全民健康。要惠及全人群,不断完善制度、扩展服务、提高质量,使全体人民享有所需要的、有质量的、可负担的预防、治疗、康复、健康促进等健康服务,突出解决好妇女儿童、老年人、残疾人、低收入人群等重点人群的健康问题。要覆盖全生命周期,针对生命不同阶段的主要健康问题及主要影响因素,确定若干优先领域,强化干预,实现从胎儿到生命终点的全程健康服务和健康保障,全面维护人民健康。

第三章 战略目标

到2020年,建立覆盖城乡居民的中国特色基本医疗卫生制度,健康素养水平持续提高,健康服务体系完善高效,人人享有基本医疗卫生服务和基本体育健身服务,基本形成内涵丰富、结构合理的健康产业体系,主要健康指标居于中高收入国家前列。

到2030年,促进全民健康的制度体系更加完善,健康领域发展更加协调,健康生活方式得到普及,健康服务质量和健康保障水平不断提高,健康产业繁荣发展,基本实现健康公平,主要健康指标进入高收入国家行列。到2050年,建成与社会主义现代化国家相适应的健康国家。

到2030年具体实现以下目标:

——人民健康水平持续提升。人民身体素质明显增强,2030年人均预期寿命达到79.0岁,人均健康预期寿命显著提高。

——主要健康危险因素得到有效控制。全民健康素养大幅提高,健康生活方式得到全面普及,有利于健康的生产生活环境基本形成,食品药品安全得到有效保障,消除一批重大疾病危害。

——健康服务能力大幅提升。优质高效的整合型医疗卫生服务体系和完善的全民健身公共服务体系全面建立,健康保障体系进一步完善,健康科技创新整体实力位居世界前列,健康服务质量和水平明显提高。

——健康产业规模显著扩大。建立起体系完整、结构优化的健康产业体系,形成一批具有较强创新能力和国际竞争力的大型企业,成为国民经济支柱性产业。

——促进健康的制度体系更加完善。有利于健康的政策法律法规体系进一步健全,健康领域治理体系和治理能力基本实现现代化。

健康中国建设主要指标

领域:健康水平 指标:人均预期寿命(岁) 2015 年:76.34 2020 年:77.3 2030 年:79.0

领域:健康水平 指标:婴儿死亡率(‰) 2015 年:8.1 2020 年:7.5 2030 年:5.0

领域:健康水平 指标:5 岁以下儿童死亡率(‰) 2015 年:10.7 2020 年:9.5 2030 年:6.0

领域:健康水平 指标:孕产妇死亡率(1/10 万) 2015 年:20.1 2020 年:18.0 2030 年:12.0

领域:健康水平 指标:城乡居民达到《国民体质测定标准》合格以上的人数比例(%) 2015 年:89.6(2014 年) 2020 年:90.6 2030 年:92.2

领域:健康生活 指标:居民健康素养水平(%) 2015 年:10 2020 年:20 2030 年:30

领域:健康生活 指标:经常参加体育锻炼人数(亿人) 2015 年:3.6(2014 年) 2020 年:4.35 2030 年:5.3

领域：健康服务与保障 指标：重大慢性病过早死亡率（%）2015年：19.1（2013年）2020年：比2015年降低10% 2030年：比2015年降低30%

领域：健康服务与保障 指标：每千常住人口执业（助理）医师数（人）2015年：2.2 2020年：2.5 2030年：3.0

领域：健康服务与保障 指标：个人卫生支出占卫生总费用的比重（%）2015年：29.3 2020年：28左右 2030年：25左右

领域：健康环境 指标：地级及以上城市空气质量优良天数比率（%）2015年：76.7 2020年：>80 2030年：持续改善

领域：健康环境 指标：地表水质量达到或好于Ⅲ类水体比例（%）2015年：66 2020年：>70 2030年：持续改善

领域：健康产业 指标：健康服务业总规模（万亿元）2015年：- 2020年：>8 2030年：16

第二篇　普及健康生活

第四章　加强健康教育

第一节　提高全民健康素养

推进全民健康生活方式行动，强化家庭和高危个体健康生活方式指导及干预，开展健康体重、健康口腔、健康骨骼等专项行动，到2030年基本实现以县（市、区）为单位全覆盖。开发推广促进健康生活的适宜技术和用品。建立健康知识和技能核心信息发布制度，健全覆盖全国的健康素养和生活方式监测体系。建立健全健康促进与教育体系，提高健康教育服务能力，从小抓起，普及健康科学知识。加强精神文明建设，发展健康文化，移风易俗，培育良好的生活习惯。各级各类媒体加大健康科学知识宣传力度，积极建设和规范各类广播电视等健康栏目，利用新媒体拓展健康教育。

第二节 加大学校健康教育力度

将健康教育纳入国民教育体系,把健康教育作为所有教育阶段素质教育的重要内容。以中小学为重点,建立学校健康教育推进机制。构建相关学科教学与教育活动相结合、课堂教育与课外实践相结合、经常性宣传教育与集中式宣传教育相结合的健康教育模式。培养健康教育师资,将健康教育纳入体育教师职前教育和职后培训内容。

第五章 塑造自主自律的健康行为

第一节 引导合理膳食

制定实施国民营养计划,深入开展食物(农产品、食品)营养功能评价研究,全面普及膳食营养知识,发布适合不同人群特点的膳食指南,引导居民形成科学的膳食习惯,推进健康饮食文化建设。建立健全居民营养监测制度,对重点区域、重点人群实施营养干预,重点解决微量营养素缺乏、部分人群油脂等高热能食物摄入过多等问题,逐步解决居民营养不足与过剩并存问题。实施临床营养干预。加强对学校、幼儿园、养老机构等营养健康工作的指导。开展示范健康食堂和健康餐厅建设。到2030年,居民营养知识素养明显提高,营养缺乏疾病发生率显著下降,全国人均每日食盐摄入量降低20%,超重、肥胖人口增长速度明显放缓。

第二节 开展控烟限酒

全面推进控烟履约,加大控烟力度,运用价格、税收、法律等手段提高控烟成效。深入开展控烟宣传教育。积极推进无烟环境建设,强化公共场所控烟监督执法。推进公共场所禁烟工作,逐步实现室内公共场所全面禁烟。领导干部要带头在公共场所禁烟,把党政机关建成无烟机关。强化戒烟服务。到 2030 年，15 岁以上人群吸烟率降低到 20%。加强限酒健康教育，控制酒精过度使用，减少酗酒。加强有害使用酒精监测。

第三节 促进心理健康

加强心理健康服务体系建设和规范化管理。加大全民心理健康科普宣传力度，提升心理健康素养。加强对抑郁症、焦虑症等常见精神障碍和心理行为问题的干预，加大对重点人群心理问题早期发现和及时干预力度。加强严重精神障碍患者报告登记和救治救助管理。全面推进精神障碍社区康复服务。提高突发事件心理危机的干预能力和水平。到 2030 年，常见精神障碍防治和心理行为问题识别干预水平显著提高。

第四节 减少不安全性行为和毒品危害

强化社会综合治理，以青少年、育龄妇女及流动人群为重点，开展性道德、性健康和性安全宣传教育和干预，加强对性传播高危行为人群的综合干预，减少意外妊娠和性相关疾病传播。大力普及有关毒品危害、应对措施和治疗途径等知识。加强全国戒毒医疗服务体系建设，早发现、早治疗成瘾者。加强戒毒药物维持治疗与社区戒毒、强制隔离戒毒和社区康复的衔接。建立集生理脱毒、心理康复、就业扶持、回归社会于一体的戒毒康复模式，最大限度减少毒品社会危害。

第六章 提高全民身体素质

第一节 完善全民健身公共服务体系

统筹建设全民健身公共设施，加强健身步道、骑行道、全民健身中心、体育公园、社区多功能运动场等场地设施建设。到 2030 年，基本建成县乡村三级公共体育设施网络，人均体育场地面积不低于 2.3 平方米，在城镇社区实现 15 分钟健身圈全覆盖。推行公共体育设施免费或低收费开放,确保公共体育场地设施和符合开放条件的企事业单位体育场地设施全部向社会开放。加强全民健身组织网络建设,扶持和引导基层体育社会组织发展。

第二节 广泛开展全民健身运动

继续制定实施全民健身计划,普及科学健身知识和健身方法,推动全民健身生活化。组织社会体育指导员广泛开展全民健身指导服务。实施国家体育锻炼标准,发展群众健身休闲活动,丰富和完善全民健身体系。大力发展群众喜闻乐见的运动项目,鼓励开发适合不同人群、不同地域特点的特色运动项目,扶持推广太极拳、健身气功等民族民俗民间传统运动项目。

第三节 加强体医融合和非医疗健康干预

发布体育健身活动指南,建立完善针对不同人群、不同环境、不同身体状况的运动处方库,推动形成体医结合的疾病管理与健康服务模式,发挥全民科学健身在健康促进、慢性病预防和康复等方面的积极作用。加强全民健身科技创新平台和科学健身指导服务站点建设。开展国民体质测试,完善体质健康监测体系,开发应用国民体质健康监测大数据,开展运动风险评估。

第四节 促进重点人群体育活动

制定实施青少年、妇女、老年人、职业群体及残疾人等特殊群体的体质健康干预计划。实施青少年体育活动促进计划,培育青少年体育爱好,基本实现青少年熟练掌握1项以上体育运动技能,确保学生校内每天体育活动时间不少于1小时。到2030年,学校体育场地设施与器材配置达标率达到100%,青少年学生每周参与体育活动达到中等强度3次以上,国家学生体质健康标准达标优秀率25%以上。加强科学指导,促进妇女、老年人和职业群体积极参与全民健身。实行工间健身制度,鼓励和支持新建工作场所建设适当的健身活动场地。推动残疾人康复体育和健身体育广泛开展。

第三篇　优化健康服务

第七章　强化覆盖全民的公共卫生服务

第一节　防治重大疾病

实施慢性病综合防控战略，加强国家慢性病综合防控示范区建设。强化慢性病筛查和早期发现，针对高发地区重点癌症开展早诊早治工作，推动癌症、脑卒中、冠心病等慢性病的机会性筛查。基本实现高血压、糖尿病患者管理干预全覆盖，逐步将符合条件的癌症、脑卒中等重大慢性病早诊早治适宜技术纳入诊疗常规。加强学生近视、肥胖等常见病防治。到2030年，实现全人群、全生命周期的慢性病健康管理，总体癌症5年生存率提高15%。加强口腔卫生，12岁儿童患龋率控制在25%以内。

加强重大传染病防控。完善传染病监测预警机制。继续实施扩大国家免疫规划，适龄儿童国家免疫规划疫苗接种率维持在较高水平，建立预防接种异常反应补偿保险机制。加强艾滋病检测、抗病毒治疗和随访管理，全面落实临床用血核酸检测和预防艾滋病母婴传播，疫情保持在低流行水平。建立结核病防治综合服务模式，加强耐多药肺结核筛查和监测，规范肺结核诊疗管理，全国肺结核疫情持续下降。有效应对流感、手足口病、登革热、麻疹等重点传染病疫情。继续坚持以传染源控制为主的血吸虫病综合防治策略，全国所有流行县达到消除血吸虫病标准。继续巩固全国消除疟疾成果。全国所有流行县基本控制包虫病等重点寄生虫病流行。保持控制和消除重点地方病，地方病不再成为危害人民健康的重点问题。加强突发急性传染病防治，积极防范输入性突发急性传染病，加强鼠疫等传统烈性传染病防控。强化重大动物源性传染病的源头治理。

第二节 完善计划生育服务管理

健全人口与发展的综合决策体制机制，完善有利于人口均衡发展的政策体系。改革计划生育服务管理方式，更加注重服务家庭，构建以生育支持、幼儿养育、青少年发展、老人赡养、病残照料为主题的家庭发展政策框架，引导群众负责任、有计划地生育。完善国家计划生育技术服务政策，加大再生育计划生育技术服务保障力度。全面推行知情选择，普及避孕节育和生殖健康知识。完善计划生育家庭奖励扶助制度和特别扶助制度，实行奖励扶助金标准动态调整。坚持和完善计划生育目标管理责任制，完善宣传倡导、依法管理、优质服务、政策推动、综合治理的计划生育长效工作机制。建立健全出生人口监测工作机制。继续开展出生人口性别比治理。到2030年，全国出生人口性别比实现自然平衡。

第三节 推进基本公共卫生服务均等化

继续实施完善国家基本公共卫生服务项目和重大公共卫生服务项目，加强疾病经济负担研究，适时调整项目经费标准，不断丰富和拓展服务内容，提高服务质量，使城乡居民享有均等化的基本公共卫生服务，做好流动人口基本公共卫生计生服务均等化工作。

第八章 提供优质高效的医疗服务

第一节 完善医疗卫生服务体系

全面建成体系完整、分工明确、功能互补、密切协作、运行高效的整合型医疗卫生服务体系。县和市域内基本医疗卫生资源按常住人口和服务半径合理布局，实现人人享有均等化的基本医疗卫生服务；省级及以上分区域统筹配置，整合推进区域医疗资源共享，基本实现优质医疗卫生资源配置均衡化，省域内人人享有均质化的危急重症、疑难病症诊疗和专科医疗服务；依托现有机构，建设一批引领国内、具有全球影响力的国家级医学中心，建设一批区域医学中心和国家临床重点专科群，推进京津冀、长江经济带等区域医疗卫生协同发展，带动医疗服务区域发展和整体水平提升。加强康复、老年病、长期护理、慢性病管理、安宁疗护等接续性医疗机构建设。实施健康扶贫工程，加大对中西部贫困地区医疗卫生机构建设支持力度，提升服务能力，保障贫困人口健康。到2030年，15分钟基本医疗卫生服务圈基本形成，每千常住人口注册护士数达到4.7人。

第二节　创新医疗卫生服务供给模式

建立专业公共卫生机构、综合和专科医院、基层医疗卫生机构"三位一体"的重大疾病防控机制，建立信息共享、互联互通机制，推进慢性病防、治、管整体融合发展，实现医防结合。建立不同层级、不同类别、不同举办主体医疗卫生机构间目标明确、权责清晰的分工协作机制，不断完善服务网络、运行机制和激励机制，基层普遍具备居民健康守门人的能力。完善家庭医生签约服务，全面建立成熟完善的分级诊疗制度，形成基层首诊、双向转诊、上下联动、急慢分治的合理就医秩序，健全治疗—康复—长期护理服务链。引导三级公立医院逐步减少普通门诊，重点发展危急重症、疑难病症诊疗。完善医疗联合体、医院集团等多种分工协作模式，提高服务体系整体绩效。加快医疗卫生领域军民融合，积极发挥军队医疗卫生机构作用，更好为人民服务。

第三节　提升医疗服务水平和质量

建立与国际接轨、体现中国特色的医疗质量管理与控制体系，基本健全覆盖主要专业的国家、省、市三级医疗质量控制组织，推出一批国际化标准规范。建设医疗质量管理与控制信息化平台，实现全行业全方位精准、实时管理与控制，持续改进医疗质量和医疗安全，提升医疗服务同质化程度，再住院率、抗菌药物使用率等主要医疗服务质量指标达到或接近世界先进水平。全面实施临床路径管理，规范诊疗行为，优化诊疗流程，增强患者就医获得感。推进合理用药，保障临床用血安全，基本实现医疗机构检查、检验结果互认。加强医疗服务人文关怀，构建和谐医患关系。依法严厉打击涉医违法犯罪行为特别是伤害医务人员的暴力犯罪行为，保护医务人员安全。

第九章 充分发挥中医药独特优势

第一节 提高中医药服务能力

实施中医临床优势培育工程，强化中医药防治优势病种研究，加强中西医结合，提高重大疑难病、危急重症临床疗效。大力发展中医非药物疗法，使其在常见病、多发病和慢性病防治中发挥独特作用。发展中医特色康复服务。健全覆盖城乡的中医医疗保健服务体系。在乡镇卫生院和社区卫生服务中心建立中医馆、国医堂等中医综合服务区，推广适宜技术，所有基层医疗卫生机构都能够提供中医药服务。促进民族医药发展。到2030年，中医药在治未病中的主导作用、在重大疾病治疗中的协同作用、在疾病康复中的核心作用得到充分发挥。

第二节 发展中医养生保健治未病服务

实施中医治未病健康工程，将中医药优势与健康管理结合，探索融健康文化、健康管理、健康保险为一体的中医健康保障模式。鼓励社会力量举办规范的中医养生保健机构，加快养生保健服务发展。拓展中医医院服务领域，为群众提供中医健康咨询评估、干预调理、随访管理等治未病服务。鼓励中医医疗机构、中医医师为中医养生保健机构提供保健咨询和调理等技术支持。开展中医中药中国行活动，大力传播中医药知识和易于掌握的养生保健技术方法，加强中医药非物质文化遗产的保护和传承运用，实现中医药健康养生文化创造性转化、创新性发展。

第三节 推进中医药继承创新

实施中医药传承创新工程,重视中医药经典医籍研读及挖掘,全面系统继承历代各家学术理论、流派及学说,不断弘扬当代名老中医药专家学术思想和临床诊疗经验,挖掘民间诊疗技术和方药,推进中医药文化传承与发展。建立中医药传统知识保护制度,制定传统知识保护名录。融合现代科技成果,挖掘中药方剂,加强重大疑难疾病、慢性病等中医药防治技术和新药研发,不断推动中医药理论与实践发展。发展中医药健康服务,加快打造全产业链服务的跨国公司和国际知名的中国品牌,推动中医药走向世界。保护重要中药资源和生物多样性,开展中药资源普查及动态监测。建立大宗、道地和濒危药材种苗繁育基地,提供中药材市场动态监测信息,促进中药材种植业绿色发展。

第十章 加强重点人群健康服务

第一节 提高妇幼健康水平

实施母婴安全计划,倡导优生优育,继续实施住院分娩补助制度,向孕产妇免费提供生育全过程的基本医疗保健服务。加强出生缺陷综合防治,构建覆盖城乡居民,涵盖孕前、孕期、新生儿各阶段的出生缺陷防治体系。实施健康儿童计划,加强儿童早期发展,加强儿科建设,加大儿童重点疾病防治力度,扩大新生儿疾病筛查,继续开展重点地区儿童营养改善等项目。提高妇女常见病筛查率和早诊早治率。实施妇幼健康和计划生育服务保障工程,提升孕产妇和新生儿危急重症救治能力。

第二节 促进健康老龄化

推进老年医疗卫生服务体系建设,推动医疗卫生服务延伸至社区、家庭。健全医疗卫生机构与养老机构合作机制,支持养老机构开展医疗服务。推进中医药与养老融合发展,推动医养结合,为老年人提供治疗期住院、康复期护理、稳定期生活照料、安宁疗护一体化的健康和养老服务，促进慢性病全程防治管理服务同居家、社区、机构养老紧密结合。鼓励社会力量兴办医养结合机构。加强老年常见病、慢性病的健康指导和综合干预，强化老年人健康管理。推动开展老年心理健康与关怀服务，加强老年痴呆症等的有效干预。推动居家老人长期照护服务发展，全面建立经济困难的高龄、失能老人补贴制度，建立多层次长期护理保障制度。进一步完善政策，使老年人更便捷获得基本药物。

第三节 维护残疾人健康

制定实施残疾预防和残疾人康复条例。加大符合条件的低收入残疾人医疗救助力度，将符合条件的残疾人医疗康复项目按规定纳入基本医疗保险支付范围。建立残疾儿童康复救助制度，有条件的地方对残疾人基本型辅助器具给予补贴。将残疾人康复纳入基本公共服务，实施精准康复，为城乡贫困残疾人、重度残疾人提供基本康复服务。完善医疗机构无障碍设施，改善残疾人医疗服务。进一步完善康复服务体系，加强残疾人康复和托养设施建设，建立医疗机构与残疾人专业康复机构双向转诊机制，推动基层医疗卫生机构优先为残疾人提供基本医疗、公共卫生和健康管理等签约服务。制定实施国家残疾预防行动计划，增强全社会残疾预防意识，开展全人群、全生命周期残疾预防，有效控制残疾的发生和发展。加强对致残疾病及其他致残因素的防控。推动国家残疾预防综合试验区试点工作。继续开展防盲治盲和防聋治聋工作。

第四篇 完善健康保障

第十一章 健全医疗保障体系

第一节 完善全民医保体系

健全以基本医疗保障为主体、其他多种形式补充保险和商业健康保险为补充的多层次医疗保障体系。整合城乡居民基本医保制度和经办管理。健全基本医疗保险稳定可持续筹资和待遇水平调整机制，实现基金中长期精算平衡。完善医保缴费参保政策，均衡单位和个人缴费负担，合理确定政府与个人分担比例。改进职工医保个人账户，开展门诊统筹。进一步健全重特大疾病医疗保障机制，加强基本医保、城乡居民大病保险、商业健康保险与医疗救助等的有效衔接。到2030年，全民医保体系成熟定型。

第二节　健全医保管理服务体系

严格落实医疗保险基金预算管理。全面推进医保支付方式改革，积极推进按病种付费、按人头付费，积极探索按疾病诊断相关分组付费（DRGs）、按服务绩效付费，形成总额预算管理下的复合式付费方式，健全医保经办机构与医疗机构的谈判协商与风险分担机制。加快推进基本医保异地就医结算，实现跨省异地安置退休人员住院医疗费用直接结算和符合转诊规定的异地就医住院费用直接结算。全面实现医保智能监控，将医保对医疗机构的监管延伸到医务人员。逐步引入社会力量参与医保经办。加强医疗保险基础标准建设和应用。到2030年，全民医保管理服务体系完善高效。

第三节　积极发展商业健康保险

落实税收等优惠政策，鼓励企业、个人参加商业健康保险及多种形式的补充保险。丰富健康保险产品，鼓励开发与健康管理服务相关的健康保险产品。促进商业保险公司与医疗、体检、护理等机构合作，发展健康管理组织等新型组织形式。到2030年，现代商业健康保险服务业进一步发展，商业健康保险赔付支出占卫生总费用比重显著提高。

第十二章 完善药品供应保障体系

第一节 深化药品、医疗器械流通体制改革

推进药品、医疗器械流通企业向供应链上下游延伸开展服务，形成现代流通新体系。规范医药电子商务，丰富药品流通渠道和发展模式。推广应用现代物流管理与技术，健全中药材现代流通网络与追溯体系。落实医疗机构药品、耗材采购主体地位，鼓励联合采购。完善国家药品价格谈判机制。建立药品出厂价格信息可追溯机制。强化短缺药品供应保障和预警，完善药品储备制度和应急供应机制。建设遍及城乡的现代医药流通网络，提高基层和边远地区药品供应保障能力。

第二节 完善国家药物政策

巩固完善国家基本药物制度，推进特殊人群基本药物保障。完善现有免费治疗药品政策，增加艾滋病防治等特殊药物免费供给。保障儿童用药。完善罕见病用药保障政策。建立以基本药物为重点的临床综合评价体系。按照政府调控和市场调节相结合的原则，完善药品价格形成机制。强化价格、医保、采购等政策的衔接，坚持分类管理，加强对市场竞争不充分药品和高值医用耗材的价格监管，建立药品价格信息监测和信息公开制度，制定完善医保药品支付标准政策。

第五篇 建设健康环境

第十三章 深入开展爱国卫生运动

第一节 加强城乡环境卫生综合整治

持续推进城乡环境卫生整洁行动，完善城乡环境卫生基础设施和长

效机制，统筹治理城乡环境卫生问题。加大农村人居环境治理力度，全面加强农村垃圾治理，实施农村生活污水治理工程，大力推广清洁能源。到2030年，努力把我国农村建设成为人居环境干净整洁、适合居民生活养老的美丽家园，实现人与自然和谐发展。实施农村饮水安全巩固提升工程，推动城镇供水设施向农村延伸，进一步提高农村集中供水率、自来水普及率、水质达标率和供水保证率，全面建立从源头到龙头的农村饮水安全保障体系。加快无害化卫生厕所建设，力争到2030年，全国农村居民基本都能用上无害化卫生厕所。实施以环境治理为主的病媒生物综合预防控制策略。深入推进国家卫生城镇创建，力争到2030年，国家卫生城市数量提高到全国城市总数的50%，有条件的省（自治区、直辖市）实现全覆盖。

第二节　建设健康城市和健康村镇

把健康城市和健康村镇建设作为推进健康中国建设的重要抓手，保障与健康相关的公共设施用地需求，完善相关公共设施体系、布局和标准，把健康融入城乡规划、建设、治理的全过程，促进城市与人民健康协调发展。针对当地居民主要健康问题，编制实施健康城市、健康村镇发展规划。广泛开展健康社区、健康村镇、健康单位、健康家庭等建设，提高社会参与度。重点加强健康学校建设，加强学生健康危害因素监测与评价，完善学校食品安全管理、传染病防控等相关政策。加强健康城市、健康村镇建设监测与评价。到2030年，建成一批健康城市、健康村镇建设的示范市和示范村镇。

第十四章　加强影响健康的环境问题治理

第一节　深入开展大气、水、土壤等污染防治

以提高环境质量为核心，推进联防联控和流域共治，实行环境质量目标考核，实施最严格的环境保护制度，切实解决影响广大人民群众健康的突出环境问题。深入推进产业园区、新城、新区等开发建设规划环

评，严格建设项目环评审批，强化源头预防。深化区域大气污染联防联控，建立常态化区域协作机制。完善重度及以上污染天气的区域联合预警机制。全面实施城市空气质量达标管理，促进全国城市环境空气质量明显改善。推进饮用水水源地安全达标建设。强化地下水管理和保护，推进地下水超采区治理与污染综合防治。开展国家土壤环境质量监测网络建设，建立建设用地土壤环境质量调查评估制度，开展土壤污染治理与修复。以耕地为重点，实施农用地分类管理。全面加强农业面源污染防治，有效保护生态系统和遗传多样性。加强噪声污染防控。

第二节 实施工业污染源全面达标排放计划

全面实施工业污染源排污许可管理，推动企业开展自行监测和信息公开，建立排污台账，实现持证按证排污。加快淘汰高污染、高环境风险的工艺、设备与产品。开展工业集聚区污染专项治理。以钢铁、水泥、石化等行业为重点，推进行业达标排放改造。

第三节 建立健全环境与健康监测、调查和风险评估制度

逐步建立健全环境与健康管理制度。开展重点区域、流域、行业环境与健康调查，建立覆盖污染源监测、环境质量监测、人群暴露监测和健康效应监测的环境与健康综合监测网络及风险评估体系。实施环境与健康风险管理。划定环境健康高风险区域，开展环境污染对人群健康影响的评价，探索建立高风险区域重点项目健康风险评估制度。建立环境健康风险沟通机制。建立统一的环境信息公开平台，全面推进环境信息公开。推进县级及以上城市空气质量监测和信息发布。

第十五章 保障食品药品安全

第一节 加强食品安全监管

完善食品安全标准体系，实现食品安全标准与国际标准基本接轨。

加强食品安全风险监测评估，到2030年，食品安全风险监测与食源性疾病报告网络实现全覆盖。全面推行标准化、清洁化农业生产，深入开展农产品质量安全风险评估，推进农兽药残留、重金属污染综合治理，实施兽药抗菌药治理行动。加强对食品原产地指导监管，完善农产品市场准入制度。建立食用农产品全程追溯协作机制，完善统一权威的食品安全监管体制，建立职业化检查员队伍，加强检验检测能力建设，强化日常监督检查，扩大产品抽检覆盖面。加强互联网食品经营治理。加强进口食品准入管理，加大对境外源头食品安全体系检查力度，有序开展进口食品指定口岸建设。推动地方政府建设出口食品农产品质量安全示范区。推进食品安全信用体系建设，完善食品安全信息公开制度。健全从源头到消费全过程的监管格局，严守从农田到餐桌的每一道防线，让人民群众吃得安全、吃得放心。

第二节　强化药品安全监管

深化药品（医疗器械）审评审批制度改革，研究建立以临床疗效为导向的审批制度，提高药品（医疗器械）审批标准。加快创新药（医疗器械）和临床急需新药（医疗器械）的审评审批，推进仿制药质量和疗效一致性评价。完善国家药品标准体系，实施医疗器械标准提高计划，积极推进中药（材）标准国际化进程。全面加强药品监管，形成全品种、全过程的监管链条。加强医疗器械和化妆品监管。

第十六章　完善公共安全体系

第一节　强化安全生产和职业健康

加强安全生产，加快构建风险等级管控、隐患排查治理两条防线，切实降低重特大事故发生频次和危害后果。强化行业自律和监督管理职责，推动企业落实主体责任，推进职业病危害源头治理，强化矿山、危险化学品等重点行业领域安全生产监管。开展职业病危害基本情况普查,健全有针对性的健康干预措施。进一步完善职业安全卫生标准体系,建立完善重点职业病监测与职业病危害因素监测、报告和管理网络,遏制尘肺病和职业中毒高发势头。建立分级分类监管机制,对职业病危害高风险企业实施重点监管。开展重点行业领域职业病危害专项治理。强化职业病报告制度,开展用人单位职业健康促进工作,预防和控制工伤事故及职业病发生。加强全国个人辐射剂量管理和放射诊疗辐射防护。

第二节 促进道路交通安全

加强道路交通安全设施设计、规划和建设,组织实施公路安全生命防护工程,治理公路安全隐患。严格道路运输安全管理,提升企业安全自律意识,落实运输企业安全生产主体责任。强化安全运行监管能力和安全生产基础支撑。进一步加强道路交通安全治理,提高车辆安全技术标准,提高机动车驾驶人和交通参与者综合素质。到2030年,力争实现道路交通万车死亡率下降30%。

第三节 预防和减少伤害

建立伤害综合监测体系,开发重点伤害干预技术指南和标准。加强儿童和老年人伤害预防和干预,减少儿童交通伤害、溺水和老年人意外跌落,提高儿童玩具和用品安全标准。预防和减少自杀、意外中毒。建立消费品质量安全事故强制报告制度,建立产品伤害监测体系,强化重点领域质量安全监管,减少消费品安全伤害。

第四节 提高突发事件应急能力

加强全民安全意识教育。建立健全城乡公共消防设施建设和维护管理责任机制,到2030年,城乡公共消防设施基本实现全覆盖。提高防灾减灾和应急能力。完善突发事件卫生应急体系,提高早期预防、及时发现、快速反应和有效处置能力。建立包括军队医疗卫生机构在内的海陆空立体化的紧急医学救援体系，提升突发事件紧急医学救援能力。到2030年，建立起覆盖全国、较为完善的紧急医学救援网络，突发事件卫生应急处置能力和紧急医学救援能力达到发达国家水平。进一步健全医疗急救体系，提高救治效率。到2030年，力争将道路交通事故死伤比基本降低到中等发达国家水平。

第五节　健全口岸公共卫生体系

建立全球传染病疫情信息智能监测预警、口岸精准检疫的口岸传染病预防控制体系和种类齐全的现代口岸核生化有害因子防控体系，建立基于源头防控、境内外联防联控的口岸突发公共卫生事件应对机制，健全口岸病媒生物及各类重大传染病监测控制机制，主动预防、控制和应对境外突发公共卫生事件。持续巩固和提升口岸核心能力，创建国际卫生机场(港口)。完善国际旅行与健康信息网络，提供及时有效的国际旅行健康指导，建成国际一流的国际旅行健康服务体系，保障出入境人员健康安全。

提高动植物疫情疫病防控能力，加强进境动植物检疫风险评估准入管理，强化外来动植物疫情疫病和有害生物查验截获、检测鉴定、除害处理、监测防控规范化建设，健全对购买和携带人员、单位的问责追究体系，防控国际动植物疫情疫病及有害生物跨境传播。健全国门生物安全查验机制，有效防范物种资源丧失和外来物种入侵。

第六篇　发展健康产业

第十七章　优化多元办医格局

进一步优化政策环境，优先支持社会力量举办非营利性医疗机构，推进和实现非营利性民营医院与公立医院同等待遇。鼓励医师利用业余时间、退休医师到基层医疗卫生机构执业或开设工作室。个体诊所设置不受规划布局限制。破除社会力量进入医疗领域的不合理限制和隐性壁垒。逐步扩大外资兴办医疗机构的范围。加大政府购买服务的力度,支持保险业投资、设立医疗机构,推动非公立医疗机构向高水平、规模化方向发展,鼓励发展专业性医院管理集团。加强政府监管、行业自律与社会监督,促进非公立医疗机构规范发展。

第十八章　发展健康服务新业态

积极促进健康与养老、旅游、互联网、健身休闲、食品融合,催生健康新产业、新业态、新模式。发展基于互联网的健康服务,鼓励发展健康体检、咨询等健康服务,促进个性化健康管理服务发展,培育一批有特色的健康管理服务产业,探索推进可穿戴设备、智能健康电子产品和健康医疗移动应用服务等发展。规范发展母婴照料服务。培育健康文化产业和体育医疗康复产业。制定健康医疗旅游行业标准、规范,打造具有国际竞争力的健康医疗旅游目的地。大力发展中医药健康旅游。打造一批知名品牌和良性循环的健康服务产业集群,扶持一大批中小微企业配套发展。

引导发展专业的医学检验中心、医疗影像中心、病理诊断中心和血液透析中心等。支持发展第三方医疗服务评价、健康管理服务评价,以及健康市场调查和咨询服务。鼓励社会力量提供食品药品检测服务。完善科技中介体系,大力发展专业化、市场化医药科技成果转化服务。

第十九章　积极发展健身休闲运动产业

进一步优化市场环境,培育多元主体,引导社会力量参与健身休闲设施建设运营。推动体育项目协会改革和体育场馆资源所有权、经营权分离改革,加快开放体育资源,创新健身休闲运动项目推广普及方式,进一步健全政府购买体育公共服务的体制机制,打造健身休闲综合服务体。鼓励发展多种形式的体育健身俱乐部，丰富业余体育赛事，积极培育冰雪、山地、水上、汽摩、航空、极限、马术等具有消费引领特征的时尚休闲运动项目，打造具有区域特色的健身休闲示范区、健身休闲产业带。

第二十章 促进医药产业发展

第一节 加强医药技术创新

完善政产学研用协同创新体系，推动医药创新和转型升级。加强专利药、中药新药、新型制剂、高端医疗器械等创新能力建设，推动治疗重大疾病的专利到期药物实现仿制上市。大力发展生物药、化学药新品种、优质中药、高性能医疗器械、新型辅料包材和制药设备，推动重大药物产业化，加快医疗器械转型升级，提高具有自主知识产权的医学诊疗设备、医用材料的国际竞争力。加快发展康复辅助器具产业，增强自主创新能力。健全质量标准体系，提升质量控制技术，实施绿色和智能改造升级，到2030年，药品、医疗器械质量标准全面与国际接轨。

第二节 提升产业发展水平

发展专业医药园区，支持组建产业联盟或联合体，构建创新驱动、绿色低碳、智能高效的先进制造体系，提高产业集中度，增强中高端产品供给能力。大力发展医疗健康服务贸易，推动医药企业走出去和国际产业合作，提高国际竞争力。到2030年，具有自主知识产权新药和诊疗装备国际市场份额大幅提高，高端医疗设备市场国产化率大幅提高，实现医药工业中高速发展和向中高端迈进，跨入世界制药强国行列。推进医药流通行业转型升级，减少流通环节，提高流通市场集中度，形成一批跨国大型药品流通企业。

第七篇 健全支撑与保障

第二十一章 深化体制机制改革

第一节 把健康融入所有政策

加强各部门各行业的沟通协作,形成促进健康的合力。全面建立健康影响评价评估制度,系统评估各项经济社会发展规划和政策、重大工程项目对健康的影响,健全监督机制。畅通公众参与渠道,加强社会监督。

第二节 全面深化医药卫生体制改革

加快建立更加成熟定型的基本医疗卫生制度,维护公共医疗卫生的公益性,有效控制医药费用不合理增长,不断解决群众看病就医问题。推进政事分开、管办分开,理顺公立医疗卫生机构与政府的关系,建立现代公立医院管理制度。清晰划分中央和地方以及地方各级政府医药卫生管理事权,实施属地化和全行业管理。推进军队医院参加城市公立医院改革、纳入国家分级诊疗体系工作。健全卫生计生全行业综合监管体系。

第三节 完善健康筹资机制

健全政府健康领域相关投入机制,调整优化财政支出结构,加大健康领域投入力度,科学合理界定中央政府和地方政府支出责任,履行政府保障基本健康服务需求的责任。中央财政在安排相关转移支付时对经济欠发达地区予以倾斜,提高资金使用效益。建立结果导向的健康投入机制,开展健康投入绩效监测和评价。充分调动社会组织、企业等的积极性,形成多元筹资格局。鼓励金融等机构创新产品和服务,完善扶持

第四节　加快转变政府职能

进一步推进健康相关领域简政放权、放管结合、优化服务。继续深化药品、医疗机构等审批改革，规范医疗机构设置审批行为。推进健康相关部门依法行政，推进政务公开和信息公开。加强卫生计生、体育、食品药品等健康领域监管创新，加快构建事中和事后监管体系，全面推开"双随机、一公开"机制建设。推进综合监管，加强行业自律和诚信建设，鼓励行业协会商会发展，充分发挥社会力量在监管中的作用，促进公平竞争，推动健康相关行业科学发展，简化健康领域公共服务流程，优化政府服务，提高服务效率。

第二十二章　加强健康人力资源建设

第一节　加强健康人才培养培训

加强医教协同，建立完善医学人才培养供需平衡机制。改革医学教育制度，加快建成适应行业特点的院校教育、毕业后教育、继续教育三阶段有机衔接的医学人才培养培训体系。完善医学教育质量保障机制，建立与国际医学教育实质等效的医学专业认证制度。以全科医生为重点，加强基层人才队伍建设。完善住院医师与专科医师培养培训制度，建立公共卫生与临床医学复合型高层次人才培养机制。强化面向全员的继续医学教育制度。加大基层和偏远地区扶持力度。加强全科、儿科、产科、精神科、病理、护理、助产、康复、心理健康等急需紧缺专业人才培养培训。加强药师和中医药健康服务、卫生应急、卫生信息化复合人才队伍建设。加强高层次人才队伍建设，引进和培养一批具有国际领先水平的学科带头人。推进卫生管理人员专业化、职业化。调整优化适应健康服务产业发展的医学教育专业结构，加大养老护理员、康复治疗师、心理咨询师等健康人才培养培训力度。支持建立以国家健康医疗开放大学为基础、中国健康医疗教育慕课联盟为支撑的健康教育培训云平台,便捷医务人员终身教育。加强社会体育指导员队伍建设,到2030年,实现每千人拥有社会体育指导员2.3名。

第二节 创新人才使用评价激励机制

落实医疗卫生机构用人自主权,全面推行聘用制,形成能进能出的灵活用人机制。落实基层医务人员工资政策。创新医务人员使用、流动与服务提供模式,积极探索医师自由执业、医师个体与医疗机构签约服务或组建医生集团。建立符合医疗卫生行业特点的人事薪酬制度。对接国际通行模式,进一步优化和完善护理、助产、医疗辅助服务、医疗卫生技术等方面人员评价标准。创新人才评价机制,不将论文、外语、科研等作为基层卫生人才职称评审的硬性要求,健全符合全科医生岗位特点的人才评价机制。

第二十三章 推动健康科技创新

第一节 构建国家医学科技创新体系

大力加强国家临床医学研究中心和协同创新网络建设,进一步强化实验室、工程中心等科研基地能力建设,依托现有机构推进中医药临床研究基地和科研机构能力建设,完善医学研究科研基地布局。加强资源整合和数据交汇,统筹布局国家生物医学大数据、生物样本资源、实验动物资源等资源平台,建设心脑血管、肿瘤、老年病等临床医学数据示范中心。实施中国医学科学院医学与健康科技创新工程。加快生物医药和大健康产业基地建设,培育健康产业高新技术企业,打造一批医学研究和健康产业创新中心,促进医研企结合,推进医疗机构、科研院所、高等学校和企业等创新主体高效协同。加强医药成果转化推广平台建设,促进医学成果转化推广。建立更好的医学创新激励机制和以应用为导向的成果评价机制,进一步健全科研基地、生物安全、技术评估、医学研究标准与规范、医学伦理与科研诚信、知识产权等保障机制，加强科卫协同、军民融合、省部合作，有效提升基础前沿、关键共性、社会公益和战略高科技的研究水平。

第二节 推进医学科技进步

启动实施脑科学与类脑研究、健康保障等重大科技项目和重大工程，推进国家科技重大专项、国家重点研发计划重点专项等科技计划。发展组学技术、干细胞与再生医学、新型疫苗、生物治疗等医学前沿技术，加强慢病防控、精准医学、智慧医疗等关键技术突破，重点部署创新药物开发、医疗器械国产化、中医药现代化等任务，显著增强重大疾病防治和健康产业发展的科技支撑能力。力争到2030年，科技论文影响力和三方专利总量进入国际前列，进一步提高科技创新对医药工业增长贡献率和成果转化率。

第二十四章 建设健康信息化服务体系

第一节 完善人口健康信息服务体系建设

全面建成统一权威、互联互通的人口健康信息平台，规范和推动"互联网+健康医疗"服务，创新互联网健康医疗服务模式，持续推进覆盖全生命周期的预防、治疗、康复和自主健康管理一体化的国民健康信息服务。实施健康中国云服务计划，全面建立远程医疗应用体系，发展智慧健康医疗便民惠民服务。建立人口健康信息化标准体系和安全保护机制。做好公民入伍前与退伍后个人电子健康档案军地之间接续共享。到2030年，实现国家省市县四级人口健康信息平台互通共享、规范应用，人人拥有规范化的电子健康档案和功能完备的健康卡，远程医疗覆盖省市县乡四级医疗卫生机构，全面实现人口健康信息规范管理和使用，满足个性化服务和精准化医疗的需求。

第二节　推进健康医疗大数据应用

加强健康医疗大数据应用体系建设，推进基于区域人口健康信息平台的医疗健康大数据开放共享、深度挖掘和广泛应用。消除数据壁垒，建立跨部门跨领域密切配合、统一归口的健康医疗数据共享机制，实现公共卫生、计划生育、医疗服务、医疗保障、药品供应、综合管理等应用信息系统数据采集、集成共享和业务协同。建立和完善全国健康医疗数据资源目录体系，全面深化健康医疗大数据在行业治理、临床和科研、公共卫生、教育培训等领域的应用，培育健康医疗大数据应用新业态。加强健康医疗大数据相关法规和标准体系建设，强化国家、区域人口健康信息工程技术能力，制定分级分类分域的数据应用政策规范，推进网络可信体系建设，注重内容安全、数据安全和技术安全，加强健康医疗数据安全保障和患者隐私保护。加强互联网健康服务监管。

第二十五章　加强健康法治建设

推动颁布并实施基本医疗卫生法、中医药法，修订实施药品管理法，加强重点领域法律法规的立法和修订工作，完善部门规章和地方政府规章，健全健康领域标准规范和指南体系。强化政府在医疗卫生、食品、药品、环境、体育等健康领域的监管职责，建立政府监管、行业自律和社会监督相结合的监督管理体制。加强健康领域监督执法体系和能力建设。

第二十六章　加强国际交流合作

实施中国全球卫生战略，全方位积极推进人口健康领域的国际合作。以双边合作机制为基础，创新合作模式，加强人文交流，促进我国和"一带一路"沿线国家卫生合作。加强南南合作，落实中非公共卫生合作计划，继续向发展中国家派遣医疗队员，重点加强包括妇幼保健在内的医疗援助，重点支持疾病预防控制体系建设。加强中医药国际交流与合作。充分利用国家高层战略对话机制，将卫生纳入大国外交议程。积极参与全球卫生治理，在相关国际标准、规范、指南等的研究、谈判与制定中发挥影响，提升健康领域国际影响力和制度性话语权。

第八篇　强化组织实施

第二十七章　加强组织领导

完善健康中国建设推进协调机制，统筹协调推进健康中国建设全局性工作，审议重大项目、重大政策、重大工程、重大问题和重要工作安排，加强战略谋划，指导部门、地方开展工作。

各地区各部门要将健康中国建设纳入重要议事日程，健全领导体制和工作机制，将健康中国建设列入经济社会发展规划，将主要健康指标纳入各级党委和政府考核指标，完善考核机制和问责制度，做好相关任务的实施落实工作。注重发挥工会、共青团、妇联、残联等群团组织以及其他社会组织的作用，充分发挥民主党派、工商联和无党派人士作用，最大限度凝聚全社会共识和力量。

第二十八章　营造良好社会氛围

大力宣传党和国家关于维护促进人民健康的重大战略思想和方针政策，宣传推进健康中国建设的重大意义、总体战略、目标任务和重大举措。加强正面宣传、舆论监督、科学引导和典型报道，增强社会对健康中国建设的普遍认知，形成全社会关心支持健康中国建设的良好社会氛围。

第二十九章　做好实施监测

制定实施五年规划等政策文件，对本规划纲要各项政策和措施进行细化完善，明确各个阶段所要实施的重大工程、重大项目和重大政策。

建立常态化、经常化的督查考核机制，强化激励和问责。建立健全监测评价机制，制定规划纲要任务部门分工方案和监测评估方案，并对实施进度和效果进行年度监测和评估，适时对目标任务进行必要调整。充分尊重人民群众的首创精神，对各地在实施规划纲要中好的做法和有效经验，要及时总结，积极推广。

附录二：《学校卫生工作条例》

中华人民共和国国家教育委员会令第 10 号

（1990 年 6 月 4 日发布）

第一章 总则

第一条 为加强学校卫生工作，提高学生的健康水平，制定本条例。

第二条 学校卫生工作的主要任务是：监测学生健康状况；对学生进行健康教育，培养学生良好的卫生习惯；改善学校卫生环境和教学卫生条件；加强对传染病、学生常见病的预防和治疗。

第三条 本条例所称的学校，是指普通中小学、农业中学、职业中学、中等专业学校、技工学校、普通高等学校。

第四条 教育行政部门负责学校卫生工作的行政管理。卫生行政部门负责对学校卫生工作的监督指导。

第二章 学校卫生工作要求

第五条 学校应当合理安排学生的学习时间。学生每日学习时间（包括自习），小学不超过六小时，中学不超过八小时，大学不超过十小时。

学校或者教师不得以任何理由和方式，增加授课时间和作业量，加重学生学习负担。

第六条 学校教学建筑、环境噪声、室内微小气候、采光、照明等环境质量以及黑板、课桌椅的设置应当符合国家有关标准。

新建、改建、扩建校舍，其选址、设计应当符合国家的卫生标准，并取得当地卫生行政部门的许可。竣工验收应当有当地卫生行政部门参加。

第七条　学校应当按照有关规定为学生设置厕所和洗手设施。寄宿制学校应当为学生提供相应的洗漱、洗澡等卫生设施。

学校应当为学生提供充足的符合卫生标准的饮用水。

第八条　学校应当建立卫生制度，加强对学生个人卫生、环境卫生以及教室、宿舍卫生的管理。

第九条　学校应当认真贯彻执行食品卫生法律、法规，加强饮食卫生管理，办好学生膳食，加强营养指导。

第十条　学校体育场地和器材应当符合卫生和安全要求。运动项目和运动强度应当适合学生的生理承受能力和体质健康状况，防止发生伤害事故。

第十一条　学校应当根据学生的年龄，组织学生参加适当的劳动，并对参加劳动的学生，进行安全教育，提供必要的安全和卫生防护措施。

普通中小学校组织学生参加劳动，不得让学生接触有毒有害物质或者从事不安全工种的作业，不得让学生参加夜班劳动。

普通高等学校、中等专业学校、技工学校、农业中学、职业中学组织学生参加生产劳动，接触有毒有害物质的，按照国家有关规定，提供保健待遇。学校应当定期对他们进行体格检查，加强卫生防护。

第十二条　学校在安排体育课以及劳动等体力活动时，应当注意女学生的生理特点，给予必要的照顾。

第十三条　学校应当把健康教育纳入教学计划。普通中小学必须开设健康教育课，普通高等学校、中等专业学校、技工学校、农业中学、职业中学应当开设健康教育选修课或者讲座。

学校应当开展学生健康咨询活动。

第十四条　学校应当建立学生健康管理制度。根据条件定期对学生进行体格检查，建立学生体质健康卡片，纳入学生档案。

学校对体格检查中发现学生有器质性疾病的,应当配合学生家长做好转诊治疗。

学校对残疾、体弱学生,应当加强医学照顾和心理卫生工作。

第十五条　学校应当配备可以处理一般伤病事故的医疗用品。

第十六条　学校应当积极做好近视眼、弱视、沙眼、龋齿、寄生虫、营养不良、贫血、脊柱弯曲、神经衰弱等学生常见疾病的群体预防和矫治工作。

第十七条　学校应当认真贯彻执行传染病防治法律、法规,做好急、慢性传染病的预防和控制管理工作,同时做好地方病的预防和控制管理工作。

第三章　学校卫生工作管理

第十八条　各级教育行政部门应当把学校卫生工作纳入学校工作计划,作为考评学校工作的一项内容。

第十九条　普通高等学校、中等专业学校、技工学校和规模较大的农业中学、职业中学、普通中小学,可以设立卫生管理机构,管理学校的卫生工作。

第二十条　普通高等学校设校医院或者卫生科。校医院应当设保健科(室),负责师生的卫生保健工作。

城市普通中小学、农村中心小学和普通中学设卫生室,按学生人数六百比一的比例配备专职卫生技术人员。

中等专业学校、技工学校、农业中学、职业中学,可以根据需要,配备专职卫生技术人员。

学生人数不足六百人的学校,可以配备专职或者兼职保健教师,开展学校卫生工作。

第二十一条　经本地区卫生行政部门批准,可以成立区域性中小学卫生保健机构。

区域性的中小学生卫生保健机构的主要任务是:

(一)调查研究本地区中小学生体质健康状况;

(二)开展中小学生常见疾病的预防与矫治；

(三)开展中小学卫生技术人员的技术培训和业务指导。

第二十二条 学校卫生技术人员的专业技术职称考核、评定，按照卫生、教育行政部门制定的考核标准和办法，由教育行政部门组织实施。

学校卫生技术人员按照国家有关规定，享受卫生保健津贴。

第二十三条 教育行政部门应当将培养学校卫生技术人员的工作列入招生计划，并通过各种教育形式为学校卫生技术人员和保健教师提供进修机会。

第二十四条 各级教育行政部门和学校应当将学校卫生经费纳入核定的年度教育经费预算。

第二十五条 各级卫生行政部门应当组织医疗单位和专业防治机构对学生进行健康检查、传染病防治和常见病矫治，接受转诊治疗。

第二十六条 各级卫生防疫站，对学校卫生工作承担下列任务：

(一)实施学校卫生监测，掌握本地区学生生长发育和健康状况，掌握学生常见病、传染病、地方病动态；

(二)制定学生常见病、传染病、地方病的防治计划；

(三)对本地区学校卫生工作进行技术指导；

(四)开展学校卫生服务。

第二十七条 供学生使用的文具、娱乐器具、保健用品，必须符合国家有关卫生标准。

第四章 学校卫生工作监督

第二十八条 县以上卫生行政部门对学校卫生工作行使监督职权。其职责是：

(一)对新建、改建、扩建校舍的选址、设计实行卫生监督；

(二)对学校内影响学生健康的学习、生活、劳动、环境、食品等方面的卫生和传染病防治工作实行卫生监督；

(三)对学生使用的文具、娱乐器具、保健用品实行卫生监督。

国务院卫生行政部门可以委托国务院其他有关部门的卫生主管机构,在本系统内对前款所列第(一)、(二)项职责行使学校卫生监督职权。

第二十九条　行使学校卫生监督职权的机构设立学校卫生监督员,由省级以上卫生行政部门聘任并发给学校卫生监督员证书。

学校卫生监督员执行卫生行政部门或者其他有关部门卫生主管机构交付的学校卫生监督任务。

第三十条　学校卫生监督员在执行任务时应出示证件。

学校卫生监督员在进行卫生监督时,有权查阅与卫生监督有关的资料,搜集与卫生监督有关的情况,被监督的单位或者个人应当给予配合。学校卫生监督员对所掌握的资料、情况负有保密责任。

第五章　奖励与处罚

第三十一条　对在学校卫生工作中成绩显著的单位或者个人,各级教育、卫生行政部门和学校应当给予表彰、奖励。

第三十二条　违反本条例第六条第二款规定,未经卫生行政部门许可新建、改建、扩建校舍的,由卫生行政部门对直接责任单位或者个人给予警告、责令停止施工或者限期改建。

第三十三条　违反本条例第六条第一款、第七条和第十条规定的,由卫生行政部门对直接责任单位或者个人给予警告并责令限期改进。情节严重的,可以同时建议教育行政部门给予行政处分。

第三十四条　违反本条例第十一条规定,致使学生健康受到损害的,由卫生行政部门对直接责任单位或者个人给予警告,责令限期改进。

第三十五条　违反本条例第二十七条规定的,由卫生行政部门对直接责任单位或者个人给予警告。情节严重的,可以会同工商行政部门没收其不符合国家有关卫生标准的物品,并处以非法所得两倍以下的罚款。

第三十六条　拒绝或者妨碍学校卫生监督员依照本条例实施卫生监

督的，由卫生行政部门对直接责任单位或者个人给予警告。情节严重的，可以建议教育行政部门给予行政处分或者处以二百元以下的罚款。

第三十七条 当事人对没收、罚款的行政处罚不服的，可以在接到处罚决定书之日起十五日内，向作出处罚决定机关的上一级机关申请复议，也可以直接向人民法院起诉。对复议决定不服的，可以在接到复议决定之日起十五日内，向人民法院起诉。对罚款决定不履行又逾期不起诉的，由作出处罚决定的机关申请人民法院强制执行。

第六章 附则

第三十八条 学校卫生监督办法、学校卫生标准由卫生部会同国家教育委员会制定。

第三十九条 贫困县不能全部适用本条例第六条第一款和第七条规定的，可以由所在省、自治区的教育、卫生行政部门制定变通的规定。变通的规定，应当报送国家教育委员会、卫生部备案。

第四十条 本条例由国家教育委员会、卫生部负责解释。

第四十一条 本条例自发布之日起施行。原教育部、卫生部一九七九年十二月六日颁布的《中、小学卫生工作暂行规定(草案)》和一九八零年八月二十六日颁布的《高等学校卫生工作暂行规定(草案)》同时废止。

附录三：《教育部关于印发〈普通高等学校健康教育指导纲要〉的通知》

教体艺〔2017〕5号

各省、自治区、直辖市教育厅（教委），新疆生产建设兵团教育局，部属各高等学校：

为贯彻落实《"健康中国2030"规划纲要》对学校健康教育提出的工作要求，加强高校健康教育，提高高校学生健康素养和体质健康水平，现将《普通高等学校健康教育指导纲要》印发给你们，请认真遵照执行，（原《大学生健康教育基本要求》同时废止）。

教育部

2017年6月14日

普通高等学校健康教育指导纲要

《"健康中国2030"规划纲要》明确提出"加大学校健康教育力度。将健康教育纳入国民教育体系，把健康教育作为所有教育阶段素质教育的重要内容"。健康是青少年全面发展的基础，加强高校健康教育、提升学生健康素养，是贯彻落实党的教育方针，全面实施素质教育、促进学生全面发展、加快推进教育现代化的必然要求，是贯彻落实《"健康中国2030"规划纲要》，建设健康中国、全面提升中华民族健康素质的重要内容。近年来，各地各高校在推进健康教育、提升学生健康素养方面做了大量工作,取得了积极进展,但健康教育的覆盖面不广、针对性不强、措施落实不到位等问题仍然突出;部分学生健康意识淡漠,维护和促进自身健康能力不足,锻炼不够、睡眠不足、作息不规律、膳食不合理等不健康生活方式正在成为影响学生健康的危险因素。为进一步加强高校健康教育,提升学生健康素养,促进学生身心健康,特制定本指导纲要。

一、总体要求

(一)指导思想

高校健康教育要全面贯彻落实党的十八大、十八届三中、四中、五中全会和习近平总书记系列重要讲话精神,全面贯彻党的教育方针,按照《国家中长期教育改革和发展规划纲要(2010—2020年)》《"健康中国2030"规划纲要》的部署和要求,不断更新观念、创新形式、落实载体、完善制度,全方位、多途径、多形式开展高校健康教育和健康促进,充分发挥健康教育在培育和践行社会主义核心价值观、推进素质教育中的综合作用,帮助学生树立健康意识,掌握维护健康的知识和技能,形成文明、健康生活方式,提高自身健康管理能力,增强维护全民健康的社会责任感,促进学生身心健康和全面发展。

(二)基本原则

高等教育阶段是高校学生身心成长成熟、健康素养形成的重要时期。高校学生是传播健康理念、引领健康生活方式的重要人群。高校健康教育重在增强学生的健康意识、提高学生的健康素养和健全学生的人格品质。

开展高校健康教育应遵循以下基本原则:

——问题导向与健康需求相衔接。围绕学生的健康需求,针对学生的主要健康问题及其影响因素,合理科学选择健康教育的内容和形式,确保健康教育取得实效。

——知识传授与行为养成相促进。健康行为是维护和促进健康的关键。健康知识和技能是促进健康行为形成的前提。要以健康行为养成为出发点,传播健康知识和技能,提升学生健康素养。

——课堂教学与课外实践相协调。课堂教学是传授健康知识和技能的主要渠道。课外实践是践行健康知识和技能的主要场域。要结合课堂教育教学内容,合理安排健康实践活动,促进学生健康知识的运用与行为的形成。

——维护个体健康与增强社会责任相统一。个体健康是全民健康的基础,促进全民健康需要每个人的共同努力。既要提升学生的健康素养,也要增强学生在维护和促进全民健康方面的社会责任感和示范引领作用。

——总体要求与地方实际相结合。各地学生面临的健康问题及影响健康的危险因素不尽相同,各地应在国家有关健康教育的总体规划和原则指导下,结合本地实际,对健康教育的内容进行合理安排,并适当调整补充。

二、主要内容

高校健康教育是中小学健康教育的延续和深化,是全民健康教育的重要组成部分。高校健康教育内容主要包括健康生活方式、疾病预防、心理健康、性与生殖健康、安全应急与避险五个方面,其目标和核心内容分别为:

(一)健康生活方式

目标:树立现代健康意识,掌握健康管理和健康决策的基本方法,养成文明健康的生活方式,提高自觉规避、有效应对健康风险的能力。

核心内容:现代健康的概念;高校学生面临的主要健康问题和影响因素;健康决策和健康管理的基本原则;饮食行为与健康,中国居民膳食指南及其应用，日常生活常见的食品安全隐患与防范（食品安全五要素）；睡眠与健康，睡眠不足与睡眠障碍的危害，劳逸结合，规律作息，预防网络成瘾；运动与健康，科学锻炼原则及方法、运动负荷的自我监测；烟草危害及戒烟策略，毒品（新型毒品）危害及禁毒，物质滥用（酗酒、滥用镇静催眠药和镇痛剂等成瘾性药物等）的危害及防范；环境卫生与健康。

（二）疾病预防

目标：增强防病意识，掌握常见疾病的预防原则和常规措施，提高防控传染病和慢性非传染性疾病的能力。

核心内容：常见传染病（如流感、结核病、病毒性肝炎等）的预防；慢性非传染性疾病（如高血压、糖尿病、肿瘤等）的基本知识、预防原则和常规措施；抗生素滥用对健康的危害，在医生指导下使用抗生素；定期进行健康体检的意义和项目选择；常用的健康指标、正常范围，测定身体健康状况的常用方法（如测量腋温和脉搏、血压等）；正确选择必要、有效的保健与保险服务。

（三）心理健康

目标：树立自觉维护心理健康的意识，掌握正确应对学业、人际关系等方面的不良情绪和心理压力必需的相关技能，提高心理适应能力。

核心内容：心理健康的概念；心理健康与身体健康的关系；学生心理发展特点和相关社会因素；抑郁症和焦虑症的表现，自我心理调适与技能，促进积极情绪与缓解不良情绪的基本方法；维护良好人际关系与有效交流的方法；心理咨询与服务利用，常见心理问题或危机的辨识与求助；珍爱生命。

（四）性与生殖健康

目标：树立自我保健意识，掌握维护性与生殖健康的知识和技能，提高维护性与生殖健康的能力。

核心内容：性与生殖健康的基本知识；友谊、爱情、婚恋、家庭与伦理道德；优生优育与适宜有效的避孕方法；非意愿怀孕和应对措施；常见生殖健康问题与自我保健方法；无保护性行为对生殖健康的影响；常见性传播疾病和预防；艾滋病的传播、流行与控制，易感染艾滋病的高危行为和预防措施，艾滋病咨询检测和服务，不歧视艾滋病感染者和病人；预防性侵害的方法和技能。

（五）安全应急与避险

目标：树立安全避险意识，掌握常见突发事件和伤害的应急处置方法，提高自救与互救能力。

核心内容：突发事件与个人安全防范，意外伤害（触电、溺水、中暑、中毒、运动创伤等）的预防、自救与互救的基本原则和方法；无偿献血基本知识，无偿献血是公民的义务；休克、晕厥、骨折等急症的现场救护原则，心肺复苏、创伤救护（止血、包扎、固定、搬运）等院前急救技能；动物（犬、猫、蛇等）抓伤、咬伤后的应急处置；防范网络安全风险，甄别不科学、不健康信息的技能与方法；实验、实习等场所安全要求与防护技能，注意个人防护，避免职业伤害；旅行卫生保健的基本要求，规避旅行中的健康与安全风险的基本措施和策略。

三、实施途径

（一）多渠道开展健康教育

发挥课堂教学主渠道作用。高校应按照本纲要确定的原则、内容，因校制宜制定健康教育教学计划，开设健康教育公共选修课，安排必要的课时，确定相应的学分。针对高校学生关注的健康问题，精选教学内容，吸引学生选修健康教育课程。

拓展健康教育载体。充分利用新生入学教育、军训等时机，开展艾滋病、结核病等传染病预防、安全应急与急救等专题健康教育活动。充分利用广播、宣传栏、学生社团活动、校园网络、微博、微信等传统媒体和新兴媒体，经常性开展健康教育宣传活动。结合各种卫生主题宣传日，集中开展各类卫生主题宣传教育活动。结合阶段性、季节性疾病预防，以防病为切入点，传播健康生活方式及疾病预防知识和技能。

(二) 多形式开展健康实践

融入学生管理工作。注重培养学生健康素养和生活作息等行为习惯，及时了解学生心理状况和心理需求，有针对性开展心理健康教育、心理辅导与咨询。

发挥学生社团作用。把学生参与健康教育活动纳入学生志愿服务管理，鼓励学生积极参与健康教育实践活动，传播健康理念和知识。

创设良好的校园卫生环境。配备必要的公共卫生设施，设置必要的卫生警示和标识，潜移默化地培养学生的公共卫生意识和卫生行为习惯。

(三) 多途径加强健康教育教学能力建设

创新教学方法和模式。充分发挥在线课程作用，开发健康教育网络课程、慕课、微课等，为全体学生提供便捷的健康教育学习平台，增强学生运用网络资源学习的能力，扩大健康教育覆盖面。

开展健康教育教学研究。充分发挥高校学科优势和人才优势，开展健康教育教学和科研活动，培育健康教育特色，提高健康教育教学质量。

丰富教育教学资源。结合本校实际，开发学生健康教育科普读物、教学图文资料、多媒体课件等，丰富健康教育教学资源，保障健康教育教学活动顺利开展。

发挥专业组织的协同推进作用。积极争取卫生部门和健康教育专业机构的技术支持和专业指导。聘请专业人员培训健康教育师资、开展专题讲座等健康教育活动，增强健康教育的针对性和实效性。

四、保障措施

（一）完善推进机制

学校要切实把健康融入高校工作的各个环节，要把维护和促进学生健康放在重要的地位，全力提升学生健康素养和身心健康水平。要加强组织领导和统筹协调，把健康教育作为高校学生素质教育的重要内容，纳入学校教育教学体系。整合健康教育资源，制定符合学校实际的健康教育实施方案。明确一名校领导具体负责健康教育工作，建立专兼职相结合的健康教育师资队伍，完善教务、学工、校医院、团委等多部门各负其责、协同推进的健康教育工作机制。设有医学院的高校，要充分发挥其专业优势，加强对学校健康教育的技术支撑和专业指导。

（二）加大经费投入

各地各高校要切实加大健康教育经费投入，强化健康教育的条件保障。配备必要的公共卫生设施，充分发挥健康环境育人功能，促进学生健康行为和习惯的养成。

（三）加强评估督导

高校把健康教育作为学校教育教学评估的重要内容。各地教育行政部门要把健康教育纳入高等教育教学评估体系，督促高校落实健康教育的相关规定和要求，定期对高校健康教育工作进行督查，通报督查结果。

(四)营造良好环境

各地各高校要充分利用报刊、广播、电视、网络等手段和途径,加强高校健康教育工作宣传力度,总结交流典型经验和有效做法,传播科学的健康观,营造全社会关心、重视和支持高校健康教育的良好氛围。

附录四：《体育总局 教育部关于印发〈深化体教融合 促进青少年健康发展意见〉的通知》

体发〔2020〕1号

各省、自治区、直辖市人民政府，新疆生产建设兵团，国务院有关部委、有关直属机构：

《关于深化体教融合 促进青少年健康发展的意见》已经中央全面深化改革委员会第十三次会议审议通过。经国务院同意，现印发给你们，请结合实际认真贯彻执行。

体育总局 教育部
2020年8月31日

关于深化体教融合 促进青少年健康发展的意见

为贯彻落实习近平总书记关于体育强国建设的重要指示和全国教育大会精神，充分发挥党委领导和政府主导作用，深化具有中国特色体教融合发展，推动青少年文化学习和体育锻炼协调发展，促进青少年健康成长、锤炼意志、健全人格，培养德智体美劳全面发展的社会主义建设者和接班人，经国务院同意，现根据"一体化设计、一体化推进"原则提出以下意见：

附录四：《体育总局 教育部关于印发〈深化体教融合 促进青少年健康发展意见〉的通知》

一、加强学校体育工作

(一)树立健康第一的教育理念，面向全体学生，开齐开足体育课，帮助学生在体育锻炼中享受乐趣、增强体质、健全人格、锤炼意志，实现文明其精神、野蛮其体魄。

(二)开展丰富多彩的课余训练、竞赛活动，扩大校内、校际体育比赛覆盖面和参与度，组织冬夏令营等选拔性竞赛活动。通过政府购买服务等形式支持社会力量进入学校，丰富学校体育活动，加强青少年学生军训。

(三)大中小学校在广泛开展校内竞赛活动基础上建设学校代表队，参加区域内乃至全国联赛。对开展情况优异的学校，教育部门会同体育部门在教师、教练员培训等方面予以适当激励。鼓励建设高水平运动队的高校全面建立足球、篮球、排球等集体球类项目队伍，鼓励中学建立足球、篮球、排球学校代表队。

(四)支持大中小学校成立青少年体育俱乐部，制定体育教师在课外辅导和组织竞赛活动中的课时和工作量计算等补贴政策。

(五)健全学校体育相关法律体系，修订《学校体育工作条例》。教育部、体育总局共同制定学校体育标准。教育部门要会同体育、卫生健康部门加强对学校体育教学、课余训练、竞赛、学生体质健康监测的评估、指导和监督。

(六)将体育科目纳入初、高中学业水平考试范围，纳入中考计分科目，科学确定并逐步提高分值，启动体育素养在高校招生中的使用研究。

(七)加快体育高等院校建设，丰富完善体育教育体系建设。加强体育基础理论研究，发挥其在项目开展、科研训练、人才培养等方面的智库作用。体育高等院校、有体育单独招生的普通高等学校加大培养高水平教练员、裁判员力度。建设体育职业学院，加强相关专业建设，遴选建设有关职业技能等级证书，培养中小学校青训教练员。

附录四：《体育总局 教育部关于印发〈深化体教融合 促进青少年健康发展意见〉的通知》

（八）在体育高等院校建立足球、篮球、排球学院，探索在专科、本科层次设置独立的足球、篮球、排球学院。

二、完善青少年体育赛事体系

（九）义务教育、高中和大学阶段学生体育赛事由教育、体育部门共同组织，拟定赛事计划，统一注册资格。职业化的青少年体育赛事由各单项协会主办、教育部学生体协配合。

（十）教育、体育部门整合学校比赛、U系列比赛等各级各类青少年体育赛事，建立分学段（小学、初中、高中、大学）、跨区域（县、市、省、国家）的四级青少年体育赛事体系，利用课余时间组织校内比赛、周末组织校际比赛、假期组织跨区域及全国性比赛。

（十一）合并全国青年运动会和全国学生运动会，改称全国学生（青年）运动会，由教育部牵头、体育总局配合，组别设置、组织实施、赛制安排等具体事宜由组委会研究确定。

（十二）加快推动体育行业协会与行政机关脱钩，充分发挥单项协会的专业性、权威性，教育部学生体协积极配合，以足球、篮球、排球、冰雪等运动项目为引领，并根据项目特点和改革进展情况积极推进。

（十三）教育、体育部门为在校学生的运动水平等级认证制定统一标准并共同评定。

（十四）对参加世界大学生运动会、世界中学生运动会、世界单项学生赛事、全国运动会、全国学生（青年）运动会、全国单项锦标赛田径、游泳、射击等项目运动员的成绩纳入体育、教育部门双方奖励评估机制。

三、加强体育传统特色学校和高校高水平运动队建设

（十五）按照"一校一品""一校多品"的学校体育模式，整合原体育传统项目学校和体育特色学校，由教育、体育部门联合评定体育传统特

附录四：《体育总局 教育部关于印发〈深化体教融合 促进青少年健康发展意见〉的通知》

色学校。教育、体育部门共同完善体育传统特色学校的竞赛、师资培训等工作。教育部门支持优秀体育传统特色学校建立高水平运动队，给予相应政策支撑。体育部门对青少年各类集训活动进行开放，接纳在校学生在课余时间参加，推动社会公共体育场馆免费或低收费向学生开放，促进学校体育水平提高。

（十六）充分利用冬夏令营活动，以体育传统特色学校为主要对象，实施体育项目技能培训，并组织力量提供专业体育训练和指导，提高体育传统特色学校运动水平。

（十七）教育、体育部门每两年对体育传统特色学校发展情况进行评估，制定相应工作计划。

（十八）教育、体育部门联合建设高校高水平运动队，进一步规范项目布局、招生规模、入学考试、考核评价等。鼓励高校积极申报设立高水平运动队，合理规划高水平运动队招生项目覆盖面，加大对高水平运动队的招生力度。

（十九）教育部门要完善加强高校高水平运动员文化教育相关政策，通过学分制、延长学制、个性化授课、补课等方式，在不降低学业标准要求、确保教育教学质量的前提下，为优秀运动员完成学业创造条件。

（二十）体育、教育部门推进国家队、省队建设改革与高校高水平运动队建设相衔接，在高水平运动队训练、竞赛、保障等方面给予大力支持，并将其纳入竞技体育后备人才培养序列。按照公开公平公正的程序选拔一定比例的优秀运动员、运动队进入省队、国家队，由其代表国家承担相应国际比赛任务。

四、深化体校改革

（二十一）推进各级各类体校改革，在突出体校专业特色和体育后备人才培养任务的同时，推动建立青少年体育训练中心，配备复合型教练员保障团队，以适当形式与当地中小学校合作，为其提供场地设施、教学服务、师资力量等。

附录四：《体育总局 教育部关于印发〈深化体教融合　促进青少年健康发展意见〉的通知》

（二十二）继续贯彻落实《关于进一步加强运动员文化教育和运动员保障工作的指导意见》，将体校义务教育适龄学生的文化教育全部纳入国民教育体系，配齐配足配优文化课教师，加强教育教学管理。鼓励体校与中小学校加强合作，为青少年运动员提供更好的教育资源，创造更好的教育条件，不断提高其文化教育水平。

（二十三）确保体校教师在职称评定、继续教育等方面相应享受与当地普通中小学校或中等职业学校教师同等待遇，合理保障工资薪酬。

（二十四）鼓励体校教练员参与体育课教学和课外体育活动，为学生提供专项运动技能培训服务，并按规定领取报酬。

五、规范社会体育组织

（二十五）鼓励青少年体育俱乐部发展，建立衔接有序的社会体育俱乐部竞赛、训练和培训体系，落实相关税收政策，在场地等方面提供政策支持。教育部、体育总局共同制定社会体育俱乐部进入校园的准入标准，由学校自主选择合作俱乐部。同时要加强事中事后监管，改善营商环境，激发市场活力，避免因联合认定俱乐部而可能出现变相行政审批的现象。

（二十六）支持社会体育组织为学校体育活动提供指导，普及体育运动技能。有条件的地方，可以通过政府向社会体育组织购买服务的方式，为缺少体育师资的中小学校提供体育教学和教练服务。

六、大力培养体育教师和教练员队伍

（二十七）落实《学校体育美育兼职教师管理办法》，制定优秀退役运动员进校园担任体育教师和教练员制度，制定体校等体育系统教师、教练员到中小学校任教制度和中小学校文化课教师到体校任教制度。畅通优秀退役运动员、教练员进入学校兼任、担任体育教师的渠道，探索先入职后培训。

（二十八）选派优秀体育教师参加各种体育运动项目技能培训，增强体育教学和课余训练能力。

（二十九）制定在大中小学校设立专兼职教练员岗位制度，明确教练员职称评定、职业发展空间等。

七、强化政策保障

（三十）研究制定有体育特长学生的评价、升学保障等政策，探索灵活学籍等制度，采取综合措施为有体育特长学生创造发展空间，为愿意成为专业运动员的学生提供升学通道，解除后顾之忧。

（三十一）鼓励各地在体育传统特色学校的基础上建立健全"一条龙"人才体系，由小学、初中、高中组成对口升学单位，开展相同项目体育训练，解决体育人才升学断档问题。

（三十二）加强场地设施共享利用，鼓励存量土地和房屋、绿化用地、地下空间、建筑屋顶等兼容建设场地设施。支持场地设施向青少年免费或低收费开放，将开展青少年体育情况纳入大型体育场馆综合评价体系。鼓励利用场地设施创建或引入社会体育组织，提供更多公益性体育活动。

（三十三）严格规范青少年运动员培训、参赛和流动，加强运动员代理人从业管理，坚决执行培训补偿政策，切实保障"谁培养谁受益"。

（三十四）加大对青少年体育赛事、活动的宣传转播力度，营造全社会关注、重视青少年体育的良好氛围。

八、加强组织实施

（三十五）成立由国务院办公厅、教育部、体育总局牵头，中央宣传部、发展改革委、民政部、财政部、人力资源社会保障部、自然资源部、住房城乡建设部、卫生健康委、税务总局、市场监管总局、银保监会、共青团中央等部门参与的青少年体育工作部际联席会议制度，原则上每半年召开一次，研究解决存在的问题，重大事项按程序报国务院决定。

附录四:《体育总局 教育部关于印发〈深化体教融合 促进青少年健康发展意见〉的通知》

(三十六)压实地方责任。通过统筹资源、加强考核等政策引导,充分调动地方积极性。

(三十七)建立联合督导机制,对体教融合中涉及全民健身、竞技体育的相关政策执行情况要定期评估,对执行不力的要严肃追责。

附录五：《关于印发〈关于深入开展大学生"走下网络、走出宿舍、走向操场"主题群众性课外体育锻炼活动的指导意见〉的通知》

中青联发〔2015〕4号

各省、自治区、直辖市、新疆生产建设兵团团委，教育厅（局、教委），体育局，学联：

　　为进一步推进"三走"活动的深入开展，共青团中央、教育部国家体育总局、全国学联共同制定了《关于深入开展大学生"走下网络、走出宿舍、走向操场"主题群众性课外体育锻炼活动的指导意见》。现将文件印发给你们，请结合实际认真贯彻落实，并按照相关要求，制定本地区、本系统深入开展"三走"活动的实施意见。

共青团中央　教育部
国家体育总局　全国学联
2015年1月22日

关于深入开展大学生"走下网络、走出宿舍、走向操场"主题群众性课外体育锻炼活动的指导意见

　　近年来，围绕贯彻落实《中共中央国务院关于加强青少年体育增强青少年体质的意见》，各地各高校广泛开展了"全国亿万学生阳光体育

附录五：《关于印发〈关于深入开展大学生"走下网络、走出宿舍、走向操场"主题群众性课外体育锻炼活动的指导意见〉的通知》

运动"等工作和活动。2014 年，为贯彻落实党的十八届三中全会关于"强化体育课和课外锻炼，促进青少年身心健康、体魄强健"的精神，共青团中央、教育部、国家体育总局、全国学联在全国高校开展了大学生"走下网络、走出宿舍、走向操场"主题群众性课外体育锻炼活动（以下简称"三走"活动）。"三走"活动启动以来，已取得了阶段性成果。为深入推进"三走"活动广泛开展，现提出以下指导意见。

一、深入开展"三走"活动的重要意义、指导思想和工作原则

1. 进一步提高对开展"三走"活动重要性的认识。提高大学生身心健康素质对于实现中华民族伟大复兴中国梦具有重要战略意义。开展"三走"活动对共青团组织破解团两大战略性课题，服务大学生健康成长具有时代意义。深入开展"三走"活动对于改善青年大学生体质现状具有现实意义。

2. 深入开展"三走"活动的指导思想。高举中国特色社会主义伟大旗帜，以邓小平理论、"三个代表"重要思想、科学发展观为指导，深入学习贯彻落实习近平总书记系列重要讲话精神，围绕"立德树人"的根本任务，积极融入社会主义核心价值观教育，以促进大学生意识提升、习惯养成、意志磨练、体质增强、健康成长为主要任务，通过加强顶层设计，丰富实践载体，完善配套保障，协同配合，形成合力，推动"三走"活动深入开展，切实提高大学生群体的身心素质。

3. 深入开展"三走"活动的工作原则。坚持群众性原则，充分依托各级各类基层团学组织，广泛引导和发动大学生参与体育锻炼；坚持自主性原则，充分尊重大学生在体育锻炼活动中的主体地位，引导大学生将体育锻炼作为内在需求和行为自觉；坚持课外性原则，推动课内和课外资源形成合力，使体育锻炼成为学生课外活动的主流选择；坚持创新性原则，紧贴当代大学生实际特点和需求，积极创新活动的内容、形式和载体；坚持长效性原则，注重总结活动经验，探索促进大学生参与体育锻炼的长效机制。

二、牢牢把握深入推进"三走"活动的重点工作

附录五：《关于印发〈关于深入开展大学生"走下网络、走出宿舍、走向操场"主题群众性课外体育锻炼活动的指导意见〉的通知》

4. 做好组织发动。在高校党政领导下，充分依靠基层团学组织，依托团支部、班级、专业、年级、学院等传统组织形式，以及宿舍、实验室、兴趣小组、体育社团等"微组织"，广泛发动学生参与活动，尽可能帮助每位学生至少培养一项体育爱好，掌握一项体育技能，形成"班班有体育活动、人人有体育项目的生动局面。邀请学校领导、教师、校友和运动达人参与大学生"三走"活动，开展体育明星进校园活动，与学生互动，面对面分享体会，发挥示范引领作用，带动和激发学生参与体育锻炼的积极性。通过开展主题班会、主题团日活动、朋辈教育等多种形式，结合新生入学和毕业离校等关键时间节点，集中开展动员和体验主题体育活动，激发学生的健康及锻炼意识。

5. 加强宣传引导。开展《国家学生体质健康标准测试并及时通报结果，使大学生了解自身体质现状，增强对"三走"活动重要性的认识。举办健康知识讲座、体育运动科普等活动，并通过正反面效果对照宣传的方式，帮助大学生认识体育锻炼对于生命的意义。借助校内外媒体加强对活动效果和典型人物的宣传，通过树立形象大使、设立主题宣传月等形式，积极传播健康理念。鼓励开展主题征文、动漫、微电影等原创活动，使体育锻炼的重要意义深入人心。充分发挥新媒体在贴近青年、互动传播、可视化技术方面的优势，综合运用微博、微信、社交网络等平台，设立"三走"专题，号召学生分享体育锻炼的情景和体会，组织学生设计开发"三走"主题 APP 和应用软件，构建传统媒体与新媒体相融合、线上和线下全覆盖的立体式宣传格局，形成"线上互动、线下运动"的浓厚氛围。

6. 注重功能融入。注重培育社会主义核心价值观，把开展"三走"活动作为建设校园文化、开展大学生思想政治"教育的有效途径，作为学生班团支部建设重要内容和团组织发挥思想引领作用的重要阵地，引导学生把坚定理想信念与练就强健体魄相结合。注重服务学生素质拓展，进一步丰富活动内涵，创新活动载体，把促进大学生增强身体素质与锻炼意志、砥砺品格、陶冶情操统一起来，实现学生的全面发展。注

附录五：《关于印发〈关于深入开展大学生"走下网络、走出宿舍、走向操场"主题群众性课外体育锻炼活动的指导意见〉的通知》

重塑造健康生活方式，引导学生以正确的方式利用网络而不沉溺其中，选择健康向上的体育活动作为休闲娱乐方式，广泛倡导"每天锻炼一小时，健康工作五十年，幸福生活一辈子"的健康生活理念。

三、广泛搭建推进"三走"活动深入开展的实践载体

7. 开展系列主题课外体育活动。紧紧围绕"中国梦"，在"五四"青年节、"十一"国庆节、"一二·九"运动等重要纪念日，结合爱国主义教育开展体育活动。与公益活动结合，积极倡导"以运动助力公益，以公益募集梦想"的理念，引导大学生关注和参与社会公益事业，增强社会责任感。主动与国家体育事业重大规划相结合，配合校园足球运动的发展、奥运会冬奥会、世界和国内的重大体育赛事等的举办，开展专项主题体育活动。推动民族特色运动项目进"三走"活动，因地制宜举办民族特色主题体育活动。开展如"阳光运动陪伴"、"早起、早餐、早读"等健康生活主题活动，使强健体魄、健康生活成为校园新风尚。

8. 开展体育文化创建活动。立足学校实际和地域特点，与文化创建活动相结合，拓展"三走"活动的领域和空间，开展武术、太极拳、空竹、毽子、风筝等体现传统文化精髓的体育活动。结合红色文化、非物质文化遗产以及民俗和历史文化资源，开展具有地方文化特色的体育活动。结合践行大学校训和大学精神，开展体现校园文化特色的体育活动。通过开展体育文化节、我为"三走"活动代言及主题分享会、交流会等活动，将"向上向善"、"更高更快更强"、"超越融合共享"的拼搏精神和团队精神传递给广大学生。

9. 开展趣味性体育竞赛活动。以运动会、广播操比赛、集体舞大赛、校园体育吉尼斯等趣味性强的竞赛活动为牵引，建立群众体育项目赛制，设计形式新颖活泼的评比方式，激发学生参与热情。通过宿舍、社团、俱乐部等组织各种小型比赛和趣味运动会，扩大活动的覆盖面，打造校内和区域性的活动品牌。

10. 开展优秀典型寻访和先进集体创建活动。开展各级"大学生百炼之星"寻访活动，选树积极组织集体锻炼、团结向上，每人每天坚持

附录五：《关于印发〈关于深入开展大学生"走下网络、走出宿舍、走向操场"主题群众性课外体育锻炼活动的指导意见〉的通知》

锻炼 1 小时以上的优秀宿舍，广泛传播优秀事迹，发挥"百炼之星"宿舍在创建宿舍体育文化、打造团队凝聚力方面的示范作用。鼓励学生创建各类体育学生社团，鼓励一批优秀学生社团创建"全国优秀体育公益社团"。

四、积极构建推进"三走"活动深入开展的长效机制

11. 构建协同工作机制。各高校应加强对活动的组织和领导，组建活动工作机构，建立教学、体育、学工、共青团和学生组织共同参加的联席会议制度，多部门分工合作，齐抓共管，统筹协调开展工作。将"三走"活动纳入学校年度工作计划，与学校体育、教学工作统筹安排部署，确定工作重点，充分发挥团学组织的主体作用。

12. 完善配套保障机制。各地各高校应结合实际，对基层活动给予必要的经费支持，应积极争取社会力量支持，多渠道筹措活动经费。各高校应依据实际需要为活动配置体育设施和器材，优化活动场地、设施的开放与使用制度，尽可能为学生体育活动提供便利的条件和保障。各高校应通过调整课时、课程安排，引导教师参与"三走"活动等举措，确保学生参与课外体育锻炼的必要时间，形成与课堂体育互相衔接、相得益彰的工作机制。做好各项活动的指导工作，为"三走"活动配备必要的指导教师，尽可能为学生参与活动提供必要条件和支持。

13. 建立考评通报机制。各高校应综合运用设置课外学分、课外活动积分、奖励加分等多种形式，调动学生参与体育锻炼的积极性。有效利用大学生体质健康测试平台，将测试成绩作为学生综合素质评价、评奖评优等方面的重要依据。各地应构建学生体质健康动态监测工作平台和公布制度。共青团组织应会同教育部门建立必要的考核通报体系。

附录六:《中共教育部党组关于印发〈高等学校学生心理健康教育指导纲要〉的通知》

教党〔2018〕41号

各省、自治区、直辖市党委教育工作部门、教育厅(教委),新疆生产建设兵团教育局,部属各高等学校党委、部省合建各高等学校党委:

《高等学校学生心理健康教育指导纲要》已经部党组会议审议通过,现印发给你们,请结合实际认真贯彻执行。有关落实情况,请及时报告我部思想政治工作司。

中共教育部党组

2018年7月4日

高等学校学生心理健康教育指导纲要

　　心理健康教育是提高大学生心理素质、促进其身心健康和谐发展的教育,是高校人才培养体系的重要组成部分,也是高校思想政治工作的重要内容。为深入学习贯彻习近平新时代中国特色社会主义思想和党的十九大精神,推动全国高校思想政治工作会议精神落地生根,切实加强高校思想政治工作体系建设,进一步提升心理育人质量,根据原国家卫生计生委、教育部等22部门联合印发的《关于加强心理健康服务的指导意见》和中共教育部党组《高校思想政治工作质量提升工程实施纲要》

附录六：《中共教育部党组关于印发〈高等学校学生心理健康教育指导纲要〉的通知》

的工作要求，特制定本指导纲要。

一、指导思想

深入学习贯彻习近平新时代中国特色社会主义思想，全面贯彻党的教育方针，把立德树人的成效作为检验学校一切工作的根本标准，着力培养德智体美全面发展的社会主义建设者和接班人。坚持育心与育德相统一，加强人文关怀和心理疏导，规范发展心理健康教育与咨询服务，更好地适应和满足学生心理健康教育服务需求，引导学生正确认识义和利、群和己、成和败、得和失，培育学生自尊自信、理性平和、积极向上的健康心态，促进学生心理健康素质与思想道德素质、科学文化素质协调发展。

二、总体目标

教育教学、实践活动、咨询服务、预防干预"四位一体"的心理健康教育工作格局基本形成。心理健康教育的覆盖面、受益面不断扩大，学生心理健康意识明显增强，心理健康素质普遍提升。常见精神障碍和心理行为问题预防、识别、干预能力和水平不断提高。学生心理健康问题关注及时、措施得当、效果明显，心理疾病发生率明显下降。

三、基本原则

——科学性与实效性相结合。根据学生身心发展规律和心理健康教育规律，科学开展心理健康教育工作，逐步完善心理健康教育和咨询服务体系，切实提高学生心理健康水平，有效解决学生思想、心理和行为问题。

——普遍性与特殊性相结合。坚持心理健康教育工作面向全体学生开展，对每个学生心理健康发展负责，关注学生个体差异，注重方式方法创新，分层分类开展心理健康教育，满足不同学生群体心理健康服务需求。

——主导性与主体性相结合。充分发挥心理健康教育教师、心理咨询师、辅导员、班主任等育人主体的主导作用,强化家校育人合力。尊重学生主体地位,充分调动学生主动性、积极性,培养自主自助维护心理健康的意识和能力。

——发展性与预防性相结合。加强心理健康知识的普及和传播,充分挖掘学生心理潜能,培养积极心理品质,促进学生身心和谐发展。重视心理问题的及时疏导,加强心理危机预防干预,最大限度预防和减少严重心理危机个案的发生。

四、主要任务

1. 推进知识教育。健全心理健康教育课程体系,结合实际,把心理健康教育课程纳入学校整体教学计划,规范课程设置,对新生开设心理健康教育公共必修课,大力倡导面向全体学生开设心理健康教育选修和辅修课程,实现大学生心理健康教育全覆盖。公共必修课程原则上应设置2个学分、32~36个学时。完善心理健康教育教材体系,组织编写大学生心理健康教育示范教材,科学规范教学内容。开发建设《大学生心理健康》等在线课程,丰富教育教学形式。创新心理健康教育教学手段,有效改进教学方法,通过线下线上、案例教学、体验活动、行为训练、心理情景剧等多种形式,激发大学生学习兴趣,提高课堂教学效果,不断提升教学质量。

2. 开展宣传活动。加强宣传普及,通过举办心理健康教育月、"5·25"大学生心理健康节等形式多样的主题教育活动,组织开展各种有益于大学生身心健康的文体娱乐活动和心理素质拓展活动,不断增强心理健康教育吸引力和感染力。拓展传播渠道,充分利用广播、电视、书刊、影视、动漫等传播形式,组织创作、展示心理健康宣传教育精品和公益广告,传播自尊自信、乐观向上的现代文明理念和心理健康意识。创新宣传方式,主动占领网络心理健康教育新阵地,建设好融思想性、知识性、趣味性、服务性于一体的心理健康教育网站、网页和新媒体平台，广泛运用门户网站、微信、微博、手机客户端等媒介，宣传心理健康知识，倡导健康生活方式，提高心理保健能力。发挥学生主体作用，支持学生成立心理健康教育社团，组织开展心理健康教育活动，增长心理健康知识，提升心理调适能力，积极进行心理健康自助互助。强化家校育人合力，引导家长树立正确教育观念，以健康和谐的家庭环境影响学生，有效提升心理健康教育实效。

3. 强化咨询服务。优化心理咨询服务平台，加强硬件设施建设，设立心理发展辅导室、心理测评室、积极心理体验中心、团体活动室、综合素质训练室等，积极构建教育与指导、咨询与自助、自助与他助紧密结合的心理健康教育与咨询服务体系。完善体制机制，健全心理健康教育与咨询的值班、预约、转介、重点反馈等制度，通过个体咨询、团体辅导、电话咨询、网络咨询等多种形式，向学生提供经常、及时、有效的心理健康指导与咨询服务。实施分类引导，针对不同学段、不同专业学生，精准施策，因材施教，把解决思想问题、心理问题与解决实际问题结合起来，在关心呵护和暖心帮扶中开展教育引导。遵循保密原则，建立心理健康数据安全保护机制，保护学生隐私，杜绝信息泄露。

4. 加强预防干预。完善心理测评方式，优化量表选用，禁止使用可能损害学生心理健康的方法和仪器。科学分析经济社会快速发展、互联网新媒体应用快速推进、个人成长历程、家庭环境等因素对学生心理健康的深刻影响，准确把握学生心理健康状况及变化规律，不断提高心理健康素质测评覆盖面和科学性。健全心理危机预防和快速反应机制，建立学校、院系、班级、宿舍"四级"预警防控体系，完善心理危机干预工作预案，做好对心理危机学生的跟踪服务，注重做好特殊时期、不同季节的心理危机预防与干预工作，定期开展案例督导和个案研讨，不断提高心理危机预防干预专业水平。建立心理危机转介诊疗机制，畅通从学校心理健康教育与咨询机构到校医院、精神卫生专业机构的心理危机转介绿色通道，及时转介疑似患有严重心理或精神疾病的学生到专业机构接受诊断和治疗。

五、工作保障

1. 队伍建设。各高校要建设一支以专职教师为骨干、以兼职教师为补充，专兼结合、专业互补、相对稳定、素质良好的心理健康教育师资队伍。心理健康教育专职教师要具有从事大学生心理健康教育的相关学历和专业资质，要按照师生比不低于1：4000配备，每校至少配备2名。心理健康教育师资队伍原则上应纳入高校思想政治工作队伍管理，要落实好职务(职称)评聘工作。设有教育学、心理学教学机构的高校，可同时纳入相应专业队伍管理。积极组织开展师资队伍培训，保证心理健康教育专职教师每年接受不低于40学时的专业培训，或参加至少2次省级以上主管部门及二级以上心理学专业学术团体召开的学术会议。充分调动全体教职员工参与心理健康教育的主动性和积极性，重视对班主任、辅导员以及其他从事高校思想政治工作的干部、教师开展心理健康教育知识培训。

2. 条件保障。各高校应落实心理健康教育专项工作经费，配备必要的办公场地和设备。有条件的高校，要建立相对独立的心理健康教育与咨询机构和院(系)二级心理辅导站。要建设校内外心理健康教育素质拓展基地，培育高校心理健康教育优秀工作案例，辐射推动区域和全国高校心理健康教育工作。

六、组织实施

1. 组织管理。各级教育工作部门要切实加强对学生心理健康教育工作的统一领导和统筹规划，积极支持开展大学生心理健康教育工作，要将心理健康教育工作作为高校思想政治工作测评和文明校园创建的重要内容。各高校要将心理健康教育纳入学校改革发展整体规划，纳入人才培养体系、思想政治工作体系和督导评估指标体系。要明确心理健康教育工作牵头负责职能部门，构建校内各部门统筹协调机制，研究制定心理健康教育的工作规划和相关制度。

附录六：《中共教育部党组关于印发〈高等学校学生心理健康教育指导纲要〉的通知》

2. 评估督导。各级教育工作部门要研究制定大学生心理健康教育工作的评价与督导指标体系，组织或委托心理学专家以及实践工作者，定期对学生心理健康教育工作开展评估、督导。评估、督导内容包括学校重视和支持程度、机构设置情况、专项经费保障、师资队伍建设、教学科研、开展辅导或咨询情况以及工作实效等。

3. 科学研究。各级教育工作部门和各高校要推动开展心理健康教育基础理论研究，逐步形成具有中国特色的心理学、教育学学科体系、学术体系、话语体系，促进研究成果转化及应用。开展心理健康教育相关理论和技术的实证研究，促进临床服务规范。开展心理健康问题的早期识别与干预研究，推广应用效果明确的心理干预技术和方法。

全国民办高校和中外合作办学类高校学生心理健康教育工作，参照本指导纲要执行。

附录七：《中共中央办公厅 国务院办公厅印发〈关于全面加强和改进新时代学校体育工作的意见〉》

学校体育是实现立德树人根本任务、提升学生综合素质的基础性工程，是加快推进教育现代化、建设教育强国和体育强国的重要工作，对于弘扬社会主义核心价值观，培养学生爱国主义、集体主义、社会主义精神和奋发向上、顽强拼搏的意志品质，实现以体育智、以体育心具有独特功能。为贯彻落实习近平总书记关于教育、体育的重要论述和全国教育大会精神，把学校体育工作摆在更加突出位置，构建德智体美劳全面培养的教育体系，现就全面加强和改进新时代学校体育工作提出如下意见。

一、总体要求

1. 指导思想

以习近平新时代中国特色社会主义思想为指导，全面贯彻党的教育方针，坚持社会主义办学方向，以立德树人为根本，以社会主义核心价值观为引领，以服务学生全面发展、增强综合素质为目标，坚持健康第一的教育理念，推动青少年文化学习和体育锻炼协调发展，帮助学生在体育锻炼中享受乐趣、增强体质、健全人格、锤炼意志，培养德智体美劳全面发展的社会主义建设者和接班人。

附录七:《中共中央办公厅 国务院办公厅印发〈关于全面加强和改进新时代学校体育工作的意见〉》

2. 工作原则

——改革创新,面向未来。立足时代需求,更新教育理念,深化教学改革,使学校体育同教育事业的改革发展要求相适应,同广大学生对优质丰富体育资源的期盼相契合,同构建德智体美劳全面培养的教育体系相匹配。

——补齐短板,特色发展。补齐师资、场馆、器材等短板,促进学校体育均衡发展。坚持整体推进与典型引领相结合,鼓励特色发展。弘扬中华体育精神,推广中华传统体育项目,形成"一校一品"、"一校多品"的学校体育发展新局面。

——凝心聚力,协同育人。深化体教融合,健全协同育人机制,为学生纵向升学和横向进入专业运动队、职业体育俱乐部打通通道,建立完善家庭、学校、政府、社会共同关心支持学生全面健康成长的激励机制。

3. 主要目标

到 2022 年,配齐配强体育教师,开齐开足体育课,办学条件全面改善,学校体育工作制度机制更加健全,教学、训练、竞赛体系普遍建立,教育教学质量全面提高,育人成效显著增强,学生身体素质和综合素养明显提升。到 2035 年,多样化、现代化、高质量的学校体育体系基本形成。

二、不断深化教学改革

4. 开齐开足上好体育课

严格落实学校体育课程开设刚性要求,不断拓宽课程领域,逐步增加课时，丰富课程内容。义务教育阶段和高中阶段学校严格按照国家课程方案和课程标准开齐开足上好体育课。鼓励基础教育阶段学校每天开设1节体育课。高等教育阶段学校要将体育纳入人才培养方案，学生体质健康达标、修满体育学分方可毕业。鼓励高校和科研院所将体育课程纳入研究生教育公共课程体系。

5. 加强体育课程和教材体系建设

学校体育课程注重大中小幼相衔接，聚焦提升学生核心素养。学前教育阶段开展适合幼儿身心特点的游戏活动，培养体育兴趣爱好，促进运动机能协调发展。义务教育阶段体育课程帮助学生掌握1至2项运动技能，引导学生树立正确健康观。高中阶段体育课程进一步发展学生运动专长，引导学生养成健康生活方式，形成积极向上的健全人格。职业教育体育课程与职业技能培养相结合，培养身心健康的技术人才。高等教育阶段体育课程与创新人才培养相结合，培养具有崇高精神追求、高尚人格修养的高素质人才。学校体育教材体系建设要扎根中国、融通中外，充分体现思想性、教育性、创新性、实践性，根据学生年龄特点和身心发展规律，围绕课程目标和运动项目特点，精选教学素材，丰富教学资源。

6. 推广中华传统体育项目

认真梳理武术、摔跤、棋类、射艺、龙舟、毽球、五禽操、舞龙舞狮等中华传统体育项目，因地制宜开展传统体育教学、训练、竞赛活动，并融入学校体育教学、训练、竞赛机制，形成中华传统体育项目竞赛体系。涵养阳光健康、拼搏向上的校园体育文化，培养学生爱国主义、集体主义、社会主义精神，增强文化自信，促进学生知行合一、刚健有为、自强不息。深入开展"传承的力量——学校体育艺术教育弘扬

附录七：《中共中央办公厅　国务院办公厅印发〈关于全面加强和改进新时代学校体育工作的意见〉》

中华优秀传统文化成果展示活动"，加强宣传推广，让中华传统体育在校园绽放光彩。

7. 强化学校体育教学训练

逐步完善"健康知识+基本运动技能+专项运动技能"的学校体育教学模式。教会学生科学锻炼和健康知识，指导学生掌握跑、跳、投等基本运动技能和足球、篮球、排球、田径、游泳、体操、武术、冰雪运动等专项运动技能。健全体育锻炼制度，广泛开展普及性体育运动，定期举办学生运动会或体育节，组建体育兴趣小组、社团和俱乐部，推动学生积极参与常规课余训练和体育竞赛。合理安排校外体育活动时间，着力保障学生每天校内、校外各 1 个小时体育活动时间，促进学生养成终身锻炼的习惯。加强青少年学生军训。

8. 健全体育竞赛和人才培养体系

建立校内竞赛、校际联赛、选拔性竞赛为一体的大中小学体育竞赛体系，构建国家、省、市、县四级学校体育竞赛制度和选拔性竞赛（夏令营）制度。大中小学校建设学校代表队，参加区域乃至全国联赛。加强体教融合，广泛开展青少年体育夏（冬）令营活动，鼓励学校与体校、社会体育俱乐部合作，共同开展体育教学、训练、竞赛，促进竞赛体系深度融合。深化全国学生运动会改革，每年开展赛事项目预赛。加强体育传统特色学校建设，完善竞赛、师资培训等工作，支持建立高水平运动队，提高体育传统特色学校运动水平。加强高校高水平运动队建设，优化拓展项目布局，深化招生、培养、竞赛、管理制度改革，将高校高水平运动队建设与中小学体育竞赛相衔接，纳入国家竞技体育后备人才培养体系。深化高水平运动员注册制度改革，建立健全体育运动水平等级标准，打通教育和体育系统高水平赛事互认通道。

附录七:《中共中央办公厅　国务院办公厅印发〈关于全面加强和改进新时代学校体育工作的意见〉》

三、全面改善办学条件

9. 配齐配强体育教师

各地要加大力度配齐中小学体育教师,未配齐的地区应每年划出一定比例用于招聘体育教师。在大中小学校设立专(兼)职教练员岗位。建立聘用优秀退役运动员为体育教师或教练员制度。有条件的地区可以通过购买服务方式,与相关专业机构等社会力量合作向中小学提供体育教育教学服务,缓解体育师资不足问题。实施体育教育专业大学生支教计划。通过"国培计划"等加大对农村体育教师的培训力度,支持高等师范院校与优质中小学建立协同培训基地,支持体育教师海外研修访学。推进高校体育教育专业人才培养模式改革,推进地方政府、高校、中小学协同育人,建设一批试点学校和教育基地。明确高校高职体育专业和高校高水平运动队专业教师、教练员配备最低标准,不达标的高校原则上不得开办相关专业。

10. 改善场地器材建设配备

研究制定国家学校体育卫生条件基本标准。建好满足课程教学和实践活动需求的场地设施、专用教室。把农村学校体育设施建设纳入地方义务教育均衡发展规划,鼓励有条件的地区在中小学建设体育场馆,与体育基础薄弱学校共用共享。小规模学校以保基本、兜底线为原则,配备必要的功能教室和设施设备。加强高校体育场馆建设,鼓励有条件的高校与地方共建共享。配好体育教学所需器材设备,建立体育器材补充机制。建有高水平运动队的高校,场地设备配备条件应满足实际需要,不满足的原则上不得招生。

11. 统筹整合社会资源

完善学校和公共体育场馆开放互促共进机制,推进学校体育场馆向

附录七:《中共中央办公厅 国务院办公厅印发〈关于全面加强和改进新时代学校体育工作的意见〉》

社会开放、公共体育场馆向学生免费或低收费开放,提高体育场馆开放程度和利用效率。鼓励学校和社会体育场馆合作开设体育课程。统筹好学校和社会资源,城市和社区建设规划要统筹学生体育锻炼需要,新建项目优先建在学校或其周边。综合利用公共体育设施,将开展体育活动作为解决中小学课后"三点半"问题的有效途径和中小学生课后服务工作的重要载体。

四、积极完善评价机制

12. 推进学校体育评价改革

建立日常参与、体质监测和专项运动技能测试相结合的考查机制,将达到国家学生体质健康标准要求作为教育教学考核的重要内容。完善学生体质健康档案,中小学校要客观记录学生日常体育参与情况和体质健康监测结果,定期向家长反馈。将体育科目纳入初、高中学业水平考试范围。改进中考体育测试内容、方式和计分办法,科学确定并逐步提高分值。积极推进高校在招生测试中增设体育项目。启动在高校招生中使用体育素养评价结果的研究。加强学生综合素质评价档案使用,高校根据人才培养目标和专业学习需要,将学生综合素质评价结果作为招生录取的重要参考。

13. 完善体育教师岗位评价

把师德师风作为评价体育教师素质的第一标准。围绕教会、勤练、常赛的要求,完善体育教师绩效工资和考核评价机制。将评价导向从教师教了多少转向教会了多少,从完成课时数量转向教育教学质量。将体育教师课余指导学生勤练和常赛,以及承担学校安排的课后训练、课外活动、课后服务、指导参赛和走教任务计入工作量,并根据学生体质健康状况和竞赛成绩,在绩效工资内部分配时给予倾斜。完善体育教师职称评聘标准,确保体育教师在职务职称晋升、教学科研成果评定等方

附录七：《中共中央办公厅　国务院办公厅印发〈关于全面加强和改进新时代学校体育工作的意见〉》

面，与其他学科教师享受同等待遇。优化体育教师岗位结构，畅通体育教师职业发展通道。提升体育教师科研能力，在全国教育科学规划课题、教育部人文社会科学研究项目中设立体育专项课题。加大对体育教师表彰力度，在教学成果奖等评选表彰中，保证体育教师占有一定比例。参照体育教师，研究并逐步完善学校教练员岗位评价。

14. 健全教育督导评价体系

将学校体育纳入地方发展规划，明确政府、教育行政部门和学校的职责。把政策措施落实情况、学生体质健康状况、素质测评情况和支持学校开展体育工作情况等纳入教育督导评估范围。完善国家义务教育体育质量监测，提高监测科学性，公布监测结果。把体育工作及其效果作为高校办学评价的重要指标，纳入高校本科教学工作评估指标体系和"双一流"建设成效评价。对政策落实不到位、学生体质健康达标率和素质测评合格率持续下降的地方政府、教育行政部门和学校负责人，依规依法予以问责。

五、切实加强组织保障

15. 加强组织领导和经费保障

地方各级党委和政府要把学校体育工作纳入重要议事日程，加强对本地区学校体育改革发展的总体谋划，党政主要负责同志要重视、关心学校体育工作。各地要建立加强学校体育工作部门联席会议制度，健全统筹协调机制。把学校体育工作纳入有关领导干部培训计划。各级政府要调整优化教育支出结构，完善投入机制，积极支持学校体育工作。地方政府要统筹安排财政转移支付资金和本级财力支持学校体育工作。鼓励和引导社会资金支持学校体育发展，吸引社会捐赠，多渠道增加投入。

附录七:《中共中央办公厅 国务院办公厅印发〈关于全面加强和改进新时代学校体育工作的意见〉》

16. 加强制度保障

完善学校体育法律制度,研究修订《学校体育工作条例》。鼓励地方出台学校体育法规制度,为推动学校体育发展提供有力法治保障。建立政府主导、部门协同、社会参与的安全风险管理机制。健全政府、学校、家庭共同参与的学校体育运动伤害风险防范和处理机制,探索建立涵盖体育意外伤害的学生综合保险机制。试行学生体育活动安全事故第三方调解机制。强化安全教育,加强大型体育活动安全管理。

17. 营造社会氛围

各地要研究落实加强和改进新时代学校体育工作的具体措施,可以结合实际制定实施学校体育教师配备和场地器材建设三年行动计划。总结经验做法,形成可推广的政策制度。加强宣传,凝聚共识,营造全社会共同促进学校体育发展的良好社会氛围。

后　　记

《健康中国视域下的大学生健康教育研究》是湖北省级宣传文化发展专项"长江经济带健康产业及结构布局研究"（鄂财教发〔2018〕121号）、共青团中央全国学校共青团研究课题重点课题"共青团视野下的大学生健康教育研究"（2016ZD109）、全国首批高校"百个研究生样板党支部"创建——"湖北中医药大学药学院研究生第三党支部"（教思政厅函〔2019〕2号）、国家级一流本科课程建设项目——"荆楚中医药文化传承与实践"（教高函〔2023〕7号）的研究成果及相关创建成果，由湖北中医药大学辅导员工作室培育建设项目（湖北中医药大学"百草权舆"辅导员工作室）资助出版。

青年大学生是生长发育的关键时期，青年大学生的健康水平不仅关系个人健康成长和幸福生活，而且关系整个民族未来的健康素质，是国家人才战略强国的基础，也是我国实施"健康中国"战略的重要内容。当前，加强青年大学生健康教育研究，提升青年大学生健康教育的水平是亟待解决的社会痛点。

笔者认为对健康中国视域下的大学生健康教育进行研究，可以反映出当前我国青年大学生健康教育的基本现状，是高校人才培养的重要环节，也是青年大学生群体的普遍性需求和现实性问题。可进一步开阔青年大学生思想政治教育的研究视野，拓展青年大学生健康教育的研究领域，探索具有中国特色的青年大学生健康教育模式。

本书的出版得到了共青团中央全国学校共青团研究中心、湖北中医药大学、中国地质大学（武汉）、武汉大学相关领导、专家的支持和指导。本书在写作过程中参阅和引用了国内外许多专家、学者的研究成果，在此一并致以诚挚的谢意！由于青年大学生健康教育研究是一个系统性的研究，本人学识有限，相关的问题研究在阐述上还不够透彻和全面，有待强化和积累。相信在今后的研究中能继续探索、深化和充实，真诚地希望得到广大专家和学者的指正。

周士权
2024 年 12 月于武汉市黄家湖